THE
COMPETITION
AND
COOPERATION
OF
E-COMMERCE

电商 之 竞合

李芷巍

著

社会科学文献出版社
SOCIAL SCIENCES ACADEMIC PRESS (CHINA)

序

互联网是网络与网络之间所串联成的庞大网络，这些网络以一组通用的协议相联，形成逻辑上的单一巨大国际网络。这种将计算机网络互相联接在一起的方法可称作"网络互联"，在这基础上发展出覆盖全世界的全球性互联网络称互联网，即互相联接在一起的网络结构。互联网诞生至今，改变的不仅仅是科技手段和生活方式，还在很大程度上改变了人们的思维方式。在创业越来越多的今天，互联网传播变得更富创意、更有趣，也更加人性化。

互联网是人类高等级地交流梦想的最终表达，它意味着沟通无限、自由与平等。这个由梦想推动的产业革命，将持续影响着人类的现在和将来。

人类或许是这个星球上唯一会做梦的物种。在梦中没有了现实世界的捆绑，没有了此时此地的局限，有的是超越时空的亲友会面，是闪电般的灵感突发，是情绪思想的自由表达。然而，人不仅会做梦，而且会通过努力将梦想化为现实。

今天，整整一个时代的常识正在被动摇，不论你身在何处，你都身在网中，和世界紧密联系在一起。今天，那些可以在任意自己喜欢的地方和时间工作的人们，正描绘出新时代的工作样态和生活样态。

互联网越来越深入我们的生活。有人将网络形容为"人的第一需要"，因为网络可以使人们根据特长和兴趣而进行超时空的智力合作。

中国的电子商务借助于互联网高速发展，使不同的产业经济、商业模式处在同一个发展时空中。在这一发展时空中，传统商业模式受到巨大冲击而开始衰落，而电子商务帝国的崛起正在改变着中国商业模式的经济格局。

现阶段我国电子商务正从 B2B、C2C、B2C 向 C2B、O2O 发展，电子商务物流发展处在重要的战略机遇期，市场需求巨大、供不应求，电商企业、各类资本纷纷加大投入，不同的模式对应不同的需求特征。

本书志在把握时代脉搏，作为一本电子商务通俗读物，使人人都能读懂。本书以电子商务为主线，将中国当今电子商务热点问题放在新时代的大背景下进行分析，深入地揭示了各种问题的表现形式以及未来的发展趋势。视角独特，观点新颖，通过深入浅出的语言让中国电子商务的问题毕现。

因此，系统而生动地介绍中国电子商务的发展与成功走向，便是本书的写作目的。

是为序。

李芏巍

目 录
CONTENTS

第一篇　大融合

第二篇　大变局

第三篇　大人物

THE
COMPETITION
AND
COOPERATION
OF
E-COMMERCE

电商之竞合

第 一 篇

大融合

中国所发生的巨变远远超越了此前 300 年的变化，"大融合"说明了正在经历的巨变。

　　"互联网 +"不是要颠覆，而是要思考跨界和融合，更多是思考互联网时代产业如何与互联网结合创造新的商业价值，企业不能因此陷入"互联网 +"的焦虑和误区，"互联网 +"更重要是"+"，而不是"－"和毁灭。

第一章 "互联网＋银行"

"互联网＋金融"：全民理财与小微企业发展

从余额宝、微信红包再到网络银行……互联网金融已悄然来到每个人身边。数据显示，2014 年上半年，国内 P2P 网络借贷平台半年成交金额近千亿元，互联网支付用户达 2.92 亿人。传统金融向互联网转型，金融服务普惠民生，成为大势所趋。"互联网＋金融"的结合将掀起全民理财热潮，低门槛与便捷性让资金快速流动，大数据让征信更加容易，P2P 和小额贷款发展也愈加火热。这也将有助于工薪阶层、自由职业者、进城务工人员等普罗大众获得金融服务。小微企业是中国经济中最有活力的实体，小微企业约占全国企业数量的 90%，创造约 80% 的就业岗位、约 60% 的 GDP 和约 50% 的税收，但央行数据显示，截至 2014 年年底，小微企业贷款余额占企业贷款余额的比例为 30.4%，维持在较低水平。"互联网＋"金融将让小微企业贷款门槛降低，激活小微企业活力。第三方支付、P2P 小额信贷、众筹融资、新型电子货币以及其他网络金融服务平台都将迎来全新发展机遇，社会征信系统也会由此建立。

银行：互联网金融来势汹汹

这是一个全民理财的时代，而掀起新一股理财风暴的当属首款互联网理财产品余额宝。2013 年 6 月 13 日，余额宝正式上线，这款金融与互联网跨界融合的产物，以其 1 元起存的超低门槛以及远高于银行存款利息的收益，获得了无数粉丝的追捧，腾讯、京东、百度、苏宁等互联网企业忙不迭地推出类似产品，渴望复制余额宝的成功，就连原本不屑于将第三方支付视为竞争对手的商业银行也开始销售类余额宝产品。有了余额宝的这一年，银行、基金、互联网公司、投资者等在互联网金融生态圈内外的主体们经历了哪些改变？

余额宝：颠覆银行业的鲇鱼

阿基米德曾说过，"给我一个支点，我就能撬动地球"。那么余额宝的诞生无疑算是一个支点，它让理财市场丰富了起来，再度掀起了全民理财的热情。

"你不理财，财不理你"，这个口号在前几年银行理财产品大热的时候喊得格外响亮，但是在国内的大理财市场中，个人投资者可以投资的渠道有限。而余额宝作为一个新型的互联网金融产品，构成了普通客户从理财、升值、用钱，到搭载于各种生活场景的一揽子解决方案。随着余额宝的横空出世，除了传统的银行理财产品外，互联网金融产品作为一支"独立的力量"占据了理财市场，除了余额宝以外，多家电商平台及互联网公司推出了类似的各种"宝"产品。各种"宝"也以 1 元的低投资门槛成为众多投资者追逐的产品，同时 P2P 网贷产品以及众多衍生产品也纷纷涌现。

天弘基金总经理周晓明直言，余额宝覆盖了原来覆盖不到的人，在传统的金融体系里面得不到很好的服务，或者说按照常理现在还不认为自己需要理财服务的人群。一块钱都可以理财，使人们感到理财离自己那么近，很多以前没有想到理财的人进入了理财的服务领域。在搭上余额宝这辆超高速列车之前，恐怕没有多少人关注过天弘基金管理有限公司这家名不见经传的小公司。然而，余额宝的巨大成功，令天弘基金在短短几个月之内从一个规模仅过百亿的公司一举跃升为公募基金行业老大；从原本默默无闻到市场耳熟能详，天弘基金可谓是借互联网崛起的基金业最大赢家。数据显示，在推出余额宝之前的2013年第一季度末，天弘基金管理的公募资产规模仅有105亿元，列全行业第46名。而2013年年报显示，2013年天弘基金营业总收入为3.109亿元，其中余额宝的收入贡献占61.2%。天弘基金从余额宝中分别取得管理费1.038亿元和销售服务费8650万元。这意味着，天弘基金单从余额宝获取的收入就高达1.9亿元。不过，天弘基金2013年净利润只有1092.76万元，原因是其在IT系统上投入了很大一笔资金。截至2014年年底，天弘基金资产规模从2013年年底的1943.62亿元升至5897.97亿元，成为中国最大的基金公司，比排名第二的华夏基金多出2559.23亿元。然而，天弘基金仅仅凭借余额宝单腿前行的方式也存在弊端。在天弘基金的总规模中，货币市场型基金的规模占比超过98%，而股票型基金、混合型基金、债券型基金的规模总占比不足2%。分析人士表示，"规模庞大的天弘基金像一个巨人，但是它仅依靠余额宝这一条腿在前行。如果银行利率市场化全面放开，那么现在的规模就是它的最高点"。借助于余额宝的成功，中国公募基金业的资产管理规模也实现了一次不小的突破，摆脱了此前规模多年徘徊在2万亿元的窘境。

赚钱的欲望和巨大的知名效应，令众多互联网公司前赴后继地复制余额宝模式。2013年10月起，百度理财平台连续推出百度理财B、百发、百赚、百赚利滚利等产品；12月，汇添富携手网易理财推出了现金宝；2014年1月15日，对接汇添富现金宝的苏宁零钱宝上线；同日微信理财通平台试运行，1月22日正式上线；3月27日京东小金库面世；4月22日，新浪微财富平台上线，主推一款名为存钱罐的账户余额增值产品……

互联网金融目前正处于快速变化的"混战"阶段，从行业和政策来看，该领域对所有涉足企业来说都是相对陌生的，市场格局并不稳定。而从现阶段而言，支付宝相关金融产品毫无疑问是互联网金融的老大，占据了大部分市场份额。由于同质化情形严重，不少互联网"宝宝"产品获得的规模也远不及余额宝。例如，微信理财通对接的首款基金——华夏财富宝货币基金——的规模就与余额宝难以匹敌。随着近期银行间市场利率的不断走低，货币基金的收益率整体呈现下滑趋势。有数据显示，50多只"宝宝"中最低的7日年化收益率已经下降到了3.219%。进入统计的50多只"宝"类产品对应的货币基金中，已经有13只产品的7日年化收益率低于4%，占比约为25%。与此同时，7日年化收益率超过5%的货币基金数量也越来越少。

阿里巴巴董事局主席马云曾经讲过，"如果银行不改变，我们就改变银行"。互联网"宝宝"的出现以及规模的迅速扩张，让传统银行业寝食难安。央行数据显示，2014年4月，居民人民币存款同比减少了1.23万亿元。为了提高竞争力保住存款，银行纷纷调高利率，并推出各自的类余额宝产品。这对银行而言无异于自我革命，势必加剧银行业的竞争，并倒逼银行进行金融产品创新及改革。其实，目前余额宝规模也不过5000亿元，与超过百万亿元的存款总额相比，差距颇大，但让银行担忧的是，居民存款向"余额宝"们流动的速度非常快，超出预期。截至目前，工行、中行、交行、民生、兴业、平安、广发等均推出了银行版"余额宝"理财产品，这些产品与余额宝相比均没有太大新意，不能用于购物、刷卡，购买之后必须赎回才能进行消费。而中信银行新近推出的薪金宝则打破了银行系"宝宝"产品线下支付的壁垒，客户可设定一个最低金额，超出部分将自动申购货币基金。而客户在需要使用资金时，无须发出赎回指令，可通过ATM直接取款或直接刷卡消费，该行后台会自动实现货币基金的快速赎回。在收益率上，中银活期宝、平安盈和兴业掌柜钱包等均有不俗表现，而余额宝的收益率排名出现大幅下滑。另外，随着资金赎回压力加大等问题，余额宝等互联网产品的灵活性也出现下降，这些都使互联网金融的未来之路看起来困难重重。而银行推出的理财产品通过调整优势则体现得更为明显。加之互联网理财产品始终在安全性方面有所欠缺，因此不少用户开始将资金重新转回银行。

以余额宝为首的互联网"宝宝"们在过去一年混得风生水起，但商业银行却乐不起来。这一年，银行业不再完全主导资金供求模式和定价机制，躺着赚钱的日子渐行渐远，余额宝相当于加速了存款端的利率市场化水平。事实上，余额宝本质上就是一只货币基金，在投资对象上，银行的协议存款是目前余额宝等货币基金最主要的投资品，余额宝将90%以上的资产投资于协议存款，以保证流动性需求。目前，即便是利率在央行基础上上浮20%，银行吸收存款的成本也不过是3.3%的定期利息，而对同样是存款的余额宝，银行却要支付4%～6%的利息。这正是令银行感到肉痛的地方。德邦证券董事长姚文平指出，"银行活期存款基准利率较低，中国的银行业垄断大量资金，并在某种意义上形成一种合谋，让客户只能承受这样低的利率，用户在银行存款越多，财富消耗越多"。他称，余额宝及互联网金融的出现大大推进了中国的利率市场化，进行了投资者教育。中国社会科学院金融所银行研究室主任曾刚表示，互联网金融的间接影响远远大于直接的影响，它本身不一定有多大的规模以至于对银行造成什么实质的威胁，但是银行未来可能都采取这样的方式，进行这样的创新，那么结果是整个利率市场化加速了。在他看来，余额宝等互联网理财产品只是一个催化剂，它诱导了银行变化，引发了银行在利率市场化方面的创新和尝试；它借助一个新的渠道绕开了人们对银行存款的关注，与传统的存贷款业务形成竞争，加速了利率市场化。从某种意义上说，其实互联网金融是利率市场化的一个组成部分，不是利率市场化以外的东西。

传统银行绝地反击：直销银行上线

2013年以来，互联网金融大潮对中国传统商业银行影响逐渐深入。2013年9月，北京银行直销银行正式上线，此后民生、包商、平安、兴业等多家银行"赶潮"直销银行，直销银行大热。人们在直销银行购买理财产品，主要是因为操作方便，电脑、手机即可，不用跑银行。直销银行最大的特点就是提供简单的产品，主要是为加强金融服务的快捷性和便捷性，定位为相对年轻的群体，建设良好的体验式金融服务。

直销银行诞生于20世纪90年代末北美及欧洲等经济发达国家和地区，是互联网时代应运而生的一种新型银行运作模式，在这一经营模式下，银行没有营业网点，不发放实体银行卡，客户主要通过电脑、电子邮件、手机等远程渠道获取银行产品和服务。在近20年的发展过程中，直销银行已积累起成熟的商业模式，成为金融市场的重要组成部分，在欧美发达银行业的市场份额达9%～10%，且占比仍在不断扩大。

2014年年初，民生直销银行正式上线，截至8月末，民生直销银行客户数突破100万人，金融资产破180亿元。北京银行半年报显示，该行持续推进直销银行建设，助力全行战略转型，各项业务均实现零突破。截至报告期末，直销银行储蓄余额达1.22亿元。包商、平安、兴业等多家银行也纷纷"赶潮"直销银行。互联网金融时代下，直销银行在中国大热。

在浙江，外贸企业非常发达，由于行业经营的特殊性，很多企业通过票据收付形式结算，而近几年票据理财的兴起，对于这些外贸企业来说实为"福音"。本来是企业的应收账款，向银行承兑票据之后，就可以大大缓解企业的资金流。银行其实很愿意做票据类的理财产品，因为这在现阶段仍属于银行的表外业务，发行规模上可以做得较大，对银行是有好处的。现在江苏银行直销银行也做票据理财，其产品销售异常火暴，也是一个例证。直销银行最近大热，一方面是因为互联网金融的影响，银行意识到对碎片化资金的管理；另一方面是银行和银行之间抢占市场的体现。

目前，各直销银行以销售短期基金类理财产品为主，利率为5%～6.5%不等，还包括存款业务、资金转入转出、个人贷款、信用卡还款等。其中民生银行直销银行推出"称心贷"小额信用贷款，利率为8%～8.5%；平安银行进行了上万客户的调研与访谈，并对40余家全球领先的直销银行、互联网理财平台等进行分析和借鉴，主要定位为"年轻人的银行"，同时属于轻资产的金融服务平台。

近年来，互联网金融模式逐渐兴盛，对传统商业银行既是挑战又是变革的契机。把握互联网发展脉搏，应对同业和异业在互联网金融方面的挑战，转变思维是第一要务。国外成熟的直销银行是线上线下融合、互通的一种金融渠道服务。线上渠道由互联网综合营销平台、网上银行、手机银行等多种电子化服务渠道构成；线下渠道采用全新理念建设便民直销门店，以及网上银行、电话银行等多种自助操作渠道。

那直销银行模式在中国已经具备发展的条件了吗？其风险控制程度如何？圆石金融研究院在2013年的一份报告中指出，互联网在中国的普及，银行机构的"网上银行""电话银行""手机银行"等业务已经相对成熟以及国外"直销银行"较成熟商业模式的经验使直销银行在中国的发展条件已经具备。但报告同时指出，利率管制，银行间无法进行差别化的利率竞争以及中国银行业的互联互通和金融资源共享意识还不够等因素使直销银行的发展存在一定障碍。目前国内直销银行大多模仿借鉴了国外直销银行的经验和运营模式，但是，现阶段直销银行目前在售的产品有限，支付和汇兑产品不宽泛。国内发展直销银行有其特殊性，需要做简单、做专，一旦离开这个原则就容易出问题。

互联网金融发展包括三阶段，第一，实现开放、方便、快捷；第二，以风险控制为主；第三就是资源配置。现在的直销银行模式还处于第一个阶段。现在客户需求发生了很大变化，直销银行也是银行服务意识提高的体现。直销银行和网络银行是顺应互联网金融浪潮和现代化客户需求而出现的金融变化。直销银行发展仍处于初步阶段，银行将互联网作为一个运营工具，不会离开其应有的风控和经营原则。

阿里巴巴蚂蚁：搬动银行业大山

马云背后的"女神"终于走上前台。这位叫彭蕾的女人手上握有马云真正的王牌——她执掌阿里巴巴庞大的金融帝国浙江蚂蚁小微金融服务集团。目前其布局日趋完善，基本覆盖了金融"存、贷、汇"三大板块。

阿里巴巴于2014年9月在美国上市时，彭蕾一袭黑裙站在马云背后。长跑只完成三分之一，好戏还远未落幕，蚂蚁金融是马云"平台＋金融＋数据"的架构和规划中的重中之重。这家公司未来的上市规模和影响，或将超过阿里巴巴。

随着2014年10月初浙江网商银行的获批，彭蕾站在了聚光灯前。如今，基于电子商务发家的阿里巴巴，已经涵盖支付、小贷、保险、担保、信托等领域。除了天猫和菜鸟外，刻意回避阿里巴巴字样的蚂蚁金融，是阿里巴巴重点打造的品牌。这是一条几乎完美的金融产业链——通过阿里巴巴小贷提供贷款业务，通过支付宝提供支付结算业务，通过资产证券化实现融资，此外还涉及担保、保险、基金等；银行牌照的获取可使其更便利地从事贷款、支付结算等业务，但主要的突破在于能通过存款、同业负债等方式加杠杆、增规模。

阿里巴巴和蚂蚁金融，未来本质上都是一个数据公司。马云希望建立一个囊括所有与消费相关的数据平台，再以这个平台为中心建立数据交易中心。蚂蚁金融旗下的"芝麻信用"网站悄然上线。至此，阿里巴巴金融帝国基本成形。这个中国金融市场的"搅局者"意欲何为？

阿里巴巴的老对手腾讯，早在 2014 年 7 月下旬就获得了中国银监会的正式批文设立前海微众银行；此外，温州民商银行和天津金城银行相继成立。彼时，5 家试点民营银行中，呼声最高的"阿里巴巴银行"未能首发，"腾讯银行"捷足先登。负责筹组工作的阿里巴巴小微金融服务集团（筹）（"小微金服"，蚂蚁金融前身）副总裁俞胜法出面解释，称不是方案未获批，而是这家银行太过"特殊"，方案尚在讨论之中。俞胜法是彭蕾的得力干将，浙江富阳人，早年毕业于浙江一所"盛产行长"的学校——浙江金融职业学院（前身为直属于央行总行的国家级重点中专浙江银行学院），工行行长易会满、农行副行长楼文龙、浙商银行行长龚方乐等人都是其校友。2014 年 3 月"空降"蚂蚁金融之前，俞胜法的职务为杭州市金融办党组书记、副主任。此前，2004~2013 年，俞先后担任杭州市商业银行（杭州银行前身）副行长、杭州银行行长等职务。俞胜法任内，杭州银行成立了浙江省首家中小企业服务中心，同时把针对科技型中小企业的科技金融做得风生水起，并因此获得不少赞誉。俞胜法过去发表的期刊文章主要有两篇，一篇谈科技金融，另一篇讲风险管控体系的建设。2014 年 8 月 27 日，在一场小范围的媒体活动上，盛传将出任"阿里巴巴银行"首任行长的俞胜法第一次亮相。其间，他解释了"阿里巴巴银行"的与众不同。其最大的亮点就是"小存小贷"方案：与阿里巴巴小贷一脉相承，以小微电商为主要客户，提供不超过 20 万元的"小存"与不超过 100 万元的"小贷"服务。2014 年 9 月 29 日，阿里巴巴方面发布的信息显示，获批的网商银行方案有所调整，比如"小贷"的上限提高至 500 万元，但核心机理没有改变。小微金服品牌与公众沟通部公关专家葛瑞超表示："我们的构想是创办一个纯网络的银行，基本原理是利用十几年来电子商务在互联网上积累的庞大数据，还原个体消费者及小微企业的信用状况，并据此为他们提供金融服务。"至于如何挖掘虚拟用户的信用属性，蚂蚁金融的一位内部人士这样解释：一个消费者在淘宝、支付宝上注册实名账户后，我们可以获得账户信息、消费信息以及消费能力、消费偏好等数据。举个例子，如果他的收货地址长年不变，再配合水电煤的缴纳数据，我们就可以大致判定他拥有固定住所；如果他购买过汽车用品甚至车险，我们则会确定他已经购车；而若收货地址是单位，我们又能推断他的工作情况和收入水平……至于淘宝卖家，淘宝旺旺上会有他的账户数据、流水数据、经营数据、店铺经营者的行为数据等，这些信息足以呈现这个线上企业的经营状况，由此便能判断他的信用水平。而那些至今游离在淘宝和支付宝以外的群体，首先，网商银行主要以互联网商业生态中的消费者为服务对象；其次，可以通过入口设置或者其他的有序机制采集上述数据。网商银行的这套方案被不少业内人士赞为"真正意义的互联网金融"。在这之前，中国的绝大多数互联网金融产品无不是徒有其表的互联网加上传统金融。获批的网商银行方案只是一个雏形，根据小微金服内部人员的说法，"筹建过程还将与监管层保持沟通"。按照银行业目前的监管政策，办理开户、信用卡、理财等业务都需要"面签"，即客户需要携带有效证件原件等材料到银行进行面谈和签字。这一条件是制约互联网银行开展跨区域业务的关键因素。网商银行最终是否会有实体店，是否需要面签，这些将按照监管层未来的指导和要求逐步落实。

拥有了银行牌照的蚂蚁金融，最直接的好处就是其虚拟信用卡将马上重启。2014 年 3 月份，央行叫停了中信银行、蚂蚁金融和腾讯合作的虚拟信用卡业务，主要是因为目前的既有规则并未涵盖这一业务，央行需要对此有进一步研究。如今阿里巴巴筹建自己的银行之后，可以开展自己的信用卡业务，不必再借道其他银行，风险也更加可控。

如果没有意外，半年后网商银行将开始试运营。表面上看，这家银行似乎已"去阿里巴巴化"。这或许是马云的刻意为之。"银监复〔2014〕663 号"文件显示，网商银行的主要发起人包括蚂蚁金融、上海复星、万向三农和金润资产，分别认购 30%、25%、18% 以及 16% 的股份。这份批复全文 445 字，通篇没有出现"阿里巴巴"字样。实际上，网商银行与阿里巴巴有着深刻的联系。2014 年 6 月 11 日之前，蚂蚁金融的名称为浙江阿里巴巴电子商务有限公司（浙江阿里）。2000 年 10 月，阿里巴巴（中国）网络技术有限公司因业务需要，投建浙江阿里巴巴，主营业务为设计、制作、加工网络信息产品并提供相应的技术服务和咨询等，公司法人、执行董事及经理均为马云。浙江阿里巴巴的注册地点为杭州市西湖区文三路 477 号华星科技大厦九层，最早注册资本为 50 万元，其中马云出资 5 万元，伟业（杭州）网络信息技术有限公司（以下简称"伟业公司"）出资 45 万元。伟业公司是一家以计算机软件开发相关技术咨询服务为主营业务的企业，彼时的法人代表是技术出身、后来一度出任阿里巴巴集团首席运营官的李琪。2005 年 3 月，马云与伟业公司分别增资 45 万元和 5 万元，浙江阿里巴巴的注册资本增至 100 万元，前述两者各占一半股份。同年 7 月，伟业公司从浙江阿里巴巴撤出：30% 的股份以 30 万元的总价转让给了马云，其余 20% 则转入阿里巴巴集团 18 位创始人之一的谢世煌名下。此后，历经数度变更，2011 年浙江阿里巴巴注册资本达到 7.11 亿元，但股权结构不变，马云与谢世煌仍旧分别占 80% 和 20% 的股份。在此期间，支付宝事件爆发。为确保支付宝取得第三方支付牌照，2009 年 6 月与 2010 年 8 月，马云分两次将支付宝从阿里巴巴集团剥离，转入其个人绝对控股的浙江阿里巴巴。交易完成后，浙江阿里巴巴总共支付人民币 3.3 亿元，将当时市场估价约 50 亿美元的支付宝收为全资子公司。马云因此遭受质疑与痛骂。2011 年下半年，阿里巴巴与雅虎、软银签署三方协议，支付宝股权转让风波告一段落。对于被剥离的支付宝以及以支付宝为核心的阿里巴巴金融，马云则有了神来之笔。

2012 年 9 月，马云在网商大会上表示，阿里巴巴集团将从 2013 年 1 月 1 日起转型，重塑平台、金融和数据三大业务。金融方面，2013 年年初，支付宝和阿里巴巴金融组织架构调整方案浮出水面——支付宝被拆分为共享平台事业群、国际业务事业群和国内业务事业群，加上原来的阿里巴巴金融，阿里巴巴金融的四大事业群梳理完成。2013 年 3 月 7 日，阿里巴巴集团宣布以四大事业群为班底，以支付宝的母公司浙江阿里巴巴为主体，筹建小微金服，并任命彭蕾为 CEO。此前，2012 年 12 月，马云向浙江阿里巴巴引入杭州君澳股权投资合伙企业（以下简称"君澳"），使得前者的注册资本扩容至 12.2881 亿元，马云和谢世煌的股份则被稀释至 46.2886% 与 11.5721%，君澳持股

42.1393%。工商资料显示，君澳的有限合伙人（LP）包括刘振飞、吴咏铭、陆兆禧、彭蕾等20位阿里巴巴高管，他们同时也均为目前已在美上市的阿里巴巴集团的合伙人，其中4人为小微金服的高管；而君澳的普通合伙人（GP）是一家名为杭州云铂投资咨询有限公司的企业，注册资本1010万元，由马云独资持有。

2014年6月11日，浙江阿里巴巴更名蚂蚁金融，变更后的经营范围包括接受金融机构委托从事金融信息技术服务外包、金融业务流程外包等。同时，马云和谢世煌分别签署赠予协议，将46.2886%和11.5721%的浙江阿里巴巴股权赠予杭州君瀚股权投资合伙企业。至此，浙江阿里巴巴的股权变为君澳持股42.1393%、君瀚持股57.8607%。君瀚成立于2014年1月，其有限合伙人（LP）为马云和谢世煌，普通合伙人（GP）与君澳一样，是马云的杭州云铂投资咨询有限公司。实际上，2013年10月，蚂蚁金融对外发布公告，解释未来的股权安排，即40%的股份作为对全体员工的分享和激励，剩余60%股权将用来逐步引入战略投资者。公告特别提到马云的目标持股状况——不高于其在阿里巴巴集团中的持股比例。此前，阿里巴巴集团提交的招股说明书披露，马云持股8.9%，而他目前持有蚂蚁金融的股权比例为46.2886%。未来，马云在蚂蚁金融的股份会被逐渐稀释，但是，他掌控的杭州云铂投资咨询有限公司是君澳与君瀚的普通合伙人，通过控制君澳与君瀚，马云依然握有对蚂蚁金融在重大决策上的控制权。

如今，"改头换面"的蚂蚁金融已是"阿里巴巴帝国"的重要组成部分。蚂蚁金融的业务已经覆盖支付（支付宝）、小贷（阿里巴巴小贷）、理财（余额宝、招财宝）、保险（众安在线）、担保（商城融资担保）等诸多金融领域。事实上，蚂蚁金融的金融试水可以追溯至原阿里巴巴金融公司早期的阿里巴巴信贷业务。早在2007年，阿里巴巴金融就开始与建设银行、工商银行在浙江省的分行合作，为阿里巴巴电商平台上的商家提供贷款服务。2010年和2011年，阿里巴巴金融又分别在浙江和重庆设立小额贷款公司，为阿里巴巴B2B业务、淘宝、天猫三个平台的商家提供额度在100万元以下的订单贷款和信用贷款。阿里巴巴小贷是阿里巴巴金融基于大数据开发的一个互联网金融样本。它的核心机理即通过一个叫作"车间"的数据仓库同步存储阿里巴巴各子公司的数据，再将这些数据代入多达十余种模型，从而产生对贷款者的准入判断与授信金额。依托这套系统，阿里巴巴小贷的客户平均贷款只有 3 万～5 万元，贷款周期 20 余天，但坏账率不到 1%。公开资料显示，截至 2013 年 12 月底，阿里巴巴小贷累计客户数量已超过 65 万家，累计投放贷款超过 1600 亿元。四年时间，阿里巴巴小贷做出了很多成果，包括风控模型、风控体系、风控技术等，但最核心的是，它培养了一批跨越互联网和金融两个领域的大数据工程师，并积累了雄厚的数据处理能力。而这种能力是可以被网商银行所继承的。

从支付宝的"汇"到阿里巴巴小贷的"贷"，2013 年 6 月，蚂蚁金融开始尝试"存"——余额宝上线。这个低门槛的理财平台几乎一炮而红，4 个半月后，用户数量超过 1600 万人，余额宝背后的天弘增利宝货币基金也一跃成为国内市场上资产规模最大的货币基金。与此同时，蚂蚁金融还与平安保险、腾讯联手，出资筹建互联网保险企业众安在线；2014 年 4 月，蚂蚁金融又推出投资理财开放平台招财宝。余额宝是针对屌丝群体碎片化的理财需求；阿里巴巴小贷则为满足小微企业快速便捷的融资需求；而天猫分期的目的在于降低消费门槛，迎合消费需求。所以一直以来，阿里巴巴都是点对点地提供服务，而通过网商银行，阿里巴巴希望为互联网商业提供完整的、系统化的服务方案。

蚂蚁金融在 2014 年年末又有新玩法——筹备一个名为"芝麻信用"的大数据项目。除了央行之外，民间征信才刚刚起步，大约有两三家征信公司，蚂蚁金融将是第一批获得征信牌照的公司。据相关负责人介绍，设想中的芝麻信用将用于建立个人信用档案，帮助其在日常生活中获得更好的服务，比如，芝麻信用与婚庆网站合作可以预防"骗婚"；与利融网合作则能打击"骗贷"。阿里巴巴电商平台上积累了用户消费、店铺经营等大量的信用数据，这些数据能够让阿里巴巴小微在不需要人工审核的情况下提高放贷效率、降低风危，同时这些数据也可以开放出来，供所有的银行和公司查询。在互联网人士看来，蚂蚁信用将是最大的民间征信公司，它掌管的是人们的互联网信用。这正是马云对金融和数据融合构想的体现——跟央行的征信系统不同的是，蚂蚁信用将是随时随地可查询的信用，因为它拥有移动端出口。目前，小微金服的业务几乎都是针对被传统金融机构忽略的"屌丝化"的个体消费者以及小微企业，并努力将业务与传统的银行以及金融机构进行分层与区割。而未来，阿里巴巴金融掀起的"鲇鱼效应"，势必会对传统金融造成影响，所以，看点在于，阿里巴巴金融这个搅局者究竟能发挥多大的作用。

阿里巴巴金融的最终目的不是建立银行这样的金融机构，而是让资金流与物流、数据流构成"阿里巴巴帝国"的高速公路网络，以支付宝为核心建立一个服务于各类交易的金融生态系统，倒逼传统的金融机构服务于这个系统并成为其中的一部分。蚂蚁金融真能成为一个出色的"搅局者"吗？这个故事刚刚开始。在阿里巴巴内部被称为"女神"的彭蕾曾称："信用等于财富，金融面前人人平等。传统金融因为种种原因做不到，现在互联网金融可以做到。"

互联网金融改变了什么？

金融功能的核心，是实现资金的跨主体和跨时期配置，具体体现为储藏、集合、资产管理等不同作用组合，并在此基础上衍生出资金的结算、风险管理等功能。不同的金融机构，实际上就是在以上五大金融功能中发挥各自作用，并各有侧重。

建立在信息技术之上的互联网应用技术，被认为将导致"第四次工业革命"。不过，笔者并不认为以互联网、新材料和新能源相结合为基础的第四次工业革命即将到来；从当前技术进展和资源禀赋情况看，第四次工业革命会否带来全新的分散经营模式，仍存较大不确定性。但是，互联网和金融的结合，却使金融商业模式发生了根本性变化：新的经营业态产生、发展并不断壮大，传统经营模式发生重大改变。围绕互联网金融对金融功能的分解与重组影响，互联网金融已改变了金融经营的商业模式，并对社会生活和经济行为产生了变革性影响。金融是经济的核心，金融领域的变革不可避免地带来了社会变革和经济转型。

首先，互联网金融直接促进了金融服务外包的发展。互联网金融提高了金融服务的可得性。随着网络和自助设备的普及，人们可以不在现场接受金融服务，金融服务的可得性大大提高。没有一家金融机构敢忽视这种发展趋势，网上银行、网络金融等成为各类金融机构拓展业务的重要平台。过去开办营业部、分支行等分支机构、网点的传统做法，正越来越不合适宜。对现有金融机构而言，所有能够标准化的金融产品和服务，都可以放到网上去，金融业也越来越像实物商品经营的销售行为，这直接促使了金融外包经营业态的产生，比如独立的基金第三方销售，网上保险销售，以及各证券公司自建的网上销售平台，甚至在淘宝网上开卖基金的网店等。当前金融机构间互相代理销售已很普遍，金融网点代其他行业收费也早已普及，如代收公共事业费、代售车票等，将来其他行业代售金融产品的现象也不是不可能。金融经营外包的发展，意味着金融功能的实现行为被分离，金融功能被细化并分解。

其次，互联网金融改变了金融功能的实现形式。网络等信息技术在金融领域的应用普及，逐渐由工具角色发展到经营商业模式的转型推动，互联网不仅是金融经营的实现工具，而且改变了金融经营的商业模式。在商业银行的结算领域，网上银行的发展使得支票清算的联行业务很快衰落，票据业务实际上已由过去的结算功能，逐渐转变为融资功能。在保险领域，上百年来上门推销保险的方式，在互联网金融的冲击下，很快变得不合时宜。在证券领域，过去营业部行情高涨时，众股民齐声兴奋叫喊的热闹场景早已不再，甚至变得有些冷清。对金融机构来说，若不能适应这种经营模式转变，就意味着要被市场淘汰。

最后，互联网金融催生了金融功能重组下的新业态。互联网金融领域出现的两种最为引人注目的新型经营业态是第三方支付和网络借贷。从金融功能角度来看，这两种业态实际上都是实现了资金集合和风险管理功能的融合。传统金融机构在提供同样的金融服务时，并没有实现对资金归集和风险管理这两种金融功能的有效融合。比如，网上银行支付并不对客户的交易风险管理有所帮助，而仅是将网络作为一种工具来使用，并没有改变银行经营的商业模式；P2P等网贷模式实际上是借助大数据技术，实现了资金归集和风险管理的金融功能，而这些功能过去是独属金融机构的。这也意味着，互联网金融打破了金融行业壁垒。

大数据、移动化、智能化和云计算，在改变我们生活方式的同时，也为金融运行中的关键环节——风险识别，提供了革命性的技术手段，并在此基础上催生了互联网金融。和传统金融相比，互联网金融运行成本更低、效率更高、覆盖更广，因而也就成为发展更快的金融新业态。互联网金融在资本市场的基础上，进一步解决了信息不对称性问题。正是互联网金融的这种高效率、低成本特性，以及对金融功能重新组合后所呈现的强大功能和高度的市场适应性，即使在市场开放不足、监管严密的现有金融环境下，互联网金融也呈现出强大的生命力，其快速发展态势甚至被认为是"野蛮生长"。

互联网金融的发展，对现有监管体系也产生了变革推动。"余额宝""理财通"的兴起，标志着我国互联网金融对整个金融的系统性影响开始有所显现。金融生态系统的主要特点应该是开放的，各业发展应该呈现百花齐放的特点。目前中国的金融监管过度，导致资本市场发展创新不足，市场资源配置功能未能得到充分发挥，但互联网金融强劲生长对金融格局带来的改变，必然要求监管体制创新。可以预计，互联网金融发展对中国现有金融监管框架的冲击将是系统性的，未来金融监管变革将是结构性、制度性的。

第二章　互联网 + 保险

保险：险企触网仍纠结

"风乍起，吹皱一池春水"，借用这句词来形容当下热闹的互联网保险，或许再形象不过了。在网络销售领域已摸爬滚打了十多年的保险业，借互联网金融勃兴之机，开始提速进入一轮"全面发展期"。以网络销售为核心的"互联网保险"，作为保险业在新技术应用浪潮下迅速成长的一个创新子业态，已经颇具规模。一组数据可以印证保险业近年对互联网保险不断增加的热情：中国保险行业协会日前发布的《互联网保险行业发展报告》（以下简称《报告》）显示，截至 2013 年年底，互联网保险保费规模达 291.15 亿元，近三年的总体增幅高达 810%；从事互联网保险业务的公司逾 60 家，公司数量的年均增长率达 46%；投保客户达 5436.66 万人，三年间增长了 5 倍多。

2014 年春节一过，随着阿里巴巴和微信两大互联网巨头显示出争夺互联网保险这一新战场的野心，那些在 2013 年还在对是否触网纠结不已的保险公司已经开始招兵买马，已经触网的公司则在人才引进、产品创新方面加快推进，各路资金都挖空心思地开始了新一轮的市场抢占。

《报告》显示，2011 年至 2013 年，国内经营互联网保险的公司从 28 家上升到 60 家；规模保费从 32 亿元增长到 291 亿元，增长率达到 809%；投保客户数从 816 万人增长到 5437 万人，增长率达 566%。《报告》也指出，尽管规模呈现爆发式增长，但目前我国互联网保险在整个保险市场中的占比仍不到 3%，与发达国家如美国 30% 的占比相差还很远。但这是否也意味着其有更大的发展空间？根据《报告》统计数据，目前网销保费占比的排序依次为车险、意外险、理财类寿险和保障类寿险。"网销产品的单一化、创新不足，将是制约保险电商爆发式增长的最大瓶颈之一"，一位现正独立创业的保险电商人士指出。目前网销渠道少见长期、高额保险，复杂保险虽有，但交易全程并非在线完成，主要原因是业界尚无统一认识，没人敢于突破性尝试，客观原因则是网络生态的基础配套措施尚不够完善。"更苛刻的是，产品创新往往意味着价值观的改变和考核机制的变化，这一点往往是保险公司高管和股东难以接受的。"值得一提的是，虽然目前人身险网销渠道总规模保费占比不到 20%，但绝大部分属于利润率极低甚至倒贴费用的短期理财类保险，这也是 2013 年互联网保险开始吸引大众眼球的原因，比如春节后仅在 3 分钟内就被抢购一空的 8.8 亿元保险版余额宝。不过，在罗毅看来，在近来中国保监会规范高现价产品之后，资本金压力和流动性管理的压力将使 2014 年的理财寿险的发布者走马灯式切换，也就是说某一家公司难以靠这类险种来长期占有市场，网销人身险的险种结构也将改变。但也有保险公司开始发布保障型险种来寻求差异化的竞争。近来，主打"1 元钱求关爱"的保险产品"微互助"在微信朋友圈热闹转发，推出这一短期防癌健康险产品的泰康人寿也成为首家与微信支付合作的保险公司。中信建投分析师魏涛对此表示，尽管该产品本身利润率不高，但其通过借用"红包"的创意，利用强大的社交平台微信，在投保流程、产品设计、营销模式等方面都做了创新，从而能用于打通线上销售渠道。

在互联网保险领域，不同公司各有算盘和介入途径。一批中小保险公司热衷于大胆出位的另类互联网保险产品。作为互联网保险先行者之一的中国平安，步子迈得更大，谋略更远。2014 年 3 月 13 日中国平安召开 2013 年年报发布会，素以"科技控"著称的中国平安董事长兼 CEO 马明哲，进一步阐述了其"将金融服务嵌入生活各个环节"的构想，宣称平安的互联网金融将专注于特定领域，实现"两条腿"走路。2014 年伊始，平安亮出的移动支付和社交双平台——"壹钱包"，已然摆出欲与微信和支付宝一争天下的架势。

平安的竞争对手们亦未坐视互联网金融的发展机遇。中国人寿、中国太保、新华保险等公司纷纷成立专门的保险电商公司，泰康、华泰等公司则与 BAT 联手，谋求深度的业务合作。前景似乎非常美妙。华泰保险集团董事长王梓木预计，2015 年将有 5000 亿元保单通过互联网实现，互联网保险资产将占到保险行业总资产的 10%。

作为一个销售渠道，互联网对于保险业并非新事物，在此轮互联网金融大潮之中，保险业能否实现真正的创新，变革保险业商业模式，使互联网保险由渠道进化为业态？泰康人寿董事长陈东升在"2014 亚布力中国企业家论坛"上断言，互联网对保险的颠覆性，"可能比银行还要大"。

初探产品定制化

1997 年，中国保险业开出首张电子保单，触及互联网的大门。不过，一直以来，互联网仅作为一种新兴销售渠道和服务载体，直到被称为互联网金融元年的 2013 年，互联网保险的创新发展才真正提速。2013 年下半年以来，赏月险、"脱光"险、怀孕险、春运险等一批所谓创新产品引发了公众对互联网保险的关注，也让一批中小公司迅速获得大量保费。不过，在业内人士看来，所谓的创新不过是营销噱头，去掉华丽包装，此类产品其实与传统产品并无二致。虽然其价格相对传统渠道稍低，但理赔烦琐且限制条件多，很快便让互联网用户兴趣索然。

泰康人寿副总裁王道南认为，互联网保险的创新，在于通过精准定位用户，细分保险标的和风险因子，实现产品的定制化和定价的个性化，而不是简单地把传统保险产品搬到网上。与传统产品通常先设计产品再投放渠道的路径不同，互联网保险产品的设计路径是"从渠道到产品"，即先了解渠道用户的需求，再据此开发第一代产品，投放到渠道后根据反馈的渠道数据，开发第二代产品。与传统产品相比，互联网保险产品迭代迅速，调整频率快。传统渠道难以实现或因难以形成规模效应不愿做的领域，成为互联网保险差异化发展的空间。新科技和大数据的应用，为互联网保险创新平添了创新能力。王道南认为，基于社交平台的大数据比传统渠道获得的信息可能更加真实和准确，"因为这些数据更加动态化"。

阿里巴巴小微金融服务集团保险事业部总监胡乐天认为，互联网改变了传统保险产品的定价和核保规则，一些产品可以实现动态定价，"有一点 C2B 的感觉"。华泰财险此前推出的货运险在定价个性化方面做了初步探索，2013 年年底泰康人寿与阿里巴巴金融合作推出的"乐业保"，则实现了一定程度上的动态定价。泰康人寿创新事业部负责人毕海介绍，该产品作为健康险，费率按规定可上下浮动 30%。"我们可以在这个范围内进行动态定价，还可用几个产品接力的方式，在此基础上做出一个更宽的范围，使定价更加灵活。"该产品的定价亦可根据投保和赔付的情况予以调整，以期更符合互联网用户的诉求。相比意外险等产品，健康险更具私密性和专业性，更强调个性化服务，更合适走个性化定制的路径。

产品定制化和定价个性化，意味着从以往"产品导向"向"用户和需求导向"的转变，从"我有什么卖给你"转向"谁要什么、我如何提供"，"服务即产品"成为创新的重要方向之一。清科数据研究中心发布的《2014 年中国互联网金融行业专题研究报告》指出，在当前的"移动互联网"时代，微信、微博等"社交平台"比"单一网页"的用户黏性更高。如何为社交平台用户提供产品服务，对于保险公司来说，或许是一种新思路。被暂停的中信银行网络信用卡业务，便由众安保险为其提供个人信用卡消费信用保险，成为国内首例在信用卡领域引入保险的模式。众安保险 COO 许炜表示，这便是信用保险在移动互联网场景下的首次尝试。互联网保险的热销，也引发业内对冲击传统渠道的担忧。王道南认为，传统产品不可替代，"毕竟不是所有产品都适合在网上销售，这需要技术手段的配合，客户接受度也有一个过程"。与其说会对传统渠道产生冲击和分流，不如说互联网保险的发展，实质上对保险公司整个业务流程和系统提出了考验。除了业务流程、客服管理和支付方式需要适合互联网保险的特性，保险公司信用体系和风控模型也需要与之对接和改进。

互联网保险领域的各种创新和探索，在一定程度上可以倒逼保险产品定价市场化改革。多位受访的保险业人士认为，网销产品的价格更低，保险公司需要为此改善流程，降低成本，对其改善经营管理和盈利模式有一定的倒逼作用。保险公司需要认清这个发展趋势，打通线上线下的渠道和资源。

平安壹钱包实验

被业内视为已发生"基因突变"的中国平安，身上的互联网气质已日渐浓厚。它的目光已越过保险同行们，把竞争的焦点瞄准了以 BAT 为代表的互联网企业。其在互联网金融领域的发力点，不会仅仅着眼于产品创新的层面。

在平安 2013 年年报发布会上，马明哲又一次阐述了平安的互联网金融战略，声称平安"要在生活中嵌入金融，改变过去金融机构围绕金融做金融的理念"，并将其作为发展互联网金融的两大抓手之一。马明哲表示，平安将"有所为有所不为"，专注于特定领域，依托传统金融的优势，实现"两条腿走路"。所谓"两条腿走路"，即在传统金融业务主推"金融超市""客户迁徙"两大核心工作，在非传统金融业务则从服务和数据入手，围绕"衣、食、住、行、玩"等生活需求切入门户，未来还将针对不同生活场景新增设不同分类的垂直门户，以推动非金融业务用户转化和迁徙成为金融客户。在 2000 年斥资 2 亿元打造 PA18 网站后，平安就开始了在互联网领域的探索。虽然 PA18 网站的实验以失败告终，但经过十余年的探索，平安已初步完成在互联网领域的布局。其 2013 年年报显示，目前平安已建立了医健通、万里通、一账通、天下通和壹钱包五大平台，陆金所的战略及组织架构已进一步落地，万里通积分商圈的规模从 2012 年年底的 0.5 万家终端增至 2013 年年底的 20 万家，平安好车已完成网站、线上交易平台和 11 家线下门店的建设，"天下通"移动社交金融门户已正式上线。那么，如何打通和连接各平台，最终形成综合金融服务的闭环？

被马明哲称为平安"拳头科技产品"的壹钱包，便被赋予了这一使命。2013 年 1 月，平安在微信理财通上线次日推出壹钱包，这款界面和功能设计与微信颇为相似的 App，迅速引起业内广泛关注：平安也要做社交平台和移动支付平台。壹钱包的主要功能被简洁地概括为：赚钱、省钱、花钱、借钱和聊天。对于平安来说，壹钱包将立足于社交平台，连接其他几大门户的业务和客户，将社交、生活化服务与金融业务进行对接，以实现"管理财富、管理健康、管理生活"三大互联网金融平台的核心功能。

2014 年互联网金融的趋势是应用场景化，即将互联网金融业务融入日常生活，以合适的途径送达投资者和消费者，这与马明哲对于互联网金融的理解不谋而合。在平安 2014 年推出的"1333"社交金融战略中，333 便是指 333 项生活场景应用，而 1 则指壹钱包。平安壹钱包的使用群体可能还是以其 8000 万既有客户和 80 万员工为主。业内人士估算，至少有 3000 万平安客户可以直接迁移成为壹钱包用户。不过，这种体量与微信逾 6 亿的用户尚难以比肩，其普及率和市场接受度至少在短期内难以与支付宝和财付通相抗衡。平安"1333"社交金融战略能否落地、实施效果如何、在与 BAT 的竞合中将取得什么样的江湖地位，还需要时间来印证。

触网模式难题

随着越来越多的资金涌入这个曾被消费者诟病的行业，传统保险业态正在发生裂变。很多保险公司网销部门的人事变动很大，尤其是大型保险公司，有的更换了一半，有的甚至更换了八成。近来不少保险公司都在急招电商人才。

目前经营互联网保险业务的 60 家公司占全行业 133 家产寿险公司的 45%，这 60 家经营互联网保险的公司中有 44 家人身险公司，占比超七成。根据互联网保险规模保费排名，人身险公司中排前 5 位的公司分别是国华人寿、泰康人寿、阳光人寿、光大永明、弘康人寿；财产险公司中排前 5 位的公司分别是人保财险、平安财险、太保财险、阳光财险、美亚财险。但保险公司疯狂触网的背后，又有多少明白之人？"成立网销部、找几个互联网背景的人搞营销、自建商城、把产品搬上网去卖的保险公司，必死！用简单思路新增银保、经代这类地面传统渠道可行，但无法触及深层本质，到互联网上玩不转。"上述保险电商人士坦言，电商团队喜欢从互联网行业吸收新鲜血液，风格保守的保险公司极有可能无法兼容两种文化环境，因此他建议最好不是将互联网渠道作为平行部门或者业务单元，而是分离出去，或者干脆独立为电商公司，在文化、体制上都分隔开来。

对于互联网保险商业模式，目前行业已初步构成了以官方网站模式、第三方电子商务平台模式、网络兼业代理模式、专业中介代理模式和专业互联网保险公司五大模式为主导的商业模式体系。此外，60家公司中，有41家建立了官网自助服务区功能模块。尽管转化率不高，但第三方电子商务平台的流量仍对保险公司有着巨大的吸引力，但这也造成了保险公司的另一个担心。"我们之前也考虑过借助第三方平台，但最后还是决定先自建渠道试试水。"目前正参与电商业务筹备工作的王俊表示，大型电商平台所拥有的流量和数据是其优势，但这也使得他们成为当前互联网金融的主导者，这从余额宝都是与小公司合作就能看出。"如果太依赖第三方平台，会不会仅成为人家的赚钱工具？在没看清之前，我们觉得还是谨慎点好。"

实际上，由于互联网保险存在的巨大衍生市场空间，电商平台对此也越来越重视，如拿下保险代理牌照的苏宁，以及一直在航空旅意险细分领域闷声发财的携程、去哪儿等。据业内人士透露，某第三方平台公司2012年全年的互联网保险佣金收入达900万元，毛利率6%，而2013年上半年的保险佣金收入就已经达到900万元，毛利率25%。

不过，至于网销渠道对传统渠道的影响，"两条腿走路"将是大部分保险企业触网后的选择，因此它们暂时不会全盘抛弃现有业务，而发展趋势是保险公司将会受"互联网思维"的影响，让自己逐渐变轻，逐步把销售运营、产品研发、客户服务等逐一外包，自己专注于最核心的品牌、产品和内控等，同时催生新的专业市场主体。

互联网保险生态圈

互联网保险产品的创新带来了产品形态和价格的变化，但互联网保险要真正发展壮大，则必须使之成为全新的业态。截至目前，已有超过三分之二的保险公司自建在线商城或通过第三方电商平台分销，近40家保险公司进驻了淘宝，中国人寿和中国太保等四家公司成立或筹建了保险电商公司。2013年年底随着首家专业互联网保险公司众安保险开业，互联网保险的商业模式已形成官网、第三方电子商务平台、网络兼业代理、专业中介代理以及专业互联网保险公司五大类鼎立之势。

与此同时，阿里巴巴、腾讯和京东等一批互联网企业以不同形式介入保险业务领域。2014年2月，苏宁云商和苏宁电器共同发起的苏宁保险销售有限公司获得牌照，成为国内首家拿到保险代理资质的商业零售企业。由此，消费者、保险代理人、保险中介、第三方电商平台、保险公司和监管机构，初步构成了互联网保险生态圈的成员。有业内人士预计，为了解决保险公司与分销平台之间高成本低效率的交易对接问题，未来在互联网保险领域，还将出现融合了大数据和云平台的概念、专门做交易接入的第三方交易平台，提供产品和交易接入、结算及交易数据等服务，从而形成互联网保险生态圈的完整闭环。

成立了独立保险电商公司的保险公司，却多将其作为系统内产品的代销平台。一位大型保险公司高管曾透露，成立电商公司主要是作为产寿险交叉销售的载体，且以财险产品为主，不会对既有渠道产生冲击和分流。在他看来，进军互联网电商只是公司的顺势而为，他不认为短期内互联网保险足以壮大到撼动既有格局。上述保险公司高管的说法，在一定程度上反映了保险业对互联网保险的普遍心态。是否将互联网保险纳入公司发展战略层面，举系统之力促其创新，可管窥其在公司未来的发展前景。一位业内人士对保险公司一哄而上搞电商公司不以为然，认为这是行业同质化的表现。"创新必须要有战略化思维，不是说一提创新就要一哄而上，先抢个地盘再说。"

渠道的多元化倒逼保险公司必须革新内部的组织和流程，业务结构的变化则倒逼保险公司改变管理方式和组织结构。业态的变化，最终可能将实现对整个保险业生态环境的改善。不过，真正形成互联网保险业态，需要保险公司具有洞察互联网和金融业全局的视野。学会用互联网思维和按互联网规则办事，改变现有的产品运营和服务模式，调整渠道和业务结构，乃至重新构造股东、企业、客户整个价值链条的运作逻辑，互联网保险还有很长的路要走。

监管新挑战

如同打开"潘多拉魔盒"，在互联网金融为金融机构带来海量用户和迅速扩大的业务规模的同时，风险也随之而来。2014 年"两会"期间，互联网金融几乎成为金融界政协委员提案的共同主题之一，呼吁加强监管、防止出现监管真空成为共识。

对于监管者来说，如何识别互联网保险存在的新风险是监管中的一个难题。安全认证问题、在线核保和网上支付风险、客户或保险公司工作人员的在线操作风险等具有互联网特色的安全隐患，可能成为风控的薄弱环节。另一个监管难点在于，互联网打破了时空限制，交易对象难以确定，交易过程变得模糊，借助互联网平台，跨区经营已成为普遍现实。没有分支机构的专业互联网保险公司众安保险，则对现行的属地监管模式提出了新的挑战。保监会可以探索建立适合互联网保险的风险预警指标和风控体系，并制定相应的相关技术标准和服务体系框架。此外，亦需制定互联网保险的分级监管模式，建立互联网保险公司的准入退出机制。

加强监管不等于过度监管。众安保险相关负责人建议，保监会应给予其适度监管的政策支持，在遵守现有法律法规的前提下划定一定的范围，在现有规定业务的范围内给予其尝试和创新的机会。

第三章 "互联网 + 零售"：
零售体验和移动互联

零售：传统百货扎堆试水 O2O

曾几何时，风头正健的电子商务巨头与传统零售百货之间，隔着楚河汉界。双方摆出的架势非此即彼，一轮轮争夺消费者购买力的大战充满火药味。但在商界，没有永远的敌人，只有不变的利益。从 2013 年年初开始，传统零售商与"旧日宿敌"互联网电商的紧张关系突然开始缓和，连曾经公开对赌的万达与阿里巴巴都"一笑泯恩仇"。

2014 年 2 月 25 日，华联股份发布公告称，阿里巴巴将为公司及下属公司提供企业 O2O 业务，逐步与公司在流量、营销、会员、数据、支付等层面展开合作。次日，阿里巴巴集团高调宣布全面启动"手机淘宝 3.8 生活节"，联手银泰、大悦城、新世界、华联、王府井等国内五大零售百货集团，打通手机、电脑、线下零售消费路径，共同探索全新的移动化、电商化消费模式。

随着以腾讯旗下微信支付和阿里巴巴旗下支付宝为代表的两大移动支付平台的升级换代，一场原本只在电商领域的争夺战，全面蔓延到了零售实体店。百货商要在 O2O 寻求合作，势必面临对阿里巴巴、腾讯的阵营选择。目前，阿里巴巴牵手银泰商业、华联股份、新世界百货中国、王府井。而腾讯一方也同时与新世界百货中国、王府井以及天虹商场等国内一线实体零售商先后敲定了 O2O 领域的战略合作。

从零和博弈的单纯竞争，到如今 O2O 领域开展的竞合，零售百货和互联网大佬们究竟在打着怎样的算盘？如今尚处"看得见，摸不着"的 O2O 模式，又将给零售业带来怎样的改变？

零售派：业务模式数字化

O2O 支付环节的最终目标是"革传统银行 POS 机的命"。马云曾在阿里巴巴内部直言，阿里巴巴和腾讯集团在 O2O 领域时刻竞争，但彼此是伙伴关系。两家的竞争会快速普及移动支付，而移动支付会在很大程度上取代线下银行的POS 系统，而这才是这一趋势真正具有冲击力的地方。

如同数年前 IT 行业的云计算，O2O 概念几乎一夜之间进入了人们的视线。近两年来的零售业中，各大百货集团的负责人都"言必称 O2O"，似乎只有这样才能最贴近快速变化的消费习惯。所谓 O2O，是 Online to Offline 的英文简称，专指将线下的商务机会与互联网结合，让互联网成为线下交易前台的这种"销售 + 物流"新模式。发端于美国互联网的这一销售变革模式，在我国也是由几家最有影响力的互联网公司所推广，华东的阿里巴巴集团和华南的腾讯集团便是其中最为积极的两大参与者。

2013 年 10 月，本土最大零售企业之一的银泰商业集团与阿里巴巴旗下的天猫宣布达成战略合作，探索商业零售线上线下融合发展。除了升级银泰本身在天猫平台的网店之外，集团线下 35 个银泰实体店的相关资源，也将首次用于天猫"双 11"的购物活动，这也是过去一年来，传统百货商与互联网企业之间最为知名和深度的一次合作。2013 年"双 11"阿里巴巴与银泰首次全面试水 O2O 模式。新世界百货中国市场推广总监、O2O 业务负责人古兆知表示："目前公司正与腾讯和阿里巴巴同时进行合作洽谈，其中与腾讯就微信支付的O2O 合作属于独家授权合作。"2014 年上半年内，双方就支付系统、会员卡预售等前沿销售领域进行了大规模测试分析。由于 O2O 销售需从商品信息呈现、售前配货、售中支付以及售后物流配送等一系列环节进行打通优化，不同环节的衔接主要依靠数字化智能终端，因而流程设计和测试的要求也非常严苛。新世界百货中国方面透露，双方单是研发 O2O 合作的东西，差不多就花了 9 个月时间。在银泰、新世界百货中国等进行 O2O 销售优化的商场中，无线网络覆盖较好，以便于消费者通过手机等智能移动终端进行查询和下单，商场也会专设触控屏以进行互动。

除需配备硬件设施之外，软件系统的设计优化则是合作探索的重中之重。新世界百货与腾讯微信的合作内容，几乎涵盖目前国内各大百货公司在 O2O 领域的所有内容。其中，会员卡信息汇总、预付卡资金管理、货款支付以及产品配送这四大环节受到的关注最高。现阶段各大试水 O2O 的百货公司对于产品支付与会员卡信息的系统打通工作已经基本完成。另一大零售上市公司天虹百货的 O2O 方案主打七大延伸功能，其中最有实质突破的即会员卡的信息化。消费者可通过关注相应微信号获得微信会员卡，从而享受会员特权。已有实体卡会员的可通过微信客户端实现会员绑定，打通线下会员卡与线上会员卡对接功能。不仅如此，顾客在消费过程中出示天虹微信会员卡，就可以体验打折、积分等会员特权，并可查询积分、消费信息提醒等附加服务。然而，软件设计、优化、更新的过程并非一蹴而就。尤其是对于尝试预售卡制度的新世界百货等公司，在账户资金的安全性管理方面就对其 O2O 服务提供商腾讯提出了严格的要求。

O2O 领域里的预付卡分为个人预付和礼品预付，前者相当于用户先对账户存钱后使用，后者则类似于如今的"OK 购物卡"，在虚拟的手机空间中充值，把原来那种比较固定的预付方式解放出来。"现在通过手机支付的模式随时随地都可以做。由于手机和账户都是实名绑定，因而在汇款方式和金额上都比实体购物卡更便捷，也更容易控制安全。"古兆知强调，"在海外成熟市场，个人预付卡非常普遍，市场已经保持连续多年三位数的增长，我们认为在中国市场上这个趋势也一定会出现"。

随着微信 5.0 版本嵌入微信支付，腾讯公司在各大电商领域拓展以微信支付为核心的 O2O 业务，体量庞大、用户群广的零售百货成为其合作重地。以新世界百货为例，该公司面向微信支付的大规模测试，如今已在其全国 20 多个城市的 40 多家门店正式开放，数据的分析和后台的完善工作正在实时进行。

微信支付刚刚推出的时候，很多人看衰它。但对于腾讯而言，必须要有个平台去做测试，才能知道O2O消费中的这一关键功能能否真正实现。也正是基于此，新世界百货中国愿意把自己的门店和后台系统向腾讯开放测试。

电商派：寻求成本"软着陆"

在这一波O2O的大潮中，电子商务公司往往扮演着新锐的说服者角色，向"年长"稳健的传统零售百货推销O2O概念的势不可当。在业内人士看来，互联网巨头力推O2O的动力，最主要还是来自其销售落地后将物流成本匀摊的考量。同为浙商的银泰商业与阿里巴巴在物流方面找到了合作的契机。

2013年1月下旬，阿里巴巴集团宣布联手行业企业、资本和一些金融机构搭建智能物流骨干网络CSN（在内部被称为"地网"），银泰集团董事长沈国军出任CEO。此举也被视为这两家有意做大O2O企业，为日后可能遭遇的电商物流配送瓶颈早做准备。"要做电子商务，就离不开整个智能物流体系的发展。现在国内的物流比较传统，存在很多问题，若以此现状可能难以支撑未来如此大容量的销售。"沈国军表示。物流实力的搭建非一日之功，而O2O环节中物流配送的可及性尤为关键。近一两年来，苏宁、京东、腾讯、阿里巴巴等国内最具规模的零售集团纷纷扩建物流仓储中心，投资额巨大。

2013年8月，腾讯电商控股公司宣布其华南电子商务运营总部项目正式奠基，仅这一笔项目的总投资就超过10亿元，其主体是打造仓储面积达20万平方米的腾讯电商华南区域物流中心。阿里巴巴也毫不示弱，有外媒曾报道"阿里巴巴集团计划在2020年前在物流及相关支持领域投资160亿美元，意欲彻底革新中国的零售产业"。"目前各大电商平台都开始比拼物流速度，当日送、隔天送的服务在拉拢消费群的同时，也极大地考验着物流仓储中心的能力，而这样的投入都将慢慢转嫁到消费者身上。"新世界百货（中国）董事总经理助理兼COO陈旭存表示："如今网购消费与实体消费存在的价格差，未来很可能因为电商物流配送费的提高而缩小，电商如果不进行改变，其竞争力或将大打折扣。"综合未来的各种经营成本，可以预见电商和实体店面临的成本差距将越来越小，反过来要考验哪一阵营的服务更加出色，而这正是这么多年实体零售的长处。"互联网企业的管理者越来越担心，急切希望能够把现在的生意落到一个实实在在的平台上。"

O2O 在中国迅速潮起的先决条件得以满足，传统零售业与电商领导者都在很短的时间内各自完成联盟组队。其中，两大 O2O 技术领导者——腾讯与阿里巴巴更是对此寄予厚望。

阿里巴巴集团 O2O 品牌负责人曾毫不讳言地表示：O2O 是未来三五年内行业极其关键的策略，而在阿里巴巴集团内部，更是把 2014 年称为中国 O2O 的元年。自从 2013 年集团在"双 11"启动这一项目后，阿里巴巴已经正式把自己的战略重点从电子商务变为了商务电子化。"我们 2014 年有近五千家品牌商进入整个阿里巴巴 O2O 战略范围中，而且基本都已达成协议。所有线下 10 亿以上销售额、拥有 100 家以上门店的公司，都在我们考虑范围之内，这些公司所有的线下店面改造都是我们的核心所在。"上述负责人说。

两大合作伙伴实力旗鼓相当，面对邀约，本土百货零售业的管理层正在进行站队前的最后考量，其中也不排除像王府井百货、新世界百货中国这样和双方同时合作的例子。相比之下，腾讯一方的顶层设计似乎获得了更多的业界支持。互联网智库易观国际的分析称："相比于淘宝与天猫统一化的模板商城，目前与微信合作的线下零售企业如天虹、绫致服装等，都有着与腾讯团队合作的、定制性的微商城，帮助传统企业经营消费者，在吸引线下流量、无线化门店、可视化库存等层面进行提升。"

O2O 案例：互联网时代再造传统鞋服

万金刚穿着他最常穿的格子衬衫，配着骆驼服饰的外套和翻皮户外鞋，仿佛是一放下办公室的工作就能去爬山的驴友。身为广东骆驼服饰有限公司总经理的他有一个深藏多年的户外梦想：让更多都市精英参与到户外运动中来——当前玩户外的专业达人不过几万人，但是经过锻炼提升，很多都市精英都可以参与户外体验，而目前这个人群正在顺潮流扩大。

万金刚很早就发现，户外鞋服不能用传统的硬广告去做推广，因为向往户外运动的都市精英，更喜欢意见领袖而不是明星，他们更注重圈子里的口碑而不是生硬的推销。他也在此时树立了自己的品牌观：首先你要做到把消费者拉到你塑造的场景中，然后要通过体验让他们不需要思考就能体会到的品牌魅力。他认为正是因为选择了不同的产品类型，骆驼才选择了与后来互联网基因更吻合的重视顾客体验、信息分享、沟通互动的圈层营销之路。

由于品牌传导的是自由、不羁的精神气质，加上不同于普通男鞋品牌的舒适设计以及多次赞助一些标志性的户外活动，骆驼很快就在一、二线城市的男性群体中打响了知名度，到了2008年，骆驼户外已经取得年销售额数亿元的成绩。

此时万金刚留意到了线上销售渠道的崛起，开始试水包括淘宝旗舰店、走秀网、京东商城、当当网、唯品会等多种不同的品牌渠道。他刚开始还是将线上销售作为清库存的渠道，但运营了一年多之后他发现，线上销售可以明显放大骆驼的品牌辐射力，而且能够与消费者更好地互动，并形成具备针对性的数据库资源。

从2010年开始，骆驼加大了对线上销售渠道的投入。对于现在很多传统企业所担心的线上线下同价导致传统渠道利润受损的担忧，骆驼很早就有应对策略：由于线上和线下对应的是两种不同的消费群，因此骆驼早就针对电商用户群开发了大量新品，它们会比线下实体店的产品颜色更鲜明、款式更个性化。而线下的产品则会偏向低调与细节设计，适合40岁以上人群的舒适体验。

而当百丽等传统企业投入巨资营造自己的B2C平台时，万金刚也没有跟风。他认为即使做自己的B2C平台，也难免被搜索引擎的流量绑架。倒不如"傍大款"，针对不同主流电商平台的特色，进行针对性的渠道营销。比如京东是一个偏男性气质的平台，骆驼的户外用品和男鞋的销售增速就比较高；天猫是一个全方位的平台，可以做全品类的推广；唯品会的服饰比较强，针对的主要是二、三线城市用户，可以促销经典款……目前骆驼一年会召开六次订货会，线上、线下的一起开；同时骆驼会推动线下的渠道商到网上一起做电子商务，进一步刺激销量增长。

万金刚也发现可以通过电子商务实现渠道下沉。由于骆驼品牌定位在中高端，线下的零售价基本为700元到1000元，所以拓展到三线城市会有困难。但淘宝店增加了骆驼的曝光率，让更多消费者认识到品牌后，也开始会到线下购买。这令骆驼在户外用品行业的占有率有所提高。

从 2010 年到 2013 年，骆驼户外在淘宝的双 11 促销中，销售额从 5000 万元上涨到 3.8 亿元。在 2014 年双 11 当天，作为骆驼代言人的韩寒特地将女儿照片发在了微博上，随着姚晨、赵薇等明星的转发互动，一时间这成为了微博里的最热门话题。借着话题热度，骆驼户外系列顺势推出了高档冲锋衣韩寒定制专款。在韩寒粉丝们追捧下，这款双 11 冲锋衣销量接近 1 万件。

除了用传播最快的互联网工具进行营销，骆驼还会在线下制造话题，提高消费者的体验度。双 11 期间快递爆仓会让消费者收货延迟，而骆驼以优化顾客体验为重点，做好物流保障，并开展了双 11 当天"赛车送货"活动，被随机抽取到的用户能享受冠军赛车手或保时捷豪车上门送货的服务。在双 12 骆驼则举办了被央视体育频道播出的首届户外节——驴友徒步穿越库布齐沙漠的活动。在更早之前，骆驼曾经耗资百万推出"老兵回家"的公益活动，收到了较大的社会反响。

这种能够利用意见领袖互动或制造目标人群感兴趣的话题，线上线下相结合的营销方式，与骆驼作为一个传统品牌的背景是分不开的。

线上数据库让骆驼可以和消费者"从设计阶段开始交朋友"。每当新品推出，骆驼会随机抽取老用户对使用要求、面料等提意见，同时根据网络销售的后台数据，了解不同消费者的年龄、爱好、消费力等等在实体店难以搜集到的情况，做出有针对性的设计和销售策略，目前骆驼的数据库有 1000 万个以上的样本。

面对目前电商渠道获取用户成本不断提高的局面，万金刚也有应对：激活老用户，培养粉丝文化。骆驼现在签约了韩寒、Discovery 探索频道《荒野求生》系列节目主持人贝尔等意见领袖作为代言人，形成了对特定粉丝群体的号召力。而在平时经常举办的"骆行者"活动中，通过超级玩家、户外达人的推广来影响周边的新用户加入这个圈子。

万金刚和他的团队有种"先开枪再瞄准"的豁出去气质，同时团队架构扁平，充分授权。万金刚他认为，互联网对手最难学习骆驼的是他们的品质控制体系；而传统企业竞争对手最难学习的是骆驼的"快"，只有这种"快速学习"的能力才能让骆驼始终"站在风口上"借力。在大家一窝蜂做男鞋的时候，骆驼先看到了户外用品的商机，潜心埋首这个领域近十年；在大家还对线上销售将信将疑时，骆驼已经大笔投入，形成全品类开发与营销，而且会经常向小米等互联网公司取经。

2013 年刚刚发现移动互联网兴起的苗头时，骆驼已经开始布局移动互联网。比如骆驼发现来自移动端的成交份额从年初的 3% 左右猛增到双 11 的 15%，于是立刻对移动互联网的技术研究部加大投入，目前移动互联网的技术部人数已经与传统 PC 技术部一样多。从春节至今，来自移动端的下单量已经增至总额的 30%，骆驼特别为移动端客户推出了游戏等增值服务，只要玩游戏通关就能获得骆驼的优惠券。

而万金刚希望骆驼可以成为一个全品类的公司，男鞋和户外产品能稳住中国户外用品行业中老大的地位，女鞋能够进入行业前列。而 2013 年收购的淘宝第一女装小虫米子，也升级为全新的女装品牌小虫，于 2014 年 3 月 8 日进驻天猫，并取得了不错的销售成绩。与小虫联姻，是因为万金刚觉得"他们在粉丝文化的营造上很有特点"，复购率惊人，可以与骆驼品牌形成协同效应。他看重设计能力，倾向于收购前端产品定位精准的企业，产品要有自己的特色，而不是只做品牌营销。

谁是 O2O 的真正赢家？

同时参与销售每一个环节的电商与传统零售两方，在利益天平博弈时，一直未放弃互相牵制。马云和王健林"电商 VS 传统零售"的赌局一直为外人称道，最终双方转向 O2O 这样一种竞争转竞合的方式，也并不让人意外。事实上，传统零售业对于业务电商化一直心向往之，只是此前苦于没有合适的切入点。

互联网时代零售业的转型模式，正成为各大零售集团一把手争相热议的话题。武商、王府井百货、首商等负责人均表示有意尝试 O2O 概念，但态度更倾向于谨慎乐观与观望。2013 年上半年，中国网络零售市场交易规模达 7542 亿元，同比增长 47.3%。交易规模占社会消费品零售总额的 6.8%，网购已经成为拉动消费的重要渠道。其中 O2O 购物的一大重要接口——二维码的使用量，就在过去两年内迅猛增长，仅仅在 2013 年 3 月，中国地区二维码发码量已达 2574 万次，扫描量达到 908 万次。不过，前景虽然令人兴奋，但由于目前本土零售企业与互联网企业 O2O 领域的合作尚未出现成熟案例，各个环节标准设置暂无借鉴依据。

目前已经达成的几宗合作中，也曾出现线上线下同价而引发供应商抵制风波、实体店被指沦为电商试衣间等情况，甚至曾有两家知名企业 O2O 项目中出现实体店交付取货过程中系统滞后、人员配备不足的尴尬情况。O2O 在中国发展了三年，但至今还没有特别成功的模式可以推广，除了零售业的移动电商技术还未发展成熟外，另一个非常重要的原因是，整个行业的利润分配体系还未一致。这才是整个 O2O 成长中最麻烦和最关键的事情，重新划分整个品牌的利润体系，是 O2O 发展的前提和核心。

尽管新增的这一脉电商"支流"，对于大型传统零售集团至关重要，但在多名零售业负责人看来，传统零售商对于 O2O 的依赖程度基本上小于互联网企业。被传统零售企业津津乐道的一个案例，来自于国内羊绒产品知名品牌鄂尔多斯的 O2O 电商部门模式，这从一定程度上能够体现传统零售企业在 O2O 合作中对于技术提供商的反制作用。鄂尔多斯公司的电子商务频道权限不涉及货品的控制和发配。其与阿里巴巴旗下淘宝聚划算合作，包下了一个品牌团，在获得聚划算的引导流量后，将流量分配给不同的线下一级品牌商，其自身则承担协调、督导线下渠道卖货的职能。这样一来，销售主导权还是被控制在传统零售商的手中。

大型零售企业由于有着长期稳健的供应商关系，能够在合理的定价范围内，将消费者继续留在实体店内消费。O2O 模式能够倒逼线上线下企业的价格进一步透明合理化，从长期来看，有利于挤出实体店销售定价中的虚高水分，从而给消费者带来真正的实惠。从这一角度来看，O2O 既是另辟蹊径，也是锦上添花。O2O 并不意味着一定要线上线下同价，价钱透明并不等于打价格战，所谓合理透明的价格应该是略高于电商的价格。实体店销售在增值服务、产品信誉度方面依然保持着电子商务难以取代的优势，这些服务将转嫁成为略高的价格部分，但这个部分一定会控制在合理的范围内。这就如同在淘宝、京东等电商平台上，销量最好的并不一定是那些售价最便宜的商品，而是"信价比"最高的。

第四章　互联网+地产：
房产电商酝酿O2O大变局

房地产的互联网变革已然是大势所趋。易居（中国）执行总裁丁祖昱指出，如今房地产与互联网的结合主要集中在前段，特别是销售环节，最佳突破点在于营销和电商。与此同时，传统的房产销售和经纪业务模式开始没落。东方证券房地产行业首席分析师竺劲认为，未来房地产行业中，可能也就是营销板块可以互联网化，现阶段对于开发商最重要的是解决销售问题，从线下往线上延伸是关键。

房产经纪的O2O试验

在万科工作20年之后，万科高级副总裁肖莉在"光棍节"转身投入房多多的怀抱。在肖莉出走背后，众多线下房产中介与线上房产电商纷纷试水O2O。向肖莉抛出橄榄枝的房多多，创立于2011年8月，是一家基于互联网的房地产整合服务平台。数据显示，截至2014年6月，该平台的交易金额已达500亿元。房多多的核心是一个连接买卖双方和经纪人的交易平台，它打破了长期以来垂直房产网站依赖广告的商业模式。房多多此前的业务主要是连接经纪公司和开发商。房多多正逐步建立起一个以交易为导向的真实信息平台，买卖房子的人能够在平台上充分交流，而经纪人则依靠自己的信誉与服务水平在平台上生存。换句话说，要建立独立经纪人平台。目前与房多多合作的房产项目已超过 500 个，合作方涵盖万科、保利、中海、绿地、万达等众多一线品牌开发商。

购房用户在房多多平台不仅可以通过经纪人看到更多房源，增加了选择余地，而且可以通过团购获得购房优惠。2014 年开始房多多已向购房者推出用户端，逐渐积累 C 端（消费者）客户资源。房多多的核心是促进交易。丁祖昱认为，肖莉离开房地产开发领域，进入房地产服务行业，反映了互联网思维对传统房地产行业人才的影响。

吉屋网、好屋中国、搜房网等房产 O2O 模式的试水者，也纷纷运用互联网思维来重塑房地产经纪业务。

与房多多成立于同一年，吉屋网定位为房产互联网电商平台运营机构，目前已在国内 16 个大中型城市落地开展业务。吉屋网总裁潘国栋表示，和房多多侧重于服务房产经纪人有所不同，吉屋网主要是在各个区域市场里，向所合作的代理、经纪公司开放互联网资源，为购房者提供一些简单可信赖的房产导购服务。基于对房产 O2O 市场潜力的判断，潘国栋透露，吉屋网将由二线城市向一线城市渗透，预计 2015 年将在全国 100 个城市与当地的房产代理机构进行合作。

为房多多注资的嘉御基金董事长卫哲表示，房地产是一个万亿级的大行业，房地产市场形势变得不好，地产商和中介公司才会求变，房多多并不是真正的去中介化，它不仅能够使闲置资源得到释放，而且能够打造各方都能受益的生态圈。

与此同时，一些线下中介公司和房地产电商正迎接着巨大的转型挑战。链家地产与搜房网决裂，我爱我家也称年内将停止与搜房网合作，并开始大力建设推广旗下网站。搜房网则开始介入线下中介业务，2014 年 6 月入股世联行和合富辉煌两家新房代理公司，意欲投建 O2M 大数据平台，之后在 10 月份与 21 世纪不动产中国公司签署合作协议。搜房网希望利用这些中介公司的线下资源，在自己垂直门户网站卖流量之余，进行线上房产经纪业务。竺劲指出，线下的代理中介和线上的房产电商，分别站在开发商和购房者两个角度，帮助买卖双方选定房源、签完约。目前来看，随着买房匹配度越来越难，市场就需要房产中介 O2O 模型的出现，以促成匹配。

去中介化加速

SOHO 中国董事长潘石屹认为，互联网思维应用到房地产销售中是去中介化，但去中介化并不是中介行业互联网化，房地产发展的趋势是直销。"开发商若有库存压力，可以直接把房源上网，然后宣布降价 20%，这就是真正的去中介化。"

众多开发商在直销上的试水也越来越深入。联手百度、滴滴打车、平安好房网、新浪乐居等几大品牌，通过多渠道跨界合作与全平台触网营销。方兴地产在"双 11 光盘节"24 小时实现销售额 42.68 亿元；由远洋地产与京东金融合作推出的"11 元筹 1.1 折房"的房产众筹项目，20 小时内募集近 732 万元。平安好房网、搜房、团贷网、众筹网在 2014 年以来也都相继推出房产众筹项目。业内普遍认为，目前国内的房产众筹更多的是一种低成本营销手段。中原地产首席分析师张大伟表示，这种做法广告的成分更多，对于购房者实质意义不大。

目前所谓的房产众筹，本质仍是网络平台为房地产的销售服务。房企借助网络平台进行营销，能够增加销售渠道，迎合互联网时代的用户习惯，提升客户转化率。竺劲分析，开发商的痛点是高库存，期望通过互联网变革营销尽快找到客源并实现转化，收回投资。而购房者通过互联网平台可以简单快速地把房买下来，满足及时需求。华创证券分析师杨现领称，对于互联网带来的冲击，传统无效的组织架构可能会消失，冗余的中间环节会被排除。但房产销售不可能完全通过互联网进行。万科内部人士认为，互联网最大的作用是消除不对称信息，降低整体交易成本。丁祖昱也表示，购房者可以在线上了解并比较房源，在线上获取相关优惠、做一些小型预订，交易最后还是要在线下完成。线上与线下的房产营销不会相互取代，二者会结合，短期几年的房产营销更多还会依赖传统面对面的专业服务。

第五章 互联网＋汽车

推进产业战略，策划汽车后市场

2015 年 1 月 21 日，中国物流策划第一人李芏巍在 2015 年中国汽车工业协会市场年会暨中国汽车后市场发展峰会上做题为《新形势下汽车仓储与物流发展》的主题讲座。

李芏巍介绍了互联网时代汽车产业的流通变革、互联网时代的汽贸物流园和面向未来的创新型汽贸物流园设计等。李芏巍指出：2014 年是中国汽车产业深刻变革的一年，互联网时代是汽车产业全面洗牌与变革的加速器，互联网逐渐成为新的汽车营销的主战场，汽车后市场成为产业获益的重点，汽车流通市场集中化趋势凸显，中国式汽车新产业模式正在孵化，物流产业与汽车产业加速融合；互联网时代的汽贸物流园是战略新兴产业孵化的引导区、汽车产业前沿科技的展示区、汽车智慧互联产业的实践区、汽车社会和谐生活的样板区和汽车全产业链产业集聚区；未来我国应更加关注汽车安全、汽车媒体、汽车智能和汽车能耗等。

本次讲座使与会人员对汽车产业在互联网时代下的发展有了更深刻的理解，李芏巍在 2015 年年初率先提出："推进汽车电商新潮流，策划汽车后市场战略"和"互联网时代下，传统汽贸物流园区向新型的电子商务物流与智慧产业园区转型"战略思想与前沿观念，深受汽车行业专业人士的高度赞誉。

讲座之后，大会组织交流互动环节，大会由中国汽车工业配件销售有限公司总经理、中国汽车汽配用品行业联合会会长王笃洋主持。汽车后市场战略等相关问题引起了与会代表的关注和共鸣。就该问题李芏巍用生动又切合实际的讲解与案例，分析传统汽贸物流园区向新型的电子商务物流与智慧产业园区转型在不断创新中求发展，引起了全行业高度重视，赢得全场掌声，留给中国汽车行业很多启迪与思考。

中国汽车行业的销售体系正经历
一场前所未有的变革

以天猫、京东为代表的电商平台动辄在一天内卖掉 5 万辆汽车；以上汽集团为代表的汽车厂商纷纷布局自己的整车销售网络平台；而易车、汽车之家等垂直类网站也积极推进自己的电商销售部门。

在互联网交易平台，汽车的销售份额已经越来越大。在 2014 年双 11 当天，易车电子商务平台共达成交易 6.3 万笔。参与易车旗下"惠买车"平台的品牌多达 114 个，共有 600 余个车型在线上销售。

汽车电商已经成为消费者购车的新渠道。包括大众、丰田、通用、宝马、特斯拉在内的 30 多家车企参与了 2014 年天猫的双 11 活动，参与厂商的数量比 2013 年同期增加一倍。同时，线下参与的 4S 店有 8000 余家。在 2014 年双 11 期间，通过阿里巴巴天猫汽车下的整车订单为 5.07 万辆，同比增长近 500%。

不过，不同于家电、零售百货等行业，汽车的保养、维修以及金融服务的复杂性，决定了其颠覆传统模式绝非易事。由于要经过试驾、提车等线下环节，汽车电商无法独立于线下销售体系存在，这就导致汽车的电商化过程涉及与线下经销体系的利益再分配问题，所以汽车电商的推进举步维艰。因此，虽然汽车市场规模巨大，但网络交易额甚小，所能波及的产品范围十分有限。汽车电商目前的主要功能仍是宣传和导流作用，远没有成为销售主体方式。

目前来看，主要玩家们都已经备足了弹药，在电商发展潮流中，大战即将打响。

惠买车的模式是由消费者主动发布购车需求，经销商在后台实时竞价，消费者可获得车型底价，然后凭借生成的购车凭证，通过经销商完成后续交易。这种模式试图整合易车现有汽车销售服务方式和经销商资源，以解决用户最关心的产品价格透明的问题。这种模式源于美国新兴汽车电商公司 TrueCar。成立于 2005 年的 TrueCar 是一家汽车电商网站，它自己本身并不卖车，而是搭建了一个线上的新车交易平台。TrueCar 在美国目前拥有超过 7000 家合作经销商，根据最新的统计，TrueCar 一年的交易额已经占到了全美新车销售份额的 2.3％。这家汽车电商凭借为汽车消费者提供一套透明的价格体系而迅速崛起。消费者使用 TrueCar 平台买车极为简单，只需三个步骤：第一步，选择一款车型信息，输入所在地区的邮政编码，然后会看到这款车的近期实际交易价格以及车辆配置参数等信息；第二步，输入电子邮箱完成注册，获得认证经销商的优惠价格；第三步，收到一份 TrueCar 提供的可打印凭证，拿着它去经销商处直接以此价格买车。惠买车与 TrueCar 相同的模式都基于一个简单假设，即在一个公开透明的自由市场，汽车价格会自主找到平衡点。这种被 TrueCar 创始人斯科特·潘恩特称为"逆向拍卖"的交易方式，挑起了经销商之间的激烈竞争，因此更有利于消费者，促使经销商竞相以最低价格成交。

车价不透明一直是汽车行业的"顽疾"。厂商指导价仅仅是一个参考。同一款车，在不同地区、不同经销商手里的价格可能相差很大。这让消费者在购车时不得不收集和比对大量的车价信息，并且反复与经销商讨价还价。易车惠买车的平台搭建了一个公开透明的价格信息平台，既避免了消费者遍访经销商的辛苦，也简化了消费者获取汽车价格的过程。实际上，这是一种以消费者的购买力为筹码换取经销商妥协的模式。事实证明，经过 TrueCar 平台成交的车辆，其价格在全美成交价格中排在最低的 6％。TrueCar 被称为汽车销售市场中的"沃尔玛"。

从乏人问津到炙手可热，这正是汽车电商在过去几年变化的真实写照。汽车电商对于传统的 4S 店销售模式是一种挑战，也是经销商打破固有被动局面的一种方式。京东商城是汽车电商潮流中的"狠角色"之一。京东正在促进汽车厂商的互联网化，把未来的市场消费主力，即互联网一代的消费需求反馈给厂商，并促进交易达成。

汽车 4S 店体系过重是一个现实问题。4S 店动辄需要投入几千万元，甚至上亿元资金建店，员工成本也极其昂贵，另外库存又要占用巨额资金。汽车厂商通过二级销售的方法将车批发给 4S 店，4S 店再去零售。汽车厂商的销售卖给 4S 店就已经结束，4S 店的库存压力可想而知。中国汽车经销商的库存系数一直居高不下，平均库存周期接近两个月。上市公司的经销商财务费用占比在过去的两三年间持续攀升，在 2014 年上半年基本上占到 1.6%。"上市的汽车经销商在所有的经销商里面算是经营比较好的，上市公司汽车经销商如果按照 1.6% 算的话，全国新车销售按照 2.5 万亿元的规模计算，就有 400 多亿元被银行的库存融资拿走了。"李斌说，而美国的这一数字是逐步下降的，2011 年接近 1%。"在美国，一家汽车经销商一年的利润平均为 30 万美元，如果像中国的汽车经销商一样承担那么多费用，经销商几乎无钱可赚。"

经销商正欲改变自身的被动现状，想在新的体系里找到位置以兑现新的价值，比如新车销售之外的金融服务、维修养护服务，以及二手车市场。汽车市场里永远会需要服务商，未来整个汽车行业的发展方向一是互联网化，二是服务化。汽车电商是新兴事物，短时间内受到传统销售模式束缚，必须通过 4S 店来完成交车环节。随着汽车电商的成熟，汽车企业可以通过京东这样的平台完善零售客户定制系统，完成订单式的生产，优化库存结构和供应链体系。以后 4S 店的概念将不复存在，现有的 4S 店将会转型成为汽车的城市展厅、售后维保中心。

参考"汽车之国"美国，能够发现一些汽车电商的发展趋势。20 世纪 90 年代，在政府政策引导下，美国通用、福特汽车公司大力发展电子商务。但是，美国大部分州禁止制造商进入直销领域，福特和通用成为 1999 年年初通过的关于"制造商不得作为经销商"法律的牺牲者。后来者的努力并未停止，最著名的颠覆者当属特斯拉。消费者购车需要在网上完成预订，以实现特斯拉以销定产的商业模式。尽管如此，美国许多州禁止特斯拉开设直营店。特斯拉被禁止直销的背后推手是美国汽车经销商协会（NADA）。因为特斯拉的直销触动了传统汽车产业链的利益核心。NADA 拥有超过 1.7 万家传统汽车经销商会员，几乎囊括了美国汽车线下销售渠道。早在通用和福特大力发展电子商务时，NADA 就不断游说，最终美国有 48 个州立法将直销模式排斥在外。厂商有厂商的位置，经销商有经销商的价值，不是简单的谁把谁干掉的颠覆模式。

汽车电商的三种模式利弊明显。汽车厂商创建的电商平台资金实力雄厚，并自身掌控供应链，但劣势是流量不足；B2C 公司的优势是流量巨大，了解客户需求，而劣势是短期内流程未成熟，面临渠道整合压力；易车、汽车之家等垂直网站的优势是有信息资源、汽车行业内容资源，而明显的劣势是销售属性不足，不具备支付体系和后市场整合能力。

事实上，业内对汽车电商的探索已经持续了很久，许多厂商都曾试水线上销售，不过这些尝试的营销结果十分有限。上汽集团的电商平台在车享网提供了多种车型信息，但是消费者仍然喜欢从第三方的垂直网站获取信息。J. D. Power 全球资讯副总裁、总经理雅各布·乔治（Jacob George）说："我们认为汽车厂家如果想做得更好，应该不仅放自己的车型在电商网站上，还应该放入其他车的价格信息，以供消费者选择。"然而，汽车厂商往往担心将竞争信息放入自身的电商平台后会失去自己的顾客群。乔治认为，要流失的这部分顾客，无论如何都会流失，所以与其让消费者到垂直电商网站上获取信息，不如留住他们在自己的网站上选择。一些汽车厂商正在试着这样做，但是并不多。

垂直类汽车电商正在寻找另一条出路：直接帮助汽车厂商建立商城模式。随着互联网力量的不断渗透，一些垂直电商网站通过自建基地等模式，开始走上正确道路，为未来提供了巨大的想象空间。美国网站的电商特点是，当消费者从第三方网站上看到一款中意车型，可以很快联系当地的经销商。而中国消费者在网站上获取汽车的大量信息后，却并不能够马上联系到当地的经销商。乔治认为，这是中美汽车电商发展的不同之处。因此汽车之家、易车等垂直电商在中国更具吸引力和发展潜力。

对于整合汽车前后市场，电子商务公司未来有望满足车主的多种诉求。从整车销售、上牌、保险、按揭、维修、保养、美容、二手车买卖，到驾校培训、车辆违章、代驾等服务都可以通过京东来完成。在国内汽车经销商利润不断被稀释的境况下，汽车电商成为许多经销商的新尝试。经销商必须认识到，最重要的资产不是 4S 店的场地，也不是店面数量，而是客户资源。经销商必须实现的转变就是从销售汽车转变成为经营客户。这些年经营好的经销商都是这么做的，但是未来更应该深刻认识这一点。

汽车电商的发展正在进入一个新的阶段，规则和玩法都在迅速变化。在这个新游戏里，谁也不是颠覆者，谁也不一定是被颠覆者。大家要遵循新的规则、新的生产模式和利益模式，需要扮演新角色，找到新位置。这是一场产业化的革命，在局中的人都要去迎接。

互联网巨头进军汽车产业

中国互联网已经进入交易时代。所谓"互联网始于社交，终于电商；始于媒体，终于电商；始于搜索，终于电商"的说法前所未有地体现在汽车电商领域。

罗兰贝格的最新研究表明，汽车电商销售的渗透率在逐步升高，2014 年上半年，中国乘用车产销分别为 970.85 万辆和 963.38 万辆，其中约 20% 的销量及线索转化来自于电商平台。按照罗兰贝格的预测，中国 O2O 汽车电商销售额未来将以 30%～40% 的年增长率飞速发展，预计到 2016 年将达到 2250 亿元的规模。

2014 年"双 11"汽车电商的创新在于：第一是车型买断，过去是整车厂、经销商，给什么卖什么，现在变成电商从整车厂和经销商买断车型；第二是用户在线上做支付；第三是金融支持。

汽车电商的热度让越来越多的垂直汽车网站开始着力打造新车电商平台，近期最典型的案例就是车讯网和上线不久的一猫汽车。这种热度还不止于新车电商，二手车电商以及零配件和汽车后市场电商也是来势凶猛。

互联网企业造汽车，似乎越来越流行了！

阿里巴巴宣布将同上汽集团强强联手，打造首辆国产互联网汽车。上汽经营管理团队答复曰："重新定义汽车的时代已经来临。"而百度也表达了想造自动驾驶汽车的愿望。做视频网站的乐视，自从签下张艺谋进军影视业后，捣鼓出了个电视机，现在据说也要造车了。

2014 年 7 月 23 日，上汽集团与阿里巴巴集团在上海签署"互联网汽车"战略合作协议。双方将开展在"互联网汽车"和相关应用服务领域的合作，共同打造面向未来的"互联网汽车"及其生态圈。此次双方的战略合作，可以说是郎有情、妾有意，双方为的就是能够进一步打通汽车全生命周期用车需求和互联网生活圈，让用户体验到一个基于互联网的、更加便捷的移动智能化生态圈，打造全新的"互联网汽车"。马云在接受采访时表示，阿里巴巴永远不会造汽车，而是明确将自身定位为"数据公司"。上汽集团与阿里巴巴的合作有明确的分工。上汽负责车辆和车内电子架构开发，使之与阿里巴巴的操作系统、大数据、阿里巴巴通信、高德导航、阿里巴巴云计算、虾米音乐等资源全面对接。据悉，未来两到三年内，它们就会推出首款挂着上汽自主品牌、投放市场试水的"互联网汽车"。如果市场认可，它将被投入量产。它不是传统意义上的汽车，而是拥有极强的 IT 属性，比如传统汽车出厂后是固化的产品，"互联网汽车"却能快速迭代，不断更新。可以预见，在此次牵手阿里巴巴的过程中，上汽 O2O 平台车享网正好能利用阿里巴巴的大数据入口，与当前平台形成互补，充分调动起双方的线上线下资源。

在国内，想染指汽车制造的不仅仅是阿里巴巴。百度、腾讯、乐视等都想分一杯羹。在国外，互联网企业做汽车似乎早已不算什么新闻。要知道，Google、苹果一直引领潮流，一个推出安卓开放联盟，一个公布 CarPlay，车载智能系统的开发进程在不断加速中。而谷歌的无人驾驶汽车项目也已经上了轨道，如今已经自如行驶在加利福尼亚大街小巷中。反观国内，嗅觉敏锐的巨头大佬们也在迅速发现商机，不甘落后地纷纷开始赶了上来。除了阿里巴巴，BAT 成员的百度和腾讯也已经布局汽车产业。百度已经发布"CarNet"触电车联网，与奔驰、宝马、沃尔沃、丰田等国际汽车厂商合作，用户围绕百度地图的 LBS 平台，通过语音完成路线规划、导航等功能。而腾讯推出腾讯路宝 2.0以及首款车联网落地产品路宝盒子。在驾驶过程中，"盒子"让汽车和腾讯云服务互联，提供车辆诊断、油耗分析等服务。而百度深度学习研究院负责的无人驾驶汽车开发计划近日获得证实，负责该项目的副主管余凯表示，这款汽车只能称为半无人驾驶汽车，还需要司机介入操控。余凯说："这款车加装了智能辅助系统用于收集公路状况数据，然后进行局部自动操控……不能称其为完全版的无人驾驶汽车。这种汽车应该可以帮助人类，而不能取代人类，因此称它为高自动化汽车。"

此外，乐视、奇虎360等互联网公司，也在牵手传统汽车企业联合开发，或者以为汽车产品提供网络安全服务等方式渗入汽车制造领域。

"互联网汽车"可称为车联网的高级版，绝不只是开发几款App软件或是车载系统那样简单。正如上汽集团信息系统部执行总监张新权所言，互联网汽车是从人们生活的角度着手，在终端上对传统汽车进行重新定义。一个明确的方向是，汽车未来不仅是一辆代步工具，而且是人们整个生活圈的一部分。例如汽车会主动帮主人规划行程、选择餐馆等，成为一个贴身的秘书。当然，汽车连接到互联网，在汽车内部系统与外界交互的同时，也存在安全隐患，如果有黑客借这个交互通道侵入汽车，危害到的直接是车内人的安全。涉及智能汽车安全的议题也引发了诸多争论。例如，在一项名为"特斯拉破解大赛"的活动现场，360技术人员宣布发现特斯拉应用程序系统漏洞，并可以通过该漏洞实现开锁、鸣笛、闪灯、开启天窗等远程控制。但随即360相关负责人也释放积极信号，表示愿意为特斯拉修复这些系统漏洞提供技术支持，同时表示："随着车联网和移动互联网的交互，必然催生崭新的安全领域和安全挑战，360愿意与各个汽车厂商合作，为智能汽车的系统安全提供支持。"

二手车电商大战将至

在交易佣金之外，在二手车的产业链条里，蕴藏着众多新的商业机会。

互联网正在摧枯拉朽般地迅速重构着传统二手车行业的游戏规则。短短一年之间，二手车电商从乏人问津到炙手可热。最为直观的体现就是资本的迅速流入。红杉和君联资本是这一轮二手车电商大战背后的两大推手。过去一年时间，红杉不仅投资了前神州租车副总裁姚军红创办的"大搜车"，而且联合经纬和中信资本投资了车易拍；而君联资本此前则联合DCM、贝塔斯曼亚洲投资基金、腾讯产业共赢基金投资了车易拍的主要对手、前易车网副总裁戴琨创办的优信拍。

二手车市场为什么会突然变成一块香饽饽？先来算一笔简单的账，你就会明白其中的缘由。根据中国汽车流通协会统计，2013 年全国共交易二手车520.33 万辆，交易金额高达 2916.49 亿元。其实，这还只是一个保守的统计结果，因为按照商务部的数据，2013 年国内二手车交易量近 800 万辆。面对一个 3000 亿元规模并且充满机会的市场，谁能不动心呢？不过，更大的诱惑还在后面，因为在未来两到三年内，这个 3000 亿元规模的市场很有可能再翻上一番。按照行业惯例，车主的换车周期在 5 年左右，目前行业内的普遍共识是到 2015 年，国内二手车市场的年交易量将超过 1000 万辆。

二手车电商平台南北两派

电商平台北派

电商平台能够帮助车商找到足够多的车。有趣的是，关于怎么找到车源的问题，分成了南北两派。"北派"指的是以车易拍、优信拍为代表的公司。车易拍联合创始人蔡旭表示，从他们的经验来看，由于二手车电商刚刚起步，大部分终端消费者对于这种方式并不熟悉，直接获取 C 端消费者手中车源的成本较高。基于这种判断，车易拍和优信拍都选择了一种折中的方式——与 4S店合作，因此他们的业务以 B2B 为主，C2B 的业务只占很小的一部分。形成这种模式的背后，其实与北京的限购政策有着很大关系。

2010 年年底北京限购后，由于市场的增量市场被卡死，置换购车成为新车销售的发动机，这也意味着每个 4S 店都成为了一个二手车流通过程中的重要节点，可以聚集一定数量的二手车。站在 4S 店的角度来看，为了拉动新车销售，他们必须为客户手头的二手车寻求出路，而限购政策的出台让过去二手车市场的规则在一夜之间改变。过去 4S 店有相对固定的车商合作伙伴，但是随着供给的增加，这些伙伴一方面没有实力吃掉那么大量的车，另一方面，一些专注本地二手车销售的公司的需求被抑制。因此，大量的二手车一下子没了出路。车易拍和优信拍很快发现了其中的机会，于是迅速进入为 4S 店提供置换的解决方案，通过与 4S 店的合作，两家公司也迅速站稳了脚跟。在车易拍，每天有超过 500 辆车上线，对于大部分过去每天只能看一两台车的经销商来说，这是一种完全不同的体验。不过相比之下，优信拍比车易拍的模式更"重"，它并没有将宝都押在线上，而是在北京、上海和广州均设有线下的交易场地，定期举办线下拍卖会。

电商平台南派

与北派的 B2C 玩法不同，总部位于上海的开新和平安好车的南派则是典型的 C2B 模式。2009 年，开新二手车"帮卖"创立，从"帮卖"这个名字就能知道，它的出发点其实是解决卖车人的痛点。在传统的二手车交易链条里，车主向来处于劣势，卖车时经常会被百般刁难，车商们总会想各种理由挑刺从而达到压价的目的，因此，车主很难拿到一个自己满意的价格。所以，开新希望用拍卖的方式解决这个难题，不过他并没有选择传统的线下拍卖会的模式，而是线上与线下相结合，一方面，通过连锁模式对上海当地形成全面覆盖，另一方面借助互联网使得合作的 200 多家二手车商可以实时参与拍卖。

作为后起之秀的平安好车，由于总部位于上海，因此开新就自然成为了平安好车起步阶段的学习对象。不过，与开新扎根上海本地市场不同，平安好车已经在过去一年迅速完成了第一阶段的全国布局，进入了全国 12 座城市，而且 2014 年进一步扩展到 26 座城市。虽然目前平安好车的交易量尚且微不足道，但是由于有平安集团的金招牌以及庞大的车险客户资源，让行业的对手们都不敢对它掉以轻心。神州二手车则是个不太一样的玩家，因为困扰大部分对手的车源问题在这里并不存在。事实上，租车公司进入二手车市场有许多天然的优势，其中最大的优势当属可以提供稳定的、成规模的车源，除此之外，租车公司遍及全国的线下网络也可以助二手车业务一臂之力，据悉，2013 年一年神州的二手车交易量已经达到 1.5 万辆。当然，神州二手车的短板也很明显，那就是车型比较单一，而且车况会差一些。在所有向二手车行业渗透的互联网公司里，红杉投资的大搜车则是目前玩法最另类的一家——因为它做的是 To C 的业务。大搜车采用的是寄卖的模式，卖车人可以自主决定车辆价格，在这里，买车人不再是车贩子，而是真正的终端消费者。据称其目前每月的交易规模在 300 辆左右。

二手车产业链条蕴藏商机

二手车电商网站的商业模式都非常简单，一方面向卖车人收取几百元的检测费用，另一方面，每笔交易成功后，向车商收取 3% 左右的交易佣金。不过，这只是个起点，仅靠这样简单的盈利模式显然不可能受到资本的青睐，事实上，在二手车的产业链条里，蕴藏着众多新的商业机会。以平安好车为例，很多人奇怪为什么平安这样一个传统金融巨头会进入二手车这样一个行业，答案就在于二手车业务具有与平安现有业务整合的潜力。2013 年平安先后成立了平安好车和平安好房两家公司，眼下还在筹建平安医药健康平台。按照平安官方的说法，这些新业务其实是平安"医、食、住、行"四大互联网门户战略的组成部分，平安希望借互联网全面渗透大众生活服务，再将其引导到金融服务上来。平安好车正是肩负着其战略门户中的"行"部分，平安好车 CTO 陈申峰就透露，"我们 2014 年计划除了 O2O 落地以外，更重要是要把交易服务平台和平安能够提供的金融相关的服务嫁接在一起，在经销商、贷款融资、C 端客户的购买新车的置换几个环节上面，能够推出一些新的项目，这是我们接下来一段时间会陆续推出的一些服务项目"。平安集团拥有 8000 万名保险客户和 2000 万名车主的信息，这些都给外界留下了想象空间。

二手车的规则和玩法迅速变化

与平安好车有着类似规划的还有车易拍，2013 年车易拍的交易量已经突破了 10 万辆大关，并且依旧保持着高速的增长，车易拍 2014 年的目标是冲击 40 万辆。这样的体量也让它有资本去探索新的盈利方式。"举个例子，消费者希望买到有保障的车。比如你能不能给我保 3 个月、6 个月或者 1 年。但是这对于现在的经销商是很难做到的。但是车易拍去谈，比如 2014 年有 20 万到 30 万辆车需要代保，那么对保险公司来说就是一个诱人的生意了。"车易拍联合创始人蔡旭介绍。

另外，二手车经销商想要做成规模，资金也是非常重要的一部分。但是银行对这个行业并不了解，因此车商也很难从银行贷款。"谁最了解他们（车商）？我们每年跟他们发生大量的交易，我们非常清楚他们的支付能力、经营和信誉情况。我们也希望携手第三方为他们解决资金的问题。"蔡旭透露，车易拍已经与相关的第三方金融机构达成了合作意向，会陆续推出针对二手车的保险、信贷等业务。国内二手车市场正在进入一个新的阶段，规则和玩法都在迅速变化，最后谁会胜出不得而知，不过虽然行业的未来充满变数，但大家都有一点共识，中国的二手车一定会像美国市场一样，年交易量达到新车销售的两倍，而随着互联网力量的不断渗透，这一天可能不会太远了。

互联网汽车金融

互联网将不仅仅作为一个卖车"渠道"。当互联网公司准备整合互联网金融全面出击时，传统汽车信贷销售模式或面临被"颠覆"的危险。

2014 年 7 月 23 日，阿里巴巴旗下天猫宣布联合阿里巴巴小贷、余额宝、汽车厂商共同推出整车购买增值服务，消费者用余额宝取代传统预付款模式，并能享受购车款 3 个月的增值收益。同时阿里巴巴还根据消费者网购信用数据，对消费者提前授信，并推出 18 期无息分期购业务。同时，对比传统汽车金融渠道，阿里巴巴推行的分期购模式，亮点在于贷款几乎无门槛。

目前上汽荣威、MG、东风标致等汽车厂商均已经在天猫商城上完成第一笔订单。吉利控股集团副总裁、吉利汽车销售公司总经理孙晓东对此表示，正是 2013 年吉利向阿里巴巴提出了分期购车的建议，才有这一业务模式的出现。"我们比较谨慎，先试探下市场反应再说。"东风标致雪铁龙相关人士表示。

阿里巴巴相关负责人表示，这一模式能为汽车厂商带来业务增量，也能逐步培养消费者对汽车电商模式的依赖性。但是，对于汽车金融公司而言，阿里巴巴这样的信贷服务一旦涉及大额信贷并激活阿里巴巴小贷等资金资源，势必会分流它们的业务。

目前上海通用、斯柯达、东风雪铁龙、吉利汽车等多个汽车品牌都已参与天猫汽车的"余额宝"和"分期购"业务。东风雪铁龙相关人士介绍，在分期购合作中，汽车厂商会向天猫商城提供一笔促销费用，由后者提供整体服务方案，天猫会向东风雪铁龙反馈信息。"目前只是小范围试点，业务量并不大。"上述东风雪铁龙人士表示。在他看来，此前，汽车电商主要是定金购车模式，用户在线上确定购买意向并支付数百元定金后，最终尾款交付仍是在线下完成，但由于终端市场价格时常波动，因此订单转化率难以保证，在网上支付 3 万元以上的大额定金后，更有利于提高订单转化率。

阿里巴巴小微金融部相关人士介绍，消费者通过天猫分期购买车，仅需要支付两成首付，在线上授信过程中，用户无须提供任何资料，阿里巴巴会根据其在平台上留存的消费数据，给出实时授信的额度。相比而言，传统汽车金融公司或银行信用卡信贷服务，对消费者贷款要求往往是首付三成或以上，并且大多需要消费者提供身份证、驾照、房产证、银行流水等多种材料，一般审批周期在一个星期左右。据上述阿里巴巴金融人士介绍，目前阿里巴巴提供的最高授信额度是 6 万元，"随着更多车型进驻天猫商城，还会逐步提高授信额度"。

阿里巴巴或将把余额宝和分期购两种业务相结合，比如消费者要购买一辆 20 万元的汽车，如果其授信额度仅有 6 万元，消费者可以在余额宝中存入 14 万元并以此作为"担保"，向阿里巴巴申请更高的授信额度；同时，余额宝中的存款同样可以获得收益。相比而言，个人贷款购车在银行信贷业务中占比微不足道，但却是汽车金融公司的主要利润来源。

由于汽车金融公司融资成本较高，一年期贷款利率通常为 8% ~ 12%，高于银行的（以建行为例）6%。由于大部分厂商会对旗下汽车金融公司进行贴息，因此汽车金融公司通常可以为 18 期及更短期的贷款服务提供无息或低息贷款。据天猫汽车相关负责人介绍，天猫分期购的合作方是一家名为创富汽车金融的第三方公司，天猫也给予其资金补贴，以实现无息贷款。由于将信用审批、风险管控等业务"外包"给阿里巴巴，创富汽车金融公司免除了人工审贷的环节，因此可以将手续费降至零。同时，信用审批工作对于阿里巴巴几乎没有新增成本。据阿里巴巴相关人士介绍，阿里巴巴的审贷是基于其数据分析系统，该系统早已应用于阿里巴巴小贷业务上，业务发展较为成熟。

在无息贷款业务中，银行提供 12 期贷款的手续费为车贷总额的 4% 左右，而汽车金融公司为 6%。"目前阿里巴巴小贷的不良贷款率控制在 1% 以内，并不比银行和汽车金融公司高。"上述人士表示。天猫汽车相关负责人认为，分期购并不会对传统贷款渠道产生影响，而主要是为汽车厂商带来更多增量，比如部分线下难以贷款却在淘宝上拥有良好消费记录的人群。不过，由于天猫汽车和汽车金融公司的现有业务模式与目标人群重合，也会让厂商陷入两难。一方面，汽车厂商无法拒绝这部分天猫客户，另一方面也不能不顾及自己的汽车金融公司。

天猫最初在针对这一业务的合作商谈中，曾遭到部分车企的拒绝，目前参与合作的汽车厂商覆盖车型也多限于 1 ~ 3 款。"关注到这类业务的动向，虽然现在还看不出影响，但长期来看肯定会对我们汽车金融公司产生冲击。"东风标致雪铁龙金融公司内部人士李明表达了他的担忧。

目前，阿里巴巴的合作方仍属于传统金融公司，而后者在融资成本方面并无明显优势。根据银监会颁布的《汽车金融公司管理办法》，国内注册的汽车金融公司为非银行金融机构，不得在境内作为银行吸收存款，其业务资金只能为股东单位 3 个月以上存款，其余资金来源只能是银行间拆借和债券。目前，东风日产、福特等金融公司在尝试以资产证券化降低成本，但这仍然不能解决融资渠道单一的难题。面对同样的问题，目前阿里巴巴也在努力寻求多方金融机构参与合作。相较于传统机构，阿里巴巴现成的阿里巴巴小贷或将为其带来更大的发展潜力。如果阿里巴巴激活这笔资源，或将给传统汽车金融公司带来更大打击。

阿里巴巴小贷公司资金来源主要在是其合作小贷公司的自有资金以及其他金融机构，贷款方式支持以日计息，随借随还。一般而言，小贷公司融资渠道相较传统金融机构更为多元，放贷周期灵活，贷款利率随行就市，但按照相关规定，利率浮动范围介于银行基准利率的 0.9 倍到 4 倍之间。以 2012 年为例，据阿里巴巴金融公布的数据显示，阿里巴巴小贷日息在万分之五左右，当时阿里巴巴小贷客户超过 20 万家，全年平均占用资金时长为 123 天，因此实际付出的年化利率成本仅为 6.7%，与当时银行的利率水平几乎持平。

在率先试点分期购业务的天猫电器板块，阿里巴巴小贷已经参与其中。这一模式令业界对阿里巴巴对汽车金融领域下一步棋充满想象。不过，阿里巴巴小贷相关人士表示，阿里巴巴小贷的主要工作是保证其平台小微企业的健康发展，因此不会介入汽车金融，"阿里巴巴小贷的放贷上限是 100 万元，在资源有限的情况下，我们有自己的权衡"。不过，阿里巴巴作为互联网巨头，其一举一动都将产生示范效应。摆在传统汽车金融公司面前的路径之一是与互联网公司合作，成为下一个"创富金融"。

第六章 互联网＋医药

"互联网＋医疗"：移动医疗垂直化发展

"互联网＋医疗"的融合，最简单的做法是实现信息透明和解决资源分配不均等问题，例如，挂号网可以解决大家看病时挂号排队时间长、看病等待时间长、结算排队时间长的问题。而春雨医生、丁香园等轻问诊型应用的使用，则解决了部分用户的就诊难问题。而互联网医疗的未来，将会向更加专业的移动医疗垂直化产品发展，可穿戴监测设备将会是其中最可能突破的领域。例如，iHealth推出了Align性能强大的血糖仪，其能够直接插入智能手机的耳机插孔，然后通过移动应用在手机屏幕上显示结果，紧凑的外形和移动能力使其成为糖尿病患者最便利的工具；健康智能硬件厂商Withings发布了Activite Pop智能手表，计步器、睡眠追踪、震动提醒等功能，其电池续航时间长达8个月；南京熙健信息将心电图与移动互联网结合，建立随时可以监测心脏疾病风险的移动心电图……大数据和移动互联网、健康数据管理未来有较大的机遇甚至可能改变健康产品的营销模式。同时，随着互联网个人健康的实时管理的兴起，在未来传统的医疗模式也或将迎来新的变革，以医院为中心的就诊模式或将演变为以医患实时问诊、互动为代表的新医疗社群模式。

医药：医药电商迎来新契机

在中国进行的有关医药电商发展的各类大小论坛上，地球另一边的美国同行总是被拿来当作范本。

由于完善的监管体制，美国政府鼓励有资质的机构在网上提供药品销售服务，其中亦包括处方药的销售。因此，范本之一的沃尔格林公司利用其线下7000多家实体店，实现了线上线下全渠道零售模式。2013年，沃尔格林的总销售额达到716亿美元。这无疑给远在中国的同行打了一剂兴奋剂。因为在中国这个巨大的市场里，医药电商被认为是中国电商产业的最后一块蓝海。2013年，美国药品零售的市场规模达到2477亿美元。美国医药互联网的零售份额约占整个医药市场30%，据此推算，通过网络零售的药品销售额则在743亿美元左右。相比之下，2013年中国医药产品的线上零售额仅为42.6亿元人民币，较于2566亿元的2013年中国零售药品市场规模，其增长潜力相当可观。

目前投入的中国医药电商们正是看中该市场巨大的潜力而默默布局，但事实上，中国市场的众多门槛却使得电商们的掘金之路走得十分艰难。

万亿市场成鸡肋

在医药产品的互联网销售方面，中国政府的监管相当严格。单就销售资质的认可而言，根据相关规定，要在网上进行合法的药品销售，须经国家食品药品监督管理总局批准，同时具备《互联网药品信息服务资格证》和《互联网药品交易服务资格证》。而截至2014年4月初，同时具备两证的B2C网站不超过170家。这道门槛令绝大多数电商巨头只能透过替人做嫁衣的方式在医药电商市场中分得一杯羹。作为中国电商行业的领军人物，阿里巴巴也在医药电商行业中占据了一席之地。根据中国药店医药电商研究中心的统计，2013年天猫医药馆交易规模达20.4亿元，占中国医药电子交易将近一半。但是登录天猫医药馆则会发现，几乎所有药品的最终出售方都是指向第三方平台，天猫医药馆更多的是承担了一个药品搜索平台的功能，把有购药需求的人群导入第三方平台。

类似的情形也出现在京东医药城。虽然其首页上药品分类齐全，但是进入药品的实际购买页面后，多数药品都处于"暂无经销"的状态，为数不多的可以销售的药品，也是由购买者所在地具有网上售药资质并与京东医药城有合作关系的商家提供配送服务。

为了获得相应的资质，阿里巴巴希望拿到医药电商的直销牌照。2014 年 1 月，阿里巴巴斥资 13 亿港元入主中信 21 世纪，后者的子公司河北慧眼医药科技有限公司 95095 医药平台拥有中国首个第三方网上药品交易证。通过这宗收购获得相关牌照后，经过内部的整合，阿里巴巴就可以直接在网上销售医药产品。

尽管市场对医药电商寄予厚望，但是尴尬的现实是这个行业似乎仍未到盈利的时候。根据中国药店医药电商研究中心的统计，2013 年中国医药 B2C 行业平均毛利率为 19.3%，费用率为 20.6%，平均利润率为负 1.3%，就算是极少数实现盈利的企业，其净利率也不超过 2%。目前医药电商还是处于起步阶段，而互联网经济又属于规模经济，现在客户群体的总量还没有上来，因此利率肯定不会高。现在还是要培养用户的消费习惯，不可能跳过这个交学费的过程。中国电子商务研究中心网络零售部主任莫岱青也认同这样的看法，他表示，医疗产品的消费者在电商平台上购买相关产品的消费习惯还没有建立起来。目前，热衷于网购的主体人群主要还是 70 后到 90 后，他们本身在医药消费方面的需求比较弱。而主要的医药消费者，进入老龄化的 50 后、60 后则很少有使用互联网的消费习惯。

此外，由于医疗产品的特殊性，政府在药品的使用和销售上做出了严格规定，把药品分为处方药和非处方药，前者需要医生开具处方才能销售和使用。因此，医药电商在无法实际审核处方的情况下，只能销售非处方品种，利润率最高且占全部市场容量约 80% 的处方药市场仍牢牢把控在医院的手中。另外，在网上购药无法使用医保卡也导致其对消费者的吸引力不够。

监管部门对医药物流的要求也有规定，根据药监局发布的《互联网药品交易服务审批暂行规定》，互联网药品销售企业必须"具有与上网交易的品种相适应的药品配送系统"，这就要求药品销售方必须具备 GSP 认证的药品配送体系。这意味着要发展医药电商，网站就必须自建物流。

同时，政策层面的不作为也饱受业内诟病。某医药公司高管表示，政府对医药电商平台的监管体制本身也存在问题。"现在很尴尬的一个问题是，医药电商不是由服务部门监管而是由监管部门管理，监管部门可能会存在一种心理，就是'这个行业发展不起来，我们就没有监管的风险'，因此他们本身就缺乏促使这个行业发展的动力。举例来说，工信部会支持工信行业的发展，商务部会支持商业贸易的发展，但是监管行业来管医药电商的话，更多是停留在监察的层面，支持力度则相对较弱。"上述人士认为，政府部门应该更多地从互联网经济的角度来看待医药电商的发展，而不只是完全从行政职能的角度去监管医药电商。

另外，对从业者专业素质的高要求也使得医药电商的成本高于普通电商。有别于普通电商，医药电商对客服人员的专业性要求比较高，因此这方面的人才相对较少，培养的成本也相对更高。并且由于平台管理的方法也不尽相同，因此医药电商的模式还处于初期的摸索阶段。

久旱逢甘霖

2014 年 5 月 28 日，国家食品药品监督管理总局公布了《互联网食品药品经营监督管理办法（征求意见稿）》（以下简称《征求意见稿》），要求各界人士给予反馈，根据国家食药监总局的规定，反馈意见的截止日期为 6 月 27 日。《征求意见稿》和以往国内严格控制网上药店经营的规定相比有重大突破，明确了处方药可以在网上销售，这不仅让网上药店从业者感到振奋，而且将给整个医药行业带来巨大震动。

如今，这一利好消息已开始牵动各大电商和医药企业的神经，医药电商市场的巨大蛋糕已近在他们眼前。"在我看来，新规在网上药品销售领域有诸多突破，并非只是对处方药网上销售的红线开禁这一点。"一直从事网上药店领域的业内资深人士王力说，"当然肯定处方药可以网上销售是最重要的亮点之一"。查阅《征求意见稿》，在第八条中可以看到明确的提法：互联网药品经营者应当按照药品分类管理规定的要求，凭处方销售处方药；处方的标准、格式、有效期等，应当符合处方管理的有关规定。"这就是确定通过 B2C 平台可以销售处方药了，明确了网上销售的大方向。"王力说。

而就在 2013 年年中，国家食药监总局药品化妆品监管司司长李国庆曾对外表示，国家不会放开网上药店的牌照，更不太可能准许处方药网上销售。根据国家食药监总局对网上药店早前的规定，获得互联网药品交易许可证的企业只可以在网上销售非处方药（OTC）。2012 年全国药品流通行业销售总额达11122 亿元人民币，但非处方药销售只占很小比例，以非处方药为主的药品零售市场销售总额仅为 2225 亿元。南方医药经济研究所（CFDA）的中国药品零售监测分析系统显示，2013 年中国药品零售终端规模为 2566 亿元，同比增长12.8%，2007～2013 年的年平均增长率为 15.1%。"处方药的销售额占国内药品整体销售额的 70% 到 80%，因此，国内处方药市场规模巨大。"王力说，"以突破万亿元的医药整体市场规模计算，处方药总额超过 8000 亿元没有问题，而且利润远远高过非处方药，对电商开放，可以说潜力巨大"。《征求意见稿》的第二个亮点是有可能放开网上药店的经营门槛。《征求意见稿》在第七条规定，"除法律法规规定不需要办理相关证照的经营主体外，互联网食品药品经营者应当取得食品药品经营许可或者备案凭证；取得食品、保健食品、化妆品、医疗器械生产许可或者备案凭证的企业，可以通过互联网销售本企业生产的产品"。

中国医药物资协会网上药店分会会长龙岩认为，从这些规定来看，国家食药监总局对网上药店的门槛要求看起来大为降低，基本上可以理解为任何一家实体药店如果想从事网上售药业务，都可以做。"按照以前监管部门对网上药店的要求，连锁药店申请互联网药品交易许可证都应该没有问题，单体药店则不行，但是从新规来看，单体药店也没问题了。"龙岩评价。因为当初设立互联网销售监管体系时，只有药品交易许可证，没有器械交易许可证，这导致只做医疗器械销售的企业无法开展网上销售，要想在网上销售，你必须得先卖药。

　　新的规定让社会人士看到，国家把推动电商发展当作推动经济发展的一个重要因素，给予大力扶持。推动网上药店的发展、允许处方药在网上销售至少有两点好处。首先，是国内电商的发展能够和世界接轨。目前，欧美和日本的网上药店业务早已具有相当大的规模。根据国外医药行业的数据，美国网上药店的销售规模已经占到整体销售规模的 30％，日本的这一数据是 17％，而欧洲则是 23％。相比之下，中国医药物资协会所发布的《2013 中国医药电商数据报告》报告显示，2013 年网上药品销售总额 39 亿元，与上万亿的药品销售额比起来，还不足 0.5％。

　　不过根据调查数据，国内网上药店这两年显示出迅猛发展的势头。2011年，网上销售总额不足 4 亿元，2012 年增长到 16 亿元；2013 年为 39 亿元。在国外网上药店业务逐渐成熟、快速发展的前提下，如果我们不尽快发展，就会失去大好时机。仅仅以国内医药市场 1 万亿元、美国网上药店业务占整个市场 30％来看，我国网上药店市场应该相应达到 3000 亿元的规模，因此现在不足 40 亿元的销售额还有着巨大的发展潜力。另外，最重要的是，网上药店的模式提高了销售效率，大幅降低了药品成本。药品的销售成本在很大程度上在于店面费用。一家月营业额 10 万元左右的单体药店，月租需要 2 万到 3 万元，也就是说，店面租金成本占了药品销售额的 20％~30％，而这一成本势必要由消费者负担。不光如此，层层的流通渠道环节也增加了药品的销售成本。曾有媒体报道，有药品在医院的销售价格是出厂价的 100 倍，虽然有很大的成本在于灰色回扣，但其中流通成本也不可小觑。网上售药价格最低会比传统渠道低 20％~40％，其优势在处方药红线开禁后将更加明显。

　　据业内人士介绍，一些医院的肿瘤用药、新特药药价奇高，主要原因就在于不透明的出厂价和流通环节，如果将来能实现网上购买，出厂价、销售价将一目了然，顾客的负担也会大为减轻。

　　嗅觉灵敏的资本市场对新政策给予了热烈回应。就在国家食药监总局的《征求意见稿》发布不足一周的 6 月 3 日，国内网上药店健一网就宣布成功融资。这家华润集团旗下的网上药店宣布于 2014 年一季度完成 A 轮融资，融资金额 3 亿元，首期到资 1.1 亿元，投资方为上海国际创投公司（SIGVC），该网站成为国内首家融资成功的网上药店。据其披露的数据，健一网 2013 年实现 3.8 亿元药品销售额，在行业内位于首位。

目前，在国内网上药店销售的都是非处方药，这些非处方药的销售在一些业内人士看来有些多此一举。"如果是感冒发烧，谁都会立刻到附近药店买药，没有人在网上购药，还要等几天才能拿到，因此，网上经营药品最需要的就是处方药，因为处方药价格贵，顾客想省钱。"一位业内人士说。但是，国内网上药店想做处方药业务并不容易。据一位业内人士介绍，在美国的医院，处方药都是电子处方，顾客可以向网上药店出示电子处方，药店按照处方开药，但是中国，医院的处方基本不会通过电子平台向患者公开。在医院电子处方不公开的情况下，网上药店销售处方药可以说困难重重。一个可以解决的办法是顾客通过向网上执业药师咨询，由网上药店的执业药师开处方，顾客买药，但是这种没有医患见面的网上处方又成了人们担心的对象。

"社保报销也是个问题，这种报销如何实际接轨网上药店的消费额？"医药行业投资人士、东方富海合伙人梅健表示了疑问，"虽然电商是大势所趋，但是一步步推进起来仍然很难。"对于拥有庞大实体连锁店的投资者来说，如果互联网售药的门槛大幅放低，一些没有庞大连锁体系的单体店，甚至一些没有实体店的从业者也加入竞争，还有医疗器械生产厂家也可以直接卖产品，那么自己的投资是否成了浪费？因此，《征求意见稿》在得到网上药店经营者一片赞扬的同时，也受到一些大型连锁经营企业所有者的反对。在龙岩看来，大型连锁企业显然不敢冒着损失巨额投资和品牌的风险违规销售药品，但是小的单体药店投资成本低，违规成本也低，而这让人对小单体店网上售药存有担心。"因此，处方药网售的解禁不可能一蹴而就，还面临着很多需要解决的问题。"

第七章　互联网＋教育

2014 年，K12 在线教育、在线外语培训、在线职业教育等细分领域成为中国在线教育市场规模增长的主要动力，很多传统教育机构，例如新东方也正在从线下向线上教育转型，而一些在移动互联网平台上掌握了高黏性人群的互联网公司，也在转型在线教育，例如网易旗下的有道词典，就在英语垂直应用领域掌握了 4 亿名高价值用户，这部分用户对于在线学习英语的需求非常强烈，因此，有道词典推出了类似在线学英语、口语大师等产品和服务，将用户需求深度挖掘，而通过大数据技术，可以实现个性化推荐，而基于移动终端的特性，用户可以用碎片化时间进行沉浸式学习，让在线教育进入了传统教育的一些盲区。

教育：在线教育挑战传统

2014 年，在资本的追捧下，大量在线教育企业涌现，传统培训机构的离职创业现象也普遍增多，在线教育的玩法也日趋多样化。

当白领上网看公开课、拿着手机背单词，当学生在电脑上做测试、用手机练听力，当家长用 App 浏览最新的升学信息、在微信群里讨论哪家培训机构的哪位老师更优秀，当老师开始更多地通过网络准备教学内容、通过电脑进行智能化组卷，互联网已真正融入了教育的各个环节。

传统培训机构本身也在积极拥抱互联网。除了为用户和行业伙伴所熟知的迅程网络（即"新东方在线"）外，新东方已在内部进行了O2O尝试、基于互联网改造服务模式和产品结构，同时涉足移动互联网领域、推出移动应用"乐词"，更与腾讯合作成立了合资公司。学而思的互联网产品则包括家长帮、育儿网、奥数网、作文网、英语网、中考网、高考网等10余个独立站点，2013年8月更名为"好未来"后，进一步提出以科技互联网推动教育进步。

在互联网技术的影响下，教育行业正在发生怎样的变化？当互联网教育、移动互联网教育真正成为百姓生活的一部分后，从业机构的玩法又发生了哪些改变？

教育：需以学习者为中心

在线教育出现之初，以录播课程为代表的模式主要是将线下课堂复制到网上，以提供课程内容为主。如今，互联网教育已经变成提供全程网络学习服务，渗透到测、教、学、练、考的各个环节，学习模式上也已经从以老师的教为中心，转变为以学生需求为中心。随着教学内容、传播方式的改变，教育机构和用户正在对用户体验提出更高的期待。与商品的买卖不同，教育最终需落在服务上。

随着教育机构对互联网了解的加深，各种机构在流量获取上都采用了立体的方式，比如移动端、微信、微博，甚至事件性营销等等。"在没有自媒体、没有2.0的营销手段之前，好事不出门，坏事传千里；现在则是好事传千里，坏事传十万里。把服务产品化了，通过口碑就能节省很多市场成本，这个判断是对的。"决胜网联合创始人、CEO戴政认为。

成人培训领域对"服务"的呼声愈发强烈，K12领域则更为强调"效果"二字。有创业者表示，VC在看K12阶段的项目时也已开始询问诸如"你的产品没有效果，家长如何埋单"的问题。相对于学习费用，K12阶段的用户（学生）和付费者（学生家长）更介怀的是试错成本。作为其反应，"效果"

成为 K12 领域中时常被提及的词汇。K12 领域的教育机构频频提及的智能化教学系统是个性化落地的必要工具，其作用在于记录每个用户的学习过程，给用户更为个性化的指导。

教育机构对教学效果的追求无可厚非，然而，效果是否应该以"提分"作为唯一标准应得到更多思考。如果单纯以"提分"为教学目的，是否会重蹈传统应试教育的覆辙？正如爱乐奇创始人、CEO 潘鹏凯所说："不应该再把怪兽武装到牙齿，太多的人在不停地强化应试教育。""从商业模式的角度看这个问题，K12 强调效果，因为是父母埋单，他们希望孩子的成绩有提升，这是很客观的现实。从培训机构的角度，他们面临的是很充分的竞争，在这种竞争的基础之上只能是靠口碑。因为教育一定不是靠打折，不是越便宜越好。要用服务打造口碑，用以吸引用户，这也是很务实的选择。"沪江副总裁唐红浙分析。

线上线下融合将是主流

教育行业在经历了热炒在线教育概念之后，已然开始趋于务实。与起初的大谈概念不同，大家开始思考如何将技术融合在教育中。线上与线下的融合成为一种趋势。

2014 年，学大教育将 O2O 作为布局的重点，发布了学大个性化智能辅导系统"e 学大"。该平台由线上和线下两个环节构成，线上平台是 ASPG，线下是与学生个体相匹配的辅导体系。"e 学大其实是一个基础结构，上面需要有系统的设计，背后是线下团队不断地贡献内容；它是基础，未来会衍生出很多移动以及移动与 PC 相结合的产品。"金鑫介绍。他强调，在学大的整体规划中，e 学大不会走纯线上的路线，而是将 e 学大作为一个有机的组成部分与线下结合起来，形成一个整体。

过去几年中，多家传统教育辅导机构和在线教育创业团队纷纷推出智能学习系统，题库、组卷工具、视频课程、微课程等模块近乎标配。将两种类型的企业相比，传统教育辅导机构的优势在于强大的线下资源，可以为在线平台贡献数据；技术型互联网教育团队的优势则在于对互联网的理解和对互联网技术的运用。"如果你是纯互联网产品，完全技术性的东西，如果没法和线下结合，价值是不大的。要么帮线下提供一些支持，要么能够给线下和用户带来价值。"金鑫指出。

技术型的在线教育公司也确实开始了线下机构进行更多合作。2014 年 12 月，快乐学宣布与长沙思齐教育展开全面合作，思齐教育将把快乐学的技术应用在教学工作之中。在此之前的 2014 年 5 月，快乐学与凹凸教育合作推出凹凸 Pad2.0，用于凹凸教育的教学工作。通过上述结合，快乐学可以直接获得学员的海量学习数据和使用习惯。线上线下融合并不仅仅发生在 K12 领域，成人培训领域亦是如此。尚德机构从 2014 年 6 月开始，将所有的面授课程转换为网络授课。但转型线上并不意味着对线下的摒弃，尽管教学过程转移至线上，但线下社区的建设仍然是重要的工作内容。例如，尚德机构通过线下粉丝颁奖典礼、同城会等方式与学员在线下保持紧密的联系。

在线下机构通过网校、移动端等方式向线上迁移的同时，此前仅有线上产品的教育机构也开始通过设立线下教学点、设立体验店等方式将服务延展到线下。2014 年 6 月，沪江网位于上海地铁 2 号线金科路站的第一家线下体验店正式对外开放。沪江网通过与爱知书店合作的方式，已在上海地区共开设了 15 家体验店。唐红浙介绍，沪江线下体验店的作用在于让用户"感知在线教育和在线学习没有那么复杂"，"让他们感知到（在线）学习的潮流性、领先性，让他们知道这是一种非常酷的学习方式"。2014 年 8 月，51Talk 北京 CBD 国贸体验店正式对外开放，目前已在北京、苏州、天津、成都等城市开设了共计 20 家线下体验店。"体验中心最主要的职能是让用户线上学习，线下去做更多的和学习相关的活动，比如朋友的见面会，周末一起上我们的 Life Club，让学习英语可以和他的生活相关，让他有一些伙伴去一起学习，学习之后可以有一个地方把学习成果体现出来。这是我们线下体验店的想法，当然也是在尝试之中，未来不排除有更多可能的方向。"黄佳佳介绍。对于教学内容的提供方式，黄友明认为："在线教育往往会给很多人包括创业者一个误导，让人认为在线的学习才算真正的在线教育。从我们的理解来讲，在线只是多了一个服务的渠道以及提高效率的方式。有的品类，比如如果我们做驾考，就会倾向于把理论放在网上进行，实际操作放在线下进行。"

　　未来的教育将无所谓线上或线下，只有适合学生的老师和课程。"其实线上有线上的物理场景，地面有地面的物理场景，未来互联网的模式就是让每一个物理场景发挥优势，让它的效果最大化。"好学网创始人、CEO 祖腾表示。

政策利好，在线教育发展新驱动

　　IT 桔子数据库显示，2014 年 1～9 月教育行业的投融资交易为 86 笔。"电商的大规模扩张带来了用户习惯的转移——愿意在网上付费买东西了。在这个趋势的驱动下，用户从愿意在网上买东西逐渐开始在网上买服务。从最宏观的逻辑来看，在电子商务触发了一个消费习惯的改变之后，大家就把这个消费习惯进行深入和延伸。东西是标准化的，服务是非标准化的。在服务当中，教育和金融最容易虚拟化、在线化。"IDG 资本合伙人李丰表示。

　　在投资机构的热捧后，政策的利好又为教育行业的发展带来了新的动力。2015 年 1 月 7 日，国务院总理李克强主持召开国务院常务会议，讨论通过了部分教育法律修正案草案。按照深化教育领域综合改革的需要，会议通过了对《教育法》、《高等教育法》、《民办教育促进法》进行一揽子修改的修正案草案，决定提请全国人大常委会审议。此次草案增加了关于健全现代国民教育体系、发展学前教育等基本制度的规定，在内容上，包括完善高校设立审批、经费投入等管理制度，把部分高校设立审批下放到省级政府；明确对民办学校实行分类管理，允许兴办营利性民办学校等。这将对教育行业产生何种影响？戴政分析说："第一，对于教育企业的融资和退出渠道有很大的促进作用，第二，对投资人而言，草案推出后，很多投资人都跃跃欲试，因为他们在国内也敢投了，有退出的渠道了。"如政策放开，投资机构对教育企业的投资将不再有无法在中国国内退出上市等顾虑。在教育企业的融资渠道和投资方的退出渠道逐渐放宽的同时，更多企业将有望享受到上市后带来的信贷"福利"。原有的教育体系放开之后，会重新洗牌。刚刚改变游戏规则的时候也许是比较乱的时候，但这个时候进入这个行业却有机会成为英雄。对于创业者来讲，未来的发展通道会更宽。

第八章　互联网 + 旅游

我们的物理空间越来越有限，住房越来越小，车位越来越少。很多产品，你并不一定需要再 100% 的拥有，你只需要考虑如何更好地使用，如果能便捷的使用，"拥有权"其实不再重要。在旅游服务行业，旅游服务在线化、去中介化会越来越明显，自助游会成为主流，基于旅游的互联网体验社会化分享还有很大空间，而类似 Airbnb 和途家等共享模式可以让住房资源共享起来，旅游服务、旅游产品的互联网化也将有较大的想象空间。

旅游：四大 OTA 混战

2014 年 12 月 2 日，同程旅游出境游事业部 CEO 柳青向途牛公开发布挑战书，途牛随后宣布与驴妈妈达成战略合作，两消息一出，为闹得沸沸扬扬的同程途牛大战再添一把火。头一天，多家媒体爆出途牛"封杀"同程供应商，随后，两家公司高管相继隔空对战。

第四季度原本是旅游行业的淡季，2014 年却依然战火不断，背后则是各家平台的业务已经相互渗透、交叉竞争。途牛一直专注于出境游，而同程以门票业务为主，两家公司突然爆发战争则源于同程计划进军出境游业务，而供应商成为两家首先争夺的对象。在线旅游行业正从业务差异化阶段迈入业务交叉时代：同程杀入出境游业务；携程 2014 年发力开放平台，打入了去哪儿的"地盘儿"；去哪儿同样涉足酒店直销，与携程同台竞技。

2014 年 12 月 2 日，去哪儿在同行的一片混战中发布了 2014 年第三季度财报。数据显示，2014 年第三季度，去哪儿总营收 5.011 亿元，同比增长 107.8%，环比增长 25.2%，但依然处于亏损状态，归属于股东的净亏损扩大至 5.662 亿元。值得注意的是，去哪儿的酒店业务突飞猛进。财报数据显示，第三季度酒店直销量占酒店业务总量的比例达 51%。据悉，2014 年年初，去哪儿新成立的目的地事业部负责这部分业务。

未来一年，各大公司在业务上的交叉会越来越多，竞争更加激烈，格局也由春秋时代进入战国混战阶段，曾经的市场老二艺龙彻底掉队，同程途牛加入争夺，携程与去哪儿还会继续厮杀。此外，2014 年阿里巴巴携去啊加入在线旅游战局。

业务渗透

从国内四大在线旅游上市公司发布的 2014 年三季报看，除艺龙三季度同比增长仅 2% 外，其他三家均实现两位数以上的高速增长。从营收来看，携程前三季度以净营收 54 亿元居首，去哪儿前三季度总营收为 12 亿元，艺龙则为 8.4 亿元，途牛为 26 亿元（差价模式，毛利低）。在净营收的增速方面，携程 2014 年前三个季度的同比增速分别为 36%、38%、38%；去哪儿分别为 83.6%、127.3%、107.8%；途牛分别为 56%、84.9%、85.6%；而艺龙增长最慢，前三个季度的同比增速分别为 13%、25%、2%。显然，携程在基数庞大的基础上仍能保持快速增长；而去哪儿第二、第三季度出现了三位数的增长，为各家最高。

从财报中的细分项来看，各家公司 2014 年的高速增长背后除了原有业务的增长，还有新业务的拉升。携程公司一位相关人士表示，2014 年携程主攻的方向包括无线、开放平台以及游轮、门票、车票、团购等业务。

毫无疑问，无线端是 2014 年各家平台重点发力的方向，携程的无线端下载量已超过 2 亿次，去哪儿、艺龙、同程也进入 1 亿次下载量行列，途牛第三季度的移动流量占总在线流量的比重首次超过 50%。携程在票务、酒店的增长中有很大一部分来自开放平台。据财报数据显示，2014 年第三季度，携程整体的住宿预订量同比增长 69%，票务预订量增长 98%。据了解，票务预订很大一部分增长来自火车票业务。

而开放平台是去哪儿的主要模式，去哪儿公关部表示，去哪儿将坚持开放平台。由此以来，携程、去哪儿目前均推行 OTA＋开放平台模式。

2014 年年初，去哪儿成立的目的地事业部涉足酒店直销被视为开启 OTA 模式，而背后必然是对供应商资源的争夺，之前发生的供应商封杀事件与同城途牛之战如出一辙，更早前还发生去哪儿下架携程酒店事件。去哪儿的战略重点就是酒店，争取在每个细分市场取得第一。据了解，高端酒店一直是携程的主要利润来源，尽管目前去哪儿在中低端酒店市场攻城略地，但未来高端酒店迟早会迎来更激烈的厮杀。

此外，两家均在发力的还有团购。去哪儿 2014 年三季报数据显示，目前其在 60 个城市的团购酒店间夜量超过团购网站美团网，携程也在团购领域发力。携程 2014 年的另一大新动作是邮轮。11 月份，携程成立天海邮轮公司，之前预订的几艘邮轮预计于 2015 年 5 月首航。显然，携程在出境游方面先行一步。有意思的是，携程刚刚宣布成立邮轮公司，其 2014 年投资的两家公司同程和途牛就开始为出境游"大打出手"。但此次由封杀供应商引起的混战，背后则是同程对于出境游的虎视眈眈。同程 CEO 吴志祥表示，2015 年同程将在各领域争第一，其中就包括出境游。从利润角度考虑，出境游也是旅游业务中的高利润来源之一。而途牛选择在此时与驴妈妈战略合作，则试图借助驴妈妈的门票、周边自驾游杀入同程的门票业务。

显然，在线旅游公司在稳定原有优势基础上，开始互侵后院。而新玩家去啊也在阿里巴巴助推下高调加入战局。据了解，目前去啊已在试水酒店后付、旅游宝和机票套餐等业务。即使四大在线旅游公司抢先一步，但面对阿里巴巴，也不得不做好被挑战的准备。

资本比拼

业务互相渗透、规模不断扩大带来的后果之一便是大面积亏损。去哪儿公布的财报显示，2014年第三季度归属于股东的净亏损为5.662亿元人民币；艺龙亏损5830万元，途牛亏损1.034亿元。唯一盈利的携程在三季报投资者会议上也预测，2014年第四季度也将出现亏损。据几家上市公司财报披露的几项支出（不同公司统计项不同）数据显示，携程前三季度的支出超过35亿元；去哪儿前三季度的支出超过20亿元，已经超过同期的总营收；途牛前三季度的支出超过4亿元。其中，支出增长幅度最大的项目为产品开发和市场营销（销售）费用。产品开发方面，携程仅第三季度支出就同比上升83%，去哪儿同比上升153.1%，途牛同比上升198.0%；市场营销（销售）费用方面，携程、去哪儿、途牛第三季度分别同比增长69%、189.6%和206.1%。这两项支出的增速几乎全部超过这三家公司营收的增速。

据了解，这几家公司大部分的投入在于技术和新建团队的开支。去哪儿2014年新增目的地事业部，加上其他人员，增加数千人；携程同样设立了很多创新部门，在资本投入上均加大力度。同时，因争夺用户和市场份额，各家公司在营销方面通过1元门票、返现、大促等方式不断加码。随着每个季度数千万甚至上数亿元的亏损，在线旅游正在重蹈电商覆辙，增速越快亏损越大，去哪儿最为明显。而根据目前各家公司对2015年的布局，亏损仍将继续，那么各家公司账面上还有多少现金可烧？

据财报披露的数据，2014年第三季度末，携程的现金及短期投资余额为110亿元人民币；去哪儿网的现金、现金等价物、限制用途现金、应收款项以及短期投资总价值为16.444亿元人民币；途牛持有的现金及现金等价物、受限制现金和短期投资为15亿元人民币。但如果剔除应付账款和预收账款（到期要付给供应商），实际可用资金更少。携程为55亿元左右，去哪儿12.5亿元左右。途牛最少，只有4亿多元，按照目前的亏损速度，也只能持续一年。

　　按照电商曾经的发展路径，2015 年在线旅游行业可能还会继续出现几轮融资。而从这家公司的后备资本来看，携程资金暂时充足。去哪儿在 2014 年年初，与百度达成 3 年期的 3 亿美元循环授信协议，但至今还未动用。从目前来看，唯有途牛在资金方面需要想办法持续输血。

第九章　互联网＋影视

影视：BAT 入局改造影视业

"现在的北京，几乎每家咖啡馆都坐着一群聊剧本、谈投资的电影人。大家开始习惯用互联网的新鲜词汇来包装项目。"国内著名独立电影导演刘浩这样描述中国电影业的一个有趣的现象：越来越多的投资机构开始涌入电影这个充满了魅力与风险的行当。最重要的是，投身电影的热潮中，出现了互联网巨头的身影，而且它们似乎不是玩票，而是想做"百年老店"。

电影是一门艺术，它依赖于直觉、天分，决定成败的首先是故事文本的好坏。那么，开始电影淘金之旅的互联网巨头们有戏吗？

百度长于搜索，腾讯长于社交和游戏，而阿里巴巴长于电商，过去，大家相安无事多年，偶尔也就小打小闹。自 2013 年起，BAT 的业务不断相互交叉，攻防和卡位此起彼伏，在手机地图、视频、移动支付等领域共同演绎了一出又一出高水平、精彩迭出的"三国杀"。

2014 年，互联网三巨头对于影视的热情空前高涨。

2014 年 5 月 23 日，阿里巴巴将全资收购的文化中国改名为阿里巴巴影视；9 月 17 日，华谊大股东腾讯宣布成立"腾讯电影＋"影视业务平台。而

10 月 8 日晚间华策影视一纸公告，显示其幕后股东背景是百度和小米。在阿里巴巴、百度开始玩起电影众筹后。2014 年 9 月 17 日，腾讯互动娱乐事业群宣布计划将诺贝尔文学奖获奖者莫言目前唯一授权影视改编的小说《藏宝图》拍摄成电影，这标志着腾讯互娱正式进军电影产业。至此，BAT（百度、阿里巴巴、腾讯）三大互联网巨头均投身电影娱乐产业。百度、中信信托、中影集团达成影视文化产业金融众筹平台的战略合作，该众筹平台首批产品是《黄金时代》等电影，《黄金时代》讲述女作家萧红的传奇一生。该众筹平台由百度金融牵头，在百度内部命名为"百发有戏"。与此同时，百度旗下的爱奇艺与华策影视联合宣布，共同出资成立华策爱奇艺影视公司。而阿里巴巴此前入股了视频网站——优酷土豆和华数传媒、文化中国等公司，其上线的"娱乐宝"项目，首期囊括了《小时代 3》《老男孩之猛龙过江》《狼图腾》等影片。2014 年 8 月 28 日，优酷土豆集团也宣布成立电影公司"合一影业"，表示每年将投资不少于 8 部院线电影。

在外界看来，互联网公司进军电影业的路径大同小异，即通过众筹、大数据分析、网售电影票、开发电影衍生品等等挖掘电影业更大的商业空间。除此之外，还包括通过互联网思维进行电影的 O2O 营销。显然，互联网公司的野心并不仅仅是收获票房，比如华策爱奇艺影视公司在生产内容的同时，还将进行游戏、电商等衍生品开发。

视频网站已经被 BAT 三巨头瓜分完毕，有业界人士惊呼，未来影视公司和明星或将成为 BAT 的打工仔，今后中国电影公司可能最后变成 BAT 三大电影集团。但是电影首先是一门艺术，其次才是一门科学。这就意味着想跻身电影界的互联网巨头们想玩转这门生意，不是仅靠科技手段就能够解决的。

众筹与大数据

2010 年，曾在国际电影节上屡次获奖的独立导演刘浩还在为剧本艰难找钱的路上奔波，而近年来，形势发生了可喜的变化。他透露，由于热钱的涌入，电影筹资形式变得多样，相对于以前也比较容易，会有一些互联网公司主动找上门来，谈项目合作尤其是商业片，比如他计划在 2015 年拍摄的电影《风行者》，目前已有一些投资人主动洽谈。"一个好的商业脚本、如果明星答应出演，现在找投资并不难。"

在电影投资的前期环节上，来自互联网的众筹模式目前已被运用到电影融资中。比如，电影《我就是我》面向粉丝展开众筹，20 天募集到约 501 万元，导演范立欣说："互联网电影众筹帮助我们筹到了一部分经费，也很直接地告诉了我们观众在哪儿。"

除了众筹之外，大数据也被广泛应用到电影前期决策中。号称用大数据挖掘编剧的美剧《纸牌屋》是中国互联网公司膜拜的榜样。它们认为，大数据会帮助对电影的价值挖掘更加多元化。一部比较卖座的电影，其实就是"新兴的海量流量的入口"。这种价值的挖掘会带来巨大的商业价值，要是通过一部电影而掌握几千万影迷的"大数据"，其商业价值更是不言而喻。"《老男孩之猛龙过江》从创作到发行，整个过程都充分利用大数据。"优酷总裁魏明说："我们通过对粉丝年龄、性别等社会属性以及评论、转发等使用行为的分析来进行电影创作。"

对于大数据对电影行业的改变，好莱坞卖座影片《驯龙高手 2》的看片会给中国互联网公司带来了启示，即大数据能够改善电影剧本的工业化生产方式。这个看片会由两个场子组成：家庭场和专业场。在放映现场，观众每分钟的反应都会被市场调研员详细记录下来，比如在开场某个片段，观众的反应是哈哈大笑还是无动于衷，然后这些数据被反馈到制片方那里，由此进行修改，几个月后，这些根据观众反应修改后的情节点的现场效果会被再次追踪，比如那个开场第 5 分钟的笑声是否变得更大声了。

众筹与大数据被视为用互联网思维来改变电影业的核心之一。在智道咨询公司总经理张凯的描述中，未来电影业的产业链条是这样的：电影公司可以根据对用户的精准分析而进行创作；观众通过团购在网上购票、用移动支付方式付款、到电影院直接刷二维码入场；观影者在社交网络中的评论，形成口碑影响票房；或者观众直接购买互联网观看权，在家用电视、电脑、手机观看院线大片。

据腾讯副总裁程武透露，《洛克王国 3》也是根据大数据的方式制作出来的，通过提前点映、父母审片等形式对电影进行"内测"。"一部作品是否可以改编成电影，我们会做用户调查，选导演、档期、演员，也完全通过网络统计观众数据。"对于互联网与电影业的亲密接触，华谊兄弟传媒集团总裁王中磊用"电影产业进入文艺复兴时代"来进行阐释，在他看来，以前电影都是以创意者为中心的导向，而在互联网时代，其实是由观众导向创意者，这就像文艺复兴时期一样，一切回归人本，一切以人为核心。事实上，这二者之间的关系是一个双向互动。华谊兄弟传媒副总裁、互联网娱乐事业群 CEO 胡明介绍说，电影公司可以利用互联网让公司既有的 IP 版权充分流动，比如华谊曾经的电影作品现在可以开发成网络游戏，电影品牌的影响力可让游戏产品事半功倍，而互联网游戏也让电影 IP 重新焕发生命力；而网游也可以拍摄成电影，把原有的玩家吸引到大银幕前变成观众。

发行与风险

在改变电影产业投资与制作环节之外，互联网也在改变电影业的发行环节。比如网络售票已经成为一种趋势。现在一线的电影发行公司是中影、上影、华谊、博纳、光线、乐视等。但在未来，新一代发行公司将会是网络平台。比如，优酷、土豆近年来联合出品了《风暴》《窃听风云3》等多部电影，它的商业模式就是凭借优酷、土豆自身强大的网络平台的流量优势来换取联合出品权。而格瓦拉、猫眼、时光网、微信电影票、淘宝这样的电影票网站未来也很可能成为电影票最大的售卖平台。2013 年 8 月，百度宣布向原人人网旗下的糯米网战略投资 1.6 亿美元，获得约 59% 股份，成为糯米网第一大股东，而后在 2014 年 1 月，百度宣布全资收购糯米网股份，糯米网目前已成为百度进行电影票销售的主要渠道之一。华谊则在 2014 年 6 月通过收购股权及增资的方式获取卖座网 51% 的股权。据悉，卖座网自 2010 年正式运营，至今服务区域覆盖 80 多个城市近 700 家星级影城。"未来，我们会和卖座网的用户、电影观众一起在该平台上紧密互动，包括但不局限于众筹内容、预售观影、粉丝社交等。"胡明说。8 月底，华谊和腾讯共同推出了粉丝经济产品"星影联盟"，通过星粉互动开拓粉丝市场，组织粉丝众筹、明星见面会、订制探班等活动，未来会成为华谊O2O的重要平台。

数据显示，2013年大陆电影总票房达到217.69亿元，同比增长27.51%。很多业内人士都预测3~5年内中国将超过美国成为世界最大的电影市场。陆明认为，所有的信息都说明中国电影市场正处在一个高速发展的通道中，而电影行业本身准入的门槛并不高。所以BAT也好，其他行业的公司也好，进入电影行业是一个正常的商业选择。在他看来，互联网对电影行业的作用更多的应该是推动，而非颠覆。

在互联网时代，融合将成为一种趋势。文学、游戏、影视、动漫等文化产业将不再是独立的个体，而将成为交叉融合的状态。不过，虽然这改变了电影投资、发行的前后端，并且影响了电影的制作环节，但问题的关键是，大数据只是改善而不能真正决定一个电影剧本的成败，如何找到黄金编剧才是首要问题。正如王中磊所说的那样，对于"互联网会完全颠覆电影"或者"互联网只是辅助电影不能改变电影"这两种观点，他都不赞同，在他看来要用拥抱的态度去对待互联网，互为渗透才是最可行的办法。

而且值得注意的是，电影行业虽然是一个暴利行业，但同时更是一个高风险的行业。韩寒导演的《后会无期》，这部成本6000万元的电影，经历8个月的投资制作之后，实现超过6亿元的票房回报。对投资机构来说，这简直是天上掉馅饼的事，经纬创投就参与投资了《后会无期》。但与此同时，另一个数字更值得关注。2013年，中国电影赢利的只占总数的8.16%。"电影投资不是一拍脑袋就干的事情。"刘浩打了一个形象的比喻，"不能说我奶奶曾给我一封情真意切的信，就能证明我奶奶是一个作家。专业的事需要专业的人来做，中国的电影缺的并不是资金，真正缺的是好的剧本"。

电影口碑时代的快速来临

今天的电影主流观众已经变为了年轻的"网生代"一族，平均年龄降到了21.4岁，并且还在呈下降趋势。他们的观影习惯和口味偏好左右了电影内容的生产，那些不适合他们的传统大片，就成了票房不高的边缘化电影。这一点在《太平轮》上表现得淋漓尽致，吴宇森在意的是年轻观众群体不在乎的，例如那些情怀，什么大场面啊，什么唯美啊，什么国际明星大腕啊。就好比现在年轻人已经习惯吃西餐了，你还给他们提供中餐，在他们面前一直强调这个食材多么好，炖了多少个小时，加了多少汤料，吃起来多么健康、多么养生，都无法把用户吸引过来。又好比诺基亚的失败，你手机再结实，可以防弹，电池能用一个月，都没用。因为用户关注的是手机能不能上网，应用多不多。所以与其说是诺基亚败给了苹果，不如说是功能机败给了智能机。

互联网已经全面颠覆了电影行业，以后具备互联网基因的电影票房会越来越高，不具备的会越来越低。今天，电影赖以生存的用户和售票渠道都在网上，所以这就要求电影必须具备互联网基因才有市场。网络购票收入已经占到了电影票房收入的40%，未来三年可达到80%。今天的主流观众都泡在网上，接收电影宣传信息和购票也都在网上。所以不仅电影发行主要通过在线售票网站和视频网站，传统发行公司的排片功能被边缘化，而且就连电影的营销宣传这个作用也已被互联网化，即电影营销的电商化，宣传的同时也把票给卖了。

互联网化的电影发行公司顺便把现在市场上的一批大的电影营销公司也都边缘化了，因为互联网化的电影发行和营销高度聚合在了一起，成为一个渠道，即电商平台，它又是发行渠道也是宣传渠道，无法再分拆成两个独立的业务了。以后电影的主要的宣传阵地由原来很散的电视、杂志、娱乐网站、影院大厅，变成了集中在在线售票网站的焦点图位置上。所以这势必会架空传统的电影发行公司，也会让传统电影发行公司的上百人的地面推广团队失业。电影发行就像游戏发行一样，变得简单、透明、数据化，并且会出现大量互联网特性的玩法，例如"刷票房"。互联网公司和传统电影公司在逐步试错中也明白了，只有具备互联网基因的电影才能在网上玩得开，如《后会无期》《心花路放》等。而不具备互联网基因的电影，像《黄金时代》就算和几大互联网巨头深度合作、全网覆盖宣传也没用，因为没有"用户转换率"。

以前在社交媒体尚不发达的时代，用户口碑从发酵到爆发，这中间的时间太过漫长。这就造成两个极端，一个是很多好的片子口碑刚形成电影却已经下线了；另一个是很多烂片（通常是名导＋明星＋大制作）可以有两周以上的时间去骗钱。而现在不一样了，移动互联网时代，烂片只有三天的抢钱时间。再往后，可能只有一天，甚至就跟股票一样是实时的，几个小时影片口碑就被传遍全国。所以以后不具备互联网基因的大片，如果是烂片，你最好直接定周末上映，趁着周五周六周日三天大盘比较高，能多卖个几千万票房。千万别搞什么提前点映，否则口碑一烂就完了。这次稍微受影响的是《黄飞鸿》，这类传统无互联网基因的影片不应该点映。当然最受影响的还是《一步之遥》15日首映式，到场的都是精英，姜文太自负了，所以导致舆论失控。也就是3天时间，到18日正式上映的时候其不良口碑已经传遍全国。移动互联网时代没有人能控制得了口碑传播。在以前，不具备互联网基因的传统大片可以搞上下部圈钱，以后不行了。如果说《冰封侠》分上下部抢钱被打脸，上部票房才勉强过亿，导致下部上映没了音讯。《太平轮》却没有认识到时代已经变了，已经不是《赤壁》那个人傻钱多的时代了。其实《太平轮》营销做得最好的地方就是没有提前点映，否则票房会更差！

移动互联网时代是媒体分散、去中心化的时代，没有一个人能够覆盖所有媒体渠道，靠粗放式的广告投放也不能砸出来高票房，因为影片的传播主要就是靠口碑，也就是用户的自发性传播。没有口碑的影片就没有"用户转换率"，用户不感兴趣，你怎么广告轰炸他也不买票。移动互联网时代，档期选择尤其重要，但是最重要的，在这个电影口碑快速来临的时代，还是影片本身要过硬。

第十章 互联网 + N

"互联网 + 物流"：创新模式的探索积极

国务院 2015 年 4 月 1 日召开的常务会议，进一步研究提出了加快发展电子商务的措施，其中提到要推动电子商务与贸易物流、工业生产、金融服务等领域联动发展，推进网络购物、网络化制造和经营管理、跨境电商等新业态成长。

"互联网 + 物流"的本质是基于互联网时代开放、共享、多赢的思维，不同的电商物流模式要不断适应新的形势变化，目的是实现智慧物流、实现"互联网 + 物流"的真正融合。我国电商物流面临进行的多种模式探索，运用大数据和云计算技术、创新供应链管理已经具有了"互联网 + 物流"的雏形。无论哪种模式，企业对重要节点进行物流基础设施的投资都是无可厚非的，工业 4.0 时代需要有一批具有资源整合能力和海量数据资源的企业，发挥好技术、设施和电商集聚优势，帮助上游生产制造企业，按照定制化、个性化、数字化、智能化的要求，加快产业提档升级，"创新模式"的探索具有非常积极的意义。

2015 年，国务院批准杭州设立跨境电子商务综合试验区，其中提出要在跨境电子商务交易、支付、物流、通关、退税、结汇等环节的技术标准、业务流程、监管模式和信息化建设等方面先行先试，随着跨境电商的贸易流程梳理得越来越通畅，跨境电商在未来的对外贸易中也将占据更加重要的地位。

"互联网 + 快递"：视为新机遇的"二次革命"

在"2015 年中国快递论坛"上，国家邮政局发展研究中心副主任冯力虎表示，2014 年中国快递业务量达到了 140 亿单，快递收入突破 2000 亿元大关，双双创下历史新高。这也标志着中国快递经过几年发展，跨入了世界快递大国的行列。中国快递协会数据也显示，截至 2014 年年底，中国快递业连续 46 个月同比增速超过 50%；2015 年前两个月，行业增速达到 43.4%。快递业快速发展的背后，电商功不可没。国家邮政局数据显示，目前快递业大约六成业务来自电商。在主要民营快递公司的业务中，电商订单占比甚至超过八成。

"互联网 +"催生出了"快递 +"，以两者有效结合为趋势的新经济将释放出巨大活力，快递业发展将获得更为充足的内生动力。"互联网 +"的发展、互联网和各行各业的融合创新，更会给快递业带来到各行各业去的机会。以"互联网 +"为契机，抓紧配套实施"快递 +"战略，加快快递与制造业的联动，强化快递与综合交通运输体系的衔接，促进快递与金融业的互动，扩大冷链快递网络的覆盖范围，引导市场主体细化产品层次、延长服务链条、提高附加价值，抢占市场先机。

"互联网 + 工业"：让生产制造更智能

德国"工业 4.0"与中国元素碰撞，成为 2015 年德国汉诺威 IT 展览最大的看点，"工业 4.0"应用物联网、智能化等新技术提高制造业水平，将制造业向智能化转型，通过决定生产制造过程等的网络技术，实现实时管理，它"自下而上"的生产模式革命，不但节约创新技术、成本与时间，还拥有培育新市场的潜力与机会。"互联网 + 制造业"和正在演变的"工业 4.0"，将颠覆传统制造方式，重建行业规则，例如小米、乐视等互联网公司就在工业和互联网融合的变革中，不断抢占传统制造企业的市场，通过价值链重构、轻资产、扁平化、快速响应市场来创造新的消费模式，而在"互联网＋"的驱动下，产品个性化、定制批量化、流程虚拟化、工厂智能化、物流智慧化等等都将成为新的热点和趋势。

"互联网＋农业"：催化中国农业品牌化道路

农业看起来离互联网最远，但农业作为最传统的产业也决定了"互联网＋农业"的潜力是巨大的。首先，数字技术可以提升农业生产效率。例如，利用信息技术对地块的土壤、肥力、气候等进行大数据分析，并提供种植、施肥相关的解决方案，能够提升农业生产效率。其次，农业信息的互联网化将有助于需求市场的对接，互联网时代的新农民不仅可以利用互联网获取先进的技术信息，而且可以通过大数据掌握最新的农产品价格走势，从而决定农业生产重点以把握趋势；再次，农业互联网化，可以吸引越来越多的年轻人积极投身农业品牌打造中，具有互联网思维的"新农人"群体日趋壮大，将可以创造出更为多样模式的"新农业"。

同时，农业电商将成为农业现代化的重要推手，将有效减少中间环节，使得农民获得更多利益，面对万亿元以上的农资市场以及近七亿的农村用户人口，农业电商的市场空间广阔，大爆发时代已经到来。而在此基础上，农民更需要建立农产品的品牌意识，将"品类"细分为具有更高识别度的"品牌"。例如，曾经的烟草大王褚时健栽种"褚橙"；联想集团董事会主席柳传志培育"柳桃"；网易 CEO 丁磊饲养"丁家猪"等等。也有专注于农产品领域的新兴电商品牌获得巨大成功，例如三只小松鼠、新农哥等等，都是在农产品大品类中细化出个人品牌，从而提升其价值。

"互联网＋文化"：让创意更具延展性和想象力

文化创意产业是以创意为核心，向大众提供文化、艺术、精神、心理、娱乐等产品的新兴产业。互联网与文化产业高度融合，推动了产业自身的整体转型和升级换代。互联网对创客文化、创意经济的推动非常明显，它再次激发起全民创新、创业，以及文化产业、创意经济的无限可能。互联网带来的多终端、多屏幕，将产生大量内容服务的市场。互联网可以将内容与衍生品和电商平台一体化对接，无论是视频电商、TV 电商等等都将迎来新机遇；一些区域型的特色文化产品，将可以使用互联网，通过创意方式走向全国，未来设计师品牌、族群文化品牌、小品类时尚品牌都将迎来机会；而明星粉丝经济和基于兴趣为细分的社群经济，也将拥有巨大的想象空间。

"互联网＋家电/家居"：让家电会说话、家居更聪明

目前大部分家电产品还处于互联阶段，即仅仅是介入了互联网，或者是与手机实现了链接。但是，真正有价值的是互联网家电产品的互通，即不同家电产品之间的互联互通，实现基于特定场景的联动。手机不仅仅是智能家居的唯一的入口，而且是智能家居的入口和控制中心。实现互联网智能家电产品的硬件与服务融合解决方案，"家电＋家居"产品衍生的"智能化家居"，将是新的生态系统。例如，在上海结束的 2015 年中国家电博览会上，无论是海尔、美的、创维等传统家电大佬，还是京东、360、乐视等互联网新贵，都推出了智能系统和产品或主推和参与搭建智能平台，一场智能家居的圈地大战进行得如火如荼。例如，海尔针对智能家居体系建立了七大生态圈，包括洗护、用水、空气、美食、健康、安全、娱乐居家生活，利用海尔 U ＋智慧生活 App 将旗下产品贯穿起来；美的则发布了智慧家居系统白皮书，并明确美的构建的 M－Smart 系统将建立智能路由和家庭控制中心，提供除 WiFi 之外其他新的连接方案，并扩展到黑电、娱乐、机器人、医疗健康等品类；在智能电视领域，乐视在展示乐视 TV 超级电视的同时，还主推"LePar 超级合伙人"计划，希望通过创新的"O2O ＋C2B ＋众筹"多维一体合作模式，邀请 LePar 项目的超级合伙人，共掘大屏互联网市场。

"互联网＋生活服务"： O2O 才刚刚开始

"互联网＋服务业"将会带动生活服务 O2O 的大市场，互联网化的融合就是去中介化，让供给直接对接消费者需求，并用移动互联网进行实时链接。例如，家装公司、理发店、美甲店、洗车店、家政公司、洗衣店等等，都是直接面对消费者，如河狸家、爱洗车、点到等线上预订线下服务的企业，不仅节省了固定员工成本，而且节省了传统服务业最为头疼的店面成本，真正将服务产业带入了高效输出与转化的 O2O 服务市场，再加上在线评价机制、评分机制，会让参与的这些手艺人，精益求精、自我完善。当下 O2O 成为投资热点，事实上，这个市场才刚刚开始。

"互联网＋媒体"： 新业态的出现

互联网对于媒体的影响，不只改变了传播渠道，在传播界面与形式上也有了极大的改变。传统媒体是自上而下的单向信息输出源，用户多数是被动地接受信息，而融入互联网后的媒体形态则是以双向、多渠道、跨屏等形式，进行内容的传播与扩散，此时的用户参与到内容传播当中，并且成为内容传播介质。交互化、实时化、社交化、社群化、人格化、亲民化、个性化、精选化、融合化将是未来媒体的几个重要的方向。以交互化、实时化和社交化为例子，央视春晚微信抢红包就是这三个特征的重要表现，让媒体可以与手机互动起来，还塑造了品牌与消费者对话的新界面。在社群化和人格化方面，一批有观点有性格的自媒体将迎来发展机遇，用人格形成品牌、用内容构建社群将是这类媒体的方向；个性化和精选化的表现则是一些用大数据筛选和聚合信息精准到个人的媒体的崛起，例如今日头条等新的新闻资讯客户端就是代表。

"互联网＋广告"：
互联网语境＋创意＋技术＋实效的协同

所有的传统广告公司都在思考互联网时代的生存问题，显然，赖以生存的单一广告模式已经终结，它的内生动力和发展动力已经终结。未来广告公司需要思考互联网时代的传播逻辑，并且要用互联网创意思维和互联网技术来实现。过去广告公司靠的是出大创意、拍大广告片、做大平面广告的能力，现在考验广告公司的则是实时创意、互联网语境的创意能力与整合能力，以及技术的创新和应用能力。例如，现在很多品牌都需要朋友圈的转发热图，要HTML5，要微电影，要信息图，要与当下热点结合的传播创意，这些都在考验创意能力，新创意公司和内容为主导的广告公司还有很大的潜力。而程序化购买等新精准技术，以及优化互联网广告投放的技术也将成为新的市场。总的来说，互联网语境＋创意＋技术＋实效的协同才是"互联网＋"下的广告公司的出路。

应该说，"互联网＋"是一个人人皆可获得商机的概念，但是，"互联网＋"不是要颠覆，而是要思考跨界和融合，更多是思考互联网时代产业如何与互联网结合创造新的商业价值，让我们细数各个领域正在发生的"互联网＋"革命。

电商之竞合

第 二 篇

大变局

美国科技评论家 Eric Jackson 称，每诞生新一代科技企业，上一代企业似乎都难以适应最新变革。他预测，今后 5~8 年将是无比动荡的年代，谷歌和 Facebook 很可能被下一代移动创新业务公司所颠覆。移动互联网让线上和线下业务的融合变为可能，将来互联网会变成一种工具和能力，而不是单独的产品，届时整个商业生态都会发生变化。

在这种全新的融合中，目前虽无法判断谁会最终胜出，但可以确定的是，更多互联网变量公司将借移动互联网之力联手瓜分传统商业世界。

第十一章　BAT 垄断下的移动化变局

　　为了保住垄断性地位，近两年来 BAT 三巨头分别展开地毯式收购，以扩大外延。自 2011 年以来，中国互联网并购与合作的数量比过去十年总和还多。根据公开资料统计，阿里巴巴收购和入股了 30 家公司，腾讯入股了 40 家公司，百度也入股了 30 多家公司。几乎每一次大型收购背后，都有两三家巨头在竞争，它们在争夺中将竞购金额越抬越高，标的物也从创业公司拓展到大型平台型公司。"站队"一说，便由此而来。相同的一点是，BAT 三巨头迫切希望用自己巨大的流量资源、客户服务能力和支付能力，将线上的垄断优势延续至移动端及线下。他们对移动时代资源重新分配的担忧、对线下垄断的渴望以及毫不掩饰的野心，正在引发互联网行业 20 世纪以来最大的震荡。目前 BAT 三家公司的市值总和已经超过了 5000 亿美元。然而，10 年前的微软曾经咄咄逼人，如今也成了被拯救的对象，互联网时代的无穷变化令 BAT 颇为焦虑。

阿里巴巴到处找入口

　　阿里巴巴如今虽仍在实施平台战略，但对平台入口（手机淘宝、来往、高德等）如何整合，并没有形成具体的战略。阿里巴巴应当庆幸的是，移动时代刚刚开启，还有很多时间去寻找入口，并完成整合。据公开资料，阿里巴巴 2013 年总收入 412 亿元，净利润 185 亿元，超过腾讯成为中国最赚钱的互联网公司。但在 BAT 三家企业中，阿里巴巴是最急迫的行业收购和整合者。作为中国最大的电子商务平台，阿里巴巴商业模式单一，主要收入来源于企业服务费，即通过提供广告位、销售额分成的方式向商户收取费用。而其视为"未来竞争力"的阿里巴巴云、大数据等事业部，目前只能贡献极少的现金收入，仍是每年需要十几亿元投入的成本中心。与百度、腾讯不同的是，阿里巴巴是网络流量消耗方，后两者则是网络流量生产方。这种反差，在移动互联网时代显得更为突出，也是阿里巴巴急于在行业内不断整合资源的原因之一。淘宝网天生的购物固定属性和移动时代的"随身性"、"位置性"是矛盾的。在 PC 上阿里巴巴做的是买流量和导流量的生意，但是在移动端，流量是分散的，很难买过来。所以阿里巴巴对网络流量入口的需求变得极为强烈。虽然收购行为不断，但阿里巴巴仍然没有构建起一个自己在移动端的超级入口。相对于腾讯微信的海量流量生产，阿里巴巴在支付宝、手机淘宝、来往三个应用的核心地位上摇摆不定，阿里巴巴无线部门的管理权也频繁易手。2014 年 4 月 2 日，阿里巴巴董事局主席马云在一次公益活动现场谈起"来往"说，"来往"不去打败别人，也不去讨好别人，只想在这里自己娱乐一下，自己快乐一点。这句话让阿里巴巴的粉丝们颇为心酸。来往是阿里巴巴 2013 年 9 月发布的一款移动社交软件，马云曾对其寄予厚望，希望来往的客户量能够赶超微信，他还声称，在无线业务上没有建树，阿里巴巴就不该考虑上市。8 个月过去后，来往的覆盖人数尚不足百万，与微信数亿用户完全不在一个量级。马云不得不放弃来往。来往的战败和失势也让阿里巴巴迎来了自 2012 年分拆成 25 个事业部之后，最大的一次内部变动。

2014 年 3 月，马云夺去了陆兆禧掌管无线业务的权限，同时大规模调整阿里巴巴无线事业部（以下简称阿里无线）团队。原阿里无线副总裁、阿里巴巴元老之一吴泳铭、原淘宝网 CEO 张宇调离原岗位。陆兆禧手下的多名干将，如汪海等，均从副总裁职位降至资深总监。此后，支付宝钱包负责人、阿里巴巴小微金融集团国内事业群总裁樊治铭被调任接管阿里无线，很快又因为内部矛盾被送回了阿里巴巴小微。随后，阿里巴巴 COO 张勇上位掌管阿里无线。张勇主推的手机淘宝，由此正式成为阿里巴巴"主客户端"及阿里巴巴移动大平台战略的主体，即一个客户端覆盖所有服务。目前手机淘宝中包含了微淘、淘点点、酒店机票、团购、教育、物流和视频等几十项功能。阿里巴巴对移动入口的焦虑，还体现在对高德的全资收购上。阿里巴巴希望高德可以成为连接线上与线下的一个关键入口。阿里巴巴 2014 年多次向陌陌提出全资收购，但被拒绝。阿里巴巴想控股美团网，也被美团网创始人王兴所拒。在 2014 年 4 月美团网的新一轮融资中，阿里巴巴以跟投身份参与了这次融资。3 月，阿里巴巴又宣布以 53.7 亿港元入股银泰商业集团以持有其 9.9% 股份。在业界人士看来，这体现了阿里巴巴在移动互联网上一个新的战略——成为线上 + 线下商业的基础设施。

在 PC 时代，阿里巴巴曾试图以电商为纽带建立一个开放的生态系统，足够大的规模优势使其成为 PC 端的一大流量入口。其开放平台战略为：把握住入口，做强电商，同时以入股的方式与多家企业建立合作关系，也就是生态系统。在过去的多项收购中，阿里巴巴并未试图完全控股，如在对美团网、UCweb、新浪微博等的收购中，均是成为大股东。进入移动时代之后，网络入口变得更加多元化，移动 LBS 技术撬动了线下万亿规模的传统零售和服务业，令传统电商（或称产品电商）开始黯然失色，在线上线下融合的过程中，移动入口的价值日益凸显。对阿里巴巴来说，不掌握移动入口，它的开放平台战略将无法实施。比如，阿里巴巴对参股的企业本来在股权上就无法进行实质性控制，若有入口优势便可以此挟持参股企业进行相关合作，达到完善生态系统的目的。若无入口优势，参股企业便会考虑更多利益问题，而非合作本身。阿里巴巴全资收购高德，而无法控制美团，其原因是高德只是一个移动入口，而美团网因入口优势已然自成平台。此外，阿里巴巴一直宣传自己将成为线上 + 线下商业的基础设施，但这也需要从入口到后台的整合能力。仅仅拥有基础设施，阿里巴巴在移动时代的商业模式将缺乏想象空间。

阿里巴巴应当庆幸的是，移动互联网时代刚刚开启，还有很多时间去寻找入口并完成整合。

腾讯抓住入口搞开放

腾讯一改往日利用巨大用户基数迅速跟进产品线的思路，用微信入口和自家业务换取任何一家垂直巨头 15% ~ 20% 的股份，从而达到缔造自家大平台的战略目的。在 PC 端错失电商这道大菜之后，腾讯意外地抓住了移动端的海量流量生产入口——微信。

2013 年 1 月起，腾讯 CEO 刘炽平曾多次接洽刘强东。刘强东最终下决心与腾讯结盟的原因，正是微信的崛起。2013 年 8 月微信支付和支付宝开始正面交锋，整个互联网地盘正在被重新划分，在这一过程中，刘强东看明白了移动商业的整体趋势和腾讯战略。2014 年 2 月 26 日，腾讯和京东双方在北京北四环包下了一家酒店的会议室，秘密召开了项目启动会议。谈判内容虽然繁杂，但结果还算顺利。至 3 月 10 日凌晨，双方关于腾讯入股的所有法律文件的签字页交换完毕。当天上午 8 点，消息发布。腾讯入股京东，这起 2014 年中国互联网行业最引人注目的并购案，从谈判项目启动到结束只用了 13 天，显现双方在战略布局上的急促。对于京东而言，除了抬高上市估值，更大的好处是补上移动互联网的短板。原腾讯副总裁吴军称，腾讯的无线产品占中国整个无线流量的 1/3 以上，腾讯已具有电信运营商一般的实力和地位。据美国里昂证券的报告，仅微信估值就达到了 640 亿美元，相当于 Facebook 收购 Whats App 价格的 3 倍。而微信中大大小小的每一层入口都被打上了价码。比如，微信"我的银行卡"中内嵌的一个接口（二级入口）估值就至少达 3 亿美元。另据腾讯与京东签署的协议，前者将为后者开放"一级入口"。据一位京东的内部人士称，"一级入口"将和"我的银行卡"并列存在，其价值可能超过 10 亿美元。这便是阿里巴巴及其他互联网企业一直想拥有的超级移动入口。

2014 年 3 月 19 日，刘炽平在"答分析师会"上描绘了腾讯的未来——巩固社交平台、游戏、数字媒体优势地位的同时，在移动端进入更为宽广的生态系统空间，包括电子商务、O2O 服务、互联网金融、在线教育、医疗保健等垂直领域。在这些领域，腾讯擅长的就自己做，做不好或是不熟悉的就交给合作伙伴。阿里巴巴一直想要实现的开放平台战略，事实上被腾讯抢了先机。自360 和腾讯大战之后，马化腾便确定了开放的大平台战略。但彼时的开放稍显初级且混乱，所谓开放也仅是开放导入用户的能力。随着微信的成熟，腾讯才真正有底气进一步开放。其最新发布的"应用宝"，就是一款手机端的应用获取平台，不仅提供开放的接入模式，而且与开发者实行"腾讯拿小头"的三七分成（在 PC 时代的分成比例是七三开）。腾讯表示，2014 年给开发者的分成总和将超 100 亿元。从利益上满足开发者，同时开放腾讯核心的资源和能力——基于微信和手机 QQ（以下简称手 Q）的用户及关系链、支付能力等。在这一逐渐开放的过程中，腾讯内部亦历经了管理层升级和生态升级的多次转变。

腾讯是三大巨头中最早将 PC 业务和无线业务部门进行融合的公司。2012年，腾讯组建了 6 大事业群组，将原先集中在一个部门的移动业务分散到了各个事业群。同时，在内部分化出了一块以微信为核心的"腾讯特区"，不受KPI 限制独立发展。腾讯的 5 位创始人依次功成身退，外部人才如刘炽平等担当重任。腾讯原 CTO 张志东称，腾讯在结构变化之后，逐步提升并落实行业生态的做法带来了整个腾讯开放平台的升级。

保守派百度待整合

百度看清方向却持币待购的"预备跑"状态持续太久了，其收购多集中于入口企业，对于一些垂直领域的主导型企业介入较少。对一个平台型生态企业来说，有旅游、视频、团购是远远不够的。从 PC 时代向移动时代转换过程中，腾讯与阿里巴巴两大平台日趋激烈的对垒，令百度慢慢面临被边缘化的危险，而在 PC 时代，百度曾是最大的流量入口企业。目前，百度市值大约只有阿里巴巴市值的 1/3。不过，百度却是三家巨头中账面现金最充裕的。这让它有可能继续向大的标的企业发起收购。回顾百度近两年的收购，其投资战略十分清晰：对于移动入口级企业不惜重金达到控股地位（比如 19 亿美元收购 91

手机助手），对于其他补充生态型小企业则采用参股的方式（如一些刷机公司）。

　　百度主管投资的副总裁汤和松曾在公开场合表示：PC 时代"四道菜"是信息整合（搜索）、社交、交易（电商）、娱乐，移动时代端上了一道"新菜"——本地生活服务（线上线下的融合），要想成为移动生活服务平台，必须打通三个环节——流量入口、生活信息整合、交易下单。百度自身孵化而出的搜索、地图、应用助手、百度支付，加上收购而来的糯米、去哪儿、奇异等，百度旗下拥有多达 14 个用户过亿的明星 App。4 月 16 日，百度推出"百度钱包"，其在移动上的闭环至此基本构建完成。搜索 + 分发（91 无线）+ LBS（地图和糯米）+ 支付，打通了汤和松曾说的三个环节。事实证明，李彦宏早在两年前便看清了移动入口的作用，并试图完成布局。BAT 三家中最具产品研发优势的就是百度，它始终站在技术创新的前沿，能更早地看到新的趋势。但与马化腾不同的是，李彦宏行事略显保守。在是否做京东商城的基石投资者这一问题上，百度始终犹豫不决，最后还没有做。不少百度内部人士认为，他们错过了很多机会。互联网评论家洪波形容百度的移动战略是组成一支远征的舰队，包括爱奇艺、去哪儿这样的"中间页"子公司，虽不一定取胜，但总有一条船可以到达彼岸。这种打法难免保守、缺乏锐度，确实有可能在变化多端的移动互联时代被对手超过。

　　李彦宏在 2014 年 4 月 16 日一次内部分享中首次确认了百度未来五年的战略架构，即围绕大搜索、LBS、移动云、国际化、用户消费（娱乐文化）打造一个年产值超 1600 亿元的百度。从目前具体的实施来看，百度的战略核心并非"舰队群"，而是"舰队的入口"。百度 LBS 事业部一位内部人士表示，搜索在 PC 上是第一入口，在移动设备上虽然还是需求最大的入口，但存在被分化的危险。百度一直不满足于仅成为一个超级 App，而希望控制一个 App 矩阵，甚至控制 App 的入口。上述人士称，百度在移动上的战略依然以搜索为核心，百度希望综合搜索、地图和本地生活领域的资源和优势，在移动场景下重新定义搜索。所以，LBS 部门的业务发展是百度的重中之重。目前百度对 LBS 的资金投入持续加大，希望在 O2O 战略中凭借服务体验走出差异化道路，从与美团网、大众点评的价格战中抽身。在人力投入上，糯米正在大量扩招线下销售人员，公司还从大搜索部抽调出 300 名销售人员进入糯米；在流量支持上，百度搜索和百度地图均向糯米大量导流。上述人士称，百度拥有巨大的生活服务类流量，比起腾讯微信对大众点评的导流，百度的流量更精准。目前，百度在移动搜索领域的市场份额仍然高达 72.1%，同期百度在移动分发的份额为 41.2%（位列第一），相对优势仍然明显。越来越多人关心，移动时代有多少人的时间会用在搜索上？同时，用户进入搜索入口后，如何才能体验到百度的其他生态服务？这需要百度具备极强的产品整合能力。目前业内看到的，仍是百度各项割裂的产品和服务。

BAT 三巨头都以平台战略自居，都以抓住入口布局长远生态为手段，有着主导移动互联网的野心。心态已然放开的腾讯，在战略上将最先开始加速，而阿里巴巴、百度无疑希望决战更晚一点，至少等到他们旗下的 91 无线、百度地图和高德地图开始发力。

BAT 的各自短板

与 PC 互联网不同，移动互联网流量天生是分散的，这给了大量公司创新成长的机会，行业巨头和业界观察者将这些极具创新和颠覆能力的互联网创业公司称由变量公司。BAT 三巨头各自不同的风险和短板，就是定义的机会和成长空间。不断崛起的变量公司，亦会进一步加剧 BAT 的焦虑感，并促使市场出现新的变局。BAT 在搭建平台的同时，虽不是破绽百出，但暴露了各自短板，这给他们自己留下隐患，也给市场带来创新甚至颠覆的机会。腾讯的大平台战略颇为壮观，可以令自己处于"进可攻退可守"的竞争位置。腾讯对外广泛参股，不但阻击了竞争对手的扩张，而且改变了自身的商业模式。目前，腾讯有 70% 以上的收入来自于网络游戏和娱乐服务。长期以来，腾讯的商业模式也导致其只能收到营销、广告、游戏类费用。通过对重资产公司的入股，腾讯间接分享佣金收益已成为可能。由于微信入口对于腾讯太重要，其商业化探索注定是小心翼翼尝试，不可能走太快。微信看上去可以连接一切商业，是一个很好的 CRM（客户管理）工具，却不一定是好的销售工具，微信不能营销（甚至不能检索），这直接影响了它的商业价值。腾讯目前的控制力是建立在微信和手机 QQ 的大流量优势上，如果这个优势减弱了，未来腾讯的核心将充满不确定性。

腾讯其他事业部的项目都希望接进微信，以利用其超级流量，但是微信团队对于商业化非常谨慎。马化腾在 2013 年年底的一次演讲中说："内部的人有时候不该他做的他抢，开放出去之后，更可能有不公平，微信商业化只能慢慢摸索。"一位微信开放平台的高层称，权衡之下，腾讯内部对于微信和手机 QQ 原本模糊不清的定位正在慢慢清晰。即手机 QQ 将在商业模式最成熟的移动游戏和娱乐化应用市场上发力；微信将重点在支付、互联网金融、电商等层面探索，暂时不考虑大规模商业化。现阶段手机 QQ 负责商业化，微信负责承接未来新的商业化梦想。不过，市场留给微信的梦想时间并不会太多，因为 PC 端的腾讯帝国已经出现了裂缝——腾讯的各项利润率均在逐渐下降。利润率的下降主要有两个原因：一是腾讯近期的大举收购和激进的海外扩张计划损及利润率；二是腾讯的收入结构一直存在隐患，其目前 70% 以上的收入来自网络游戏和娱乐服务，移动化的到来，使得整个网络游戏市场增速下降。微信成为投资者们在腾讯增长放缓（阿里巴巴的增速是腾讯的 2.27 倍）时，依然力挺腾讯的原因之一，但投资者的宽容并不会持续太久。腾讯面临的另一个挑战在于，微信开放平台基础设施建设尚未到位。一位微信开放平台部门的高层表示，微信支付和支付宝还有差距，广告业务虽是腾讯重点培育的业务，但其移动营销平台"广点通"的后台目前尚未搭建起来，能否成功将移动流量有效转化为收入还不确定。与其在 PC 时代强大的盈利能力相比，腾讯在移动领域很容易陷入创新者的窘境。

与腾讯类似，百度在 PC 端的业绩也面临挑战。与腾讯不同的是，百度入口不强势，也缺乏整合策略。百度虽然拥有较强的研发实力，但是从贴吧以后，已经很久没有诞生新的明星项目。虽然公司架构调整为全面面向移动生态的架构，但是百度的中高层似乎没有完全跟上行业变化的节奏。一位创业者表示，他离开百度的原因就是在百度内部创业未果，他写了一份 78 页的 PPT 给李彦宏，但李彦宏首肯一年后仍未见拨款，于是他离职创业。业界人士评价，"狼性变革"如果只是口号，百度将很难与阿里巴巴、腾讯展开持续竞争。

阿里巴巴不缺狼性，亦不缺良好的 PC 端业绩支撑。但从行业对比来看，阿里巴巴的商业模式太"轻"了，它不像百度那样拥有地图和团购（糯米）的线下优势，也不像腾讯那样拥有微信和大众点评的合作。阿里巴巴对此的应对是，大力拓展 O2O 走向线下。2014 年 3 月 8 日，北京朝阳大悦城举行了一次手机淘宝生活节，按照手机淘宝市场负责人的设想，希望借此让手机淘宝变成移动生活的一个消费入口。节日前夕，阿里巴巴的市场人员带着几台电脑和手机去大悦城对接，却发现这家新型的购物中心没有传统百货商场统一的收银系统，阿里巴巴不得不与数百商户逐一商谈是否同意接入支付宝系统，并在后台添加一个第三方支付接口。当阿里巴巴好不容易给商家安装了支付系统，在活动的第二天，却被大悦城全部关闭了。阿里巴巴的模式是一个"轻商业"的模式，其在 PC 上做的是商业地产的生意，但是 O2O 很重，需要大量线下推广团队和很强的推广能力。原阿里巴巴副总裁、美团网首席运营官干嘉伟亦表示，阿里巴巴一直在追求更巧妙、更好的撬动市场的方式，所以开始做云和金融业务。这使得阿里巴巴的财务报表很漂亮，人均产出效率也很高。阿里巴巴并不希望再做一个很重的业务，把效率拉下来。2014 年 3 月 31 日，阿里巴巴入股银泰集团，占股 9.9%。张勇说，希望银泰集团可以成为阿里巴巴 O2O 最好的落地。但问题在于，线上巨头和线下财团的利益博弈并不是持股 9.9% 就可以平衡好的。京东 O2O 项目负责人、物流规划总监侯毅表示，O2O 最关键的是解决利益分配。对于银泰集团来说，门店利益和总部利益怎么保证？银泰集团旗下还有电商平台银泰网，对银泰网的利益又怎么保证？阿里巴巴不计成本地对线上、线下入口的投资存在潜在风险。2014 年年初，阿里巴巴所持有的现金约为 350 亿元人民币，但其整体资产负债率居高不下，在 2012 年达88.83%，2013 年有所减少，仍达 77.09%。2014 年，阿里巴巴成功上市，但资本压力依然很大。在其成为全球最大的 IPO 后，又发行了 80 亿美元的债券。前雅虎中国总经理谢文曾这样评论阿里巴巴不断加载的风险："在平台缺失的情况下，收购兼并越多，企业崩盘的风险越大。"

BAT 三巨头各自不同的风险和短板，就是变量公司的机会和成长空间。不断崛起的变量公司，亦会进一步加剧 BAT 的焦虑感，并促使市场出现新的变局。

变量公司野蛮生长

更多的互联网变量公司将借移动互联网之力，联手瓜分传统商业世界，患上焦虑症的又岂止 BAT 三家公司。

成立刚 4 年的小米公司，目前估值已经超过了 400 亿美元。2014 年 4 月 8 日，小米举办线上米粉节，12 小时内销售额突破 15 亿元。这家公司从来不被业界认为是电商，却在急速供应链、峰值销售等崭新理念的支撑下，迅速成为淘宝、京东之外的电商新势力。IT 作家柳华芳认为，腾讯未来在移动端最大的敌人可能是小米。在 PC 时代，只有微软和苹果两大系统级玩家，腾讯在软件上的投入产出比很高。在移动多终端时代，更多的互联网生态需要基于终端的场景，而这个场景将由设备生产商来决定。小米硬软件一站式的体验，加上持续增长的庞大用户群，挑战腾讯并非不可能。当然，对于这一可能的挑战实现的时间表，业界分歧明显。

在向移动互联网的转型中，360 也跑在了前面，利用手机卫士、手机助手、360 视频手机移动端构建了三大入口，成为 Android 渠道上排名领先的分发入口，同时，开发路由器和移动 WiFi，通过硬件开发向"智能家庭"布局。2012 年 360 推出搜索业务之后，其市场份额迅速上升，一度令百度市值蒸发逾百亿美元。

在未来的商业社会势力中，BAT 是第一股力量，360、小米这样的挑战者是第二股力量，而基于本地生活服务的入口，如美团网、大众点评会成为第三股力量。

美团网、大众点评颠覆巨头的方向都是从本地生活入手，正如百度汤和松所言，这是移动时代端上来的一盘"新菜"。大众点评创始人龙伟亦表示，本地服务是一块增量市场。2013 年，中国服务业规模大概是 26 万亿元，完全有可能在其中诞生第四个或者第五个巨头公司。大众点评和美团网都希望自己是其中之一。目前，大众点评每月在手机端的查询量为 3.5 亿元左右。龙伟称，腾讯投资部在 2008 年就想入股大众点评，但是大众点评一直没有同意。"我们选择腾讯的主要原因，就是微信的社交力和入口力。"目前，大众点评已经接入微信，用户在微信里选定餐厅等地址，可以调用点评后台，把页面直接分享到朋友圈。大众点评覆盖了全国 1000 万家商户，未来将会利用强大的地面推广力量为商户推广线下资源，并以微信支付直接打通从线下到线上的入口。龙伟说，"这个逻辑很简单，就是你把有效的流量给我，我把流量变成收益"。一旦掌握了消费决策平台，就不用惧怕会被巨头封杀。大众点评目前的地图合作方还是高德地图，龙伟说，大众点评可以和微信支付合作，也可以和支付宝、银联合作，未来还会直接和三星、小米或是电信运营商合作。和巨头公司以及创业公司不一样，大众点评不依附，也不敌对任何势力。

在本地生活领域，另一个有野心的公司是美团网。从美团网身上，业界似乎看到了阿里巴巴昔日快速成长的影子。2013 年 8 月，美团网上线"猫眼电影"，这个 App 不仅可以在线选座，而且可以看影评，2013 年其影院票务交易量达 6000 万张，全国每 10 张电影票中就有一张出自美团网。根据美团网内部的数据，其 2013 年开始大力发展的酒店业务规模已经超过"去哪儿"网。据称，在"去哪儿"的酒店业务部已经竖起了对抗美团网的横幅。王兴说，美团网酒店业务发展的秘诀在于团购是预付模式，所有的账都会经过平台，颠覆了"去哪儿"、携程、艺龙等 OTA 的到付模式，这实际上是在培育消费者的消费习惯。一些乐观的业界观察者认为，"去哪儿"、携程这些曾经是传统旅游生活行业的 PC 时代颠覆者，正在被美团网以移动互联网的新玩法所颠覆。

美团网首席运营官干嘉伟表示，这场游戏最终输赢的关键是，谁能更好利用互联网技术，用大规模线下团队的管理能力、最低的成本和最高的效率，把这件事情做成了。"这是我们所定义的游戏规则。"这种移动互联网的新玩法，在小米、360、美团网和大众点评身上都可以看到影子，它们之间的共同点是：差异化生存，精益创业，保持独立性，不依附任何一家大公司，并且富有挑战精神。最关键的是，它们的架构直接面向产品和服务，更加灵活，擅长变革。

移动电商

2014 年，移动互联网产业正随着智能手机的普及呈井喷态势，国内移动电商领域也迎来竞争战场上最关键一年。

春节刚过，阿里巴巴掌门人马云就在发给内部员工的邮件中表示，移动电商将是移动互联网时代最重要的领域，也是 2014 年阿里巴巴最重要的发力方向。为此，阿里巴巴采取"云+端"策略，创立 ALL IN（德州扑克用语，意思是全押上）移动电商。与此同时，凭借微信和入股京东，腾讯移动电商亦成为行业内的一支生力军。6 月份，蘑菇街在仅仅转型 8 个月后，估值高达 10 亿美元，其中最关键的支撑点就是其在移动端的表现。蘑菇街超过 60% 的单月交易额来自移动平台，移动电商给投资者足够想象空间。显然，资本方现在对移动电商青睐有加。在他们眼中，移动端就是一件性感的外衣，披上它，传统电商的魅力也随之大增。

种种迹象表明，国内移动电商新一轮博弈大幕已经拉开，在第一轮的移动电商圈地运动中，淘宝、天猫、京东等传统电商大平台仍然"唱主角"。短期内，移动端依然是传统电商从 PC 端迁移而来的天下，完全纯粹的移动电商玩家寥寥无几，新的大佬还未诞生。对于从业者而言，他们所要做的就是做好准备，当移动电商潮爆发时，迅速斩获爆发的红利。

移动电商现在发展迅猛，围绕移动端的"争夺战"并不是全新的市场增量，而是基于传统网购群体的一种"迁移"。国内移动电商前十名的大玩家均源于传统 PC 端电商，纯粹的移动电商只有买卖宝、口袋购物等少数新秀。其中，购物平台类中淘宝、天猫、京东位居前三甲，加起来活跃用户体量基本占据了 80% 以上的份额；移动电商导购、资讯类中，美丽说、蘑菇街位居一线阵营，超过了移动购物平台的聚美优品、1 号店和苏宁易购等。

移动电商发展如此之快，得益于近几年手机用户数量和手机上网用户数量的极速攀升，廉价智能手机及平板电脑的大量普及，以及上网速度提高、无线宽带普及、资费下调、传统电商转型等。"移动电商将是一个巨大市场，会出现下一个百亿级公司。未来 1 ~ 3 年，移动购物将成为电商的主战场。"当当网高管、京拍档 CEO 王文峰等移动电商从业者认为，目前，各家传统电商玩家都已经完成了在移动端的布局卡位，开始进入全面发力的第二阶段，但近七成市场被原有 PC 端玩家把控，单纯的移动电商中还没有新大佬出现。

阿里巴巴：移动电商狂欢时代来临

2014 年 11 月 12 日零点，杭州，阿里巴巴西溪园区报告厅，"双 11"数据直播大厅的大屏幕数据定格在 571.12 亿元，这是 11 月 11 日阿里巴巴单日创造的交易额。在接下来的十分钟，微博、微信都被这惊人数据瞬间刷屏。不过，另一个数据更值得关注，那就是移动端交易占比，阿里巴巴移动端成交额达 243 亿元，是其 2013 年移动交易额的 4.54 倍，占其 2014 年总成交额的 42.6%。来自京东的"双 11"交易数据也显示，移动端下单量占比超过 40%，来自移动端的订单量是 2013 年同期的 8 倍。

"双 11"在某种意义上说是电商发展趋势的晴雨表，2014 年的数据充分说明，电子商务在移动端迎来了爆发季。而移动端电商的崛起意味着线上线下联动将快速实现，全新玩法和规则也正在建立。

11 月 11 日零点刚过，"双 11"大促就进入了疯狂模式。在杭州阿里巴巴西溪园区的数据直播大屏幕上，有一个移动占比的饼状图。在交易刚开始时，饼状图显示，移动端交易的占比几乎与 PC 端平分秋色。统计数据显示，天猫"双 11"在移动端的成交额从 11 月 11 日零时就一路攀升，只用了 75 秒，成交额就突破了 1 亿元。截至 11 月 11 日 7 点，天猫当天的移动端成交额突破 100 亿元，已经比 2013 年"双 11"全天的移动端成交额增加将近一倍，占总成交额的 48.4%。11 月 11 日上午时段，移动端占比有一些回落，天猫相关负责人表示，零点刚过的时间段，大部分用户可能是躺在床上用手机或者移动设备下单购物，这充分表明了移动端的流量高峰与 PC 端的差异。

男装品牌 Jack Jones2014 年斩获男装类目第一名。绫致时装集团电商经理张一星表示，集团已经连续六年参加"双 11"，2014 年 1 小时 48 分钟交易额就破亿元，2013 年用了 11 个小时才达到这个数字，其中，移动端交易额占比超过 55%。

无独有偶，来自京东的数据显示，2014 年"双 11"大促，移动端的交易占比达 40%。虽然没有具体交易额的披露，但是来自各个电商平台的数据都指向了一个趋势，那就是零售变革再一次来临，零售的交易入口从 PC 端转移到了移动端。

"双 11"移动端成交 243 亿元这一数字意味着阿里巴巴构建的移动电商生态系统开始步入轨道。阿里巴巴集团 CEO 陆兆禧表示，2013 年阿里巴巴集团做"来往"这个产品实际上是战术层面的，而真正的战略层面是 ALL IN 移动电商，调动了全公司的资源在移动端，这使得集团一半工程师以及大量运营团队的人投入电商无线业务，阿里巴巴在移动端的能力越来越强。

"双 11"一直被视为电商界的年度大考，考验的是整个生态的协作能力。2014 年的天猫"双 11"，阿里巴巴生态体系里所有的移动产品，包括 UC、优酷、微博、高德地图、快的打车等都动了起来，可以说是移动电商生态的一次"总动员"。

此前，阿里巴巴财报显示，2014 年第三季度，阿里巴巴移动端的活跃用户数达到 2.17 亿，其来自移动端的交易额高达 1990.54 亿元，占整体交易额的 35.8%。而"双 11"阿里巴巴移动交易占比达 42.6%。有评论认为，243亿元对于刚刚上市的阿里巴巴集团而言，还有另一层意义——奠定全球第一大移动电商的地位。

2014 年"双 11"不仅是阿里巴巴一家的狂欢，几乎所有的电商平台都参与了"双 11"大促。在商标一战中处于被动地位的京东，在营销上与阿里巴巴展开了侧面竞争，其背后最可挖掘的资源就是腾讯系的移动流量的资源。不过，以社交为特征的微信以及手机 QQ，无法采取规模广告引流的方式。利用粉丝关系链营销成为京东 2014 年"双 11"的主题。在"双 11"当天，微信的购物入口出现了"11·11 年终大促"的字样。点击进入之后就是京东的"双 11"促销页面。不过，在"双 11"真正利用粉丝关系链进行营销探索的是京东的子公司拍拍网。拍拍网在从腾讯转到京东旗下之后，主要目标就是争夺淘宝 C2C 的市场份额。其高管曾表示要"磕下淘宝 10% 的市场份额也是1000 亿元的市场盘子"。

背靠京东，又可利用腾讯的社交资源，拍拍网 2014 年的"双 11"重点就是对社交化营销的探索。在"双 11"前，微信朋友圈里出现了朋友分享的拼团资讯，玩法是用户通过微博、QQ、微信、论坛、空间等邀请好友组团购买某一个产品，就可以获得更低的折扣。这种拼团的玩法在拍拍内部叫"拍便宜"，据了解，这个产品在内测过程中，100 个种子用户三天内带动朋友关系卖了 1700 箱猕猴桃、2200 只大闸蟹、600 个 Dior 唇彩和 190 斤核桃。"社交关系的核心是信任，我们希望通过这种创新产品把购物变得更加温暖和有趣，不再那么冷冰冰。有的用户在 1～2 分钟之内就可以凑够十几个人拼团，这种通过好友关系的分享裂变，是移动时代最主要的特色。"拍拍网总裁黄莺春指出，"传统的平台型促销模式好比是计划经济，平台采买、分发流量，商家根据广告投入预估备货，稍有不慎就产生大量积压库存。解决的方法只有一个，打破平台对于流量的垄断，商家根据自身投入产出自主引流，引流之后自动地把新客户变成粉丝，采用各种维护手段提升复购率，量入为出。直接拥有自己的客户和粉丝，这才是更加市场化的模式"。

虽然与淘宝比起来，拍拍网还很小，但对接上腾讯系的流量资源和社交属性，在营销上还有很大的创新空间。数据显示，2014 年主打"移动 + 社交"新玩法的拍拍网在"双 11"下单金额同比增长了 150%，其中拍拍微店下单金额日均增长超过 300%，由于拍拍微店并不拥有 PC 或 App 的流量入口，这些交易几乎全部依靠卖家通过微信、手机 QQ 自主引流和粉丝营销实现。

腾讯：微信电商进行时

微信的掌舵人张小龙，一个被称为艺术家的产品经理，正带领微信杀入腾讯最不擅长的商业领域。腾讯与阿里巴巴不同。阿里巴巴起家就是靠百万浙商，它发动无数中小商家在网上建起店铺，将产品搬到网上来卖。腾讯最擅长的是做产品，先是十年磨一剑，用 QQ 打败了 MSN，成为 PC 上最受欢迎的即时通信工具，打造出一个线上的吸金王国；后是靠微信在移动互联网时代将 5 亿活跃用户抓到了手中。

微信发出了"连接一切"的口号。游戏本就是腾讯所长，在移动端拓展不难，最难的是把无数大大小小的商家接到微信的平台上。腾讯没有直接面对商户的经验，张小龙更没有。

微信在做，但速度有点慢，资本市场的耐心正在被消磨。投资人已从最初对微信的狂热中清醒过来，眼光开始略带挑剔：除了社交和游戏，微信真能连接一切吗？微信能给商家带来什么？

压力即动力。微信平台从公众号开始，已经一步步开发了微信支付、卡券等基础服务。

2014 年 5 月 29 日，微信宣布正式上线"微信小店"。据其规则，凡是开通了微信支付功能的认证服务号皆可在公众平台自助申请"微信小店"功能，从而实现批量添加商品快速开店。商家开通"微信小店"完全免费。

微信小店上线一石激起千层浪，当晚在一个第三方服务商聚集的微信群中，有人表示，"平台向前一小步，服务商后退一大步"。专注微信开店的口袋通发表声明称，以前经常找他们答疑解惑的超小商户终于有人管了，腾讯官方出手来培育市场了。口袋通认为，提供基本服务的第三方将受到影响。专门帮助商家在微信上建店的第三方服务商爱微购产品总监表示，"没想到微信突然推出这个东西"。微信小店的上线非常突然。之前，商家在微信开店需要向这些第三方服务商购买软件。而微信小店上线则意味着微信平台自己推出了统一的交易系统。根据微信团队发布的规则，微信小店基于微信支付通过公众账号售卖商品，可实现开店、商品上架、货架管理、客户关系维护和维权等功能。微信方面表示，此种方式意味着在微信公众平台上真正实现了技术"零门槛"的电商接入模式。商家开店不再付费，显然，这一变化挤压了第三方服务商的市场空间。

国内最大的电商第三方服务商商派副总裁计三勇表示，微信自己推出交易系统，对小团队的第三方服务商肯定是一个很大的冲击，但大型服务商看到的则是机会，微信统一标准可以实现早期的市场教育，如果单纯由第三方服务商推动，包括客户咨询、运营等会有很大的成本压力。他表示，未来商派的方向类似淘宝时代的做法，平台提供基础交易系统，第三方服务商提供更加深度的定制产品，如订单处理、客户管理等软件，而一些小的第三方服务商则逐步转向代运营。由此围绕微信小店，形成一个类淘宝模式的产业链。

微信此时选择推出交易系统，原因之一可能是看到了微信端电商交易规模的快速增长，由此将产生大量的数据，如果不推出自己的系统，这部分数据将沉淀到第三方服务商的服务器上而白白流失。值得注意的是，2014 年 2 月，淘宝出台政策，自 2 月 10 日起所有数据必须从阿里巴巴旗下的"聚石塔"内调用。即商家或第三方服务商必须将应用放到聚石塔的云计算环境内，并且在使用聚石塔相关服务时，每年支付一定的费用。这也就意味着，第三方服务商和商家的数据都将汇集至淘宝平台。对此，计三勇表示，微信短时间内难以实现这个目标，因为"规模太小"。

目前，微信平台已初步完成基础设施建设，围绕"微信小店"逐步形成"商家店铺＋基础交易系统＋第三方服务商＋微信支付＋广点通＋大数据"的生态，而淘宝模式如出一辙——"商家店铺＋基础交易系统＋第三方服务商＋支付宝＋直通车＋大数据"。

微信电商的布局起于微信支付。2013 年 8 月，微信支付上线，此后包括"打的之战""微信红包"均是为了增加微信支付用户。而无论是 O2O 还是实物电商，在打通支付这一环节后都获得突飞猛进的发展，大众点评、1 号店、同程网（机票）、滴滴打车、理财通、易迅等陆续接入。包括此次推出的"微信小店"，要想申请开通，商家也必须首先开通微信支付功能的认证服务号。在淘宝掐断微信接口后，用户在微信平台购物，只能选择微信支付。

2013 年 5 月 6 日，腾讯正式撤销电商业务板块，同时宣布成立微信事业群。该事业群除了微信团队广州研究院、原腾讯电商的微生活和微购物外，还吸收了财付通的部分团队。微信限制营销的力度之大引起外界多次诟病，包括限制公众账号群发次数、处罚分享诱导行为和设置回复用户时限等。而这对于在淘宝店运营多年的中小商家来说无疑是不利的。

相比淘宝的开放模式，微信的产品属性相对封闭。"微信小店"上线后，商家如何进行营销？目前官方提供的方式一个是搜索，通过购物入口进入京东，用上方的搜索条搜索商品；另一个是年初刚刚上线的广点通。广点通目前只能实现微信内部的相互导流，接下来会与腾讯移动广告联盟打通，将移动端其他平台上的流量导入微信。计三勇则表示，微信不用担心流量，除了自身的 6 亿用户外，腾讯集团庞大的流量是最大的支撑。

腾讯电商成立时，外界一度认为，马化腾将通过电商实现流量变现，但随着电商业务的撤销，这个目标或许将通过微信实现。只是这次，腾讯仅提供平台和流量。除了广点通，隶属于 QQ 的营销 QQ 也在觊觎微信平台，目前已推出"营销 QQ 微信版"。据了解，营销 QQ 是专门面向企业级用户推出的 QQ 号码，可以实现企业在线服务和营销。其微信版则通过营销 QQ 客户端管理微信公众号的客户。营销 QQ 微信版已经在做，但目前还没有推广。

随着"微信小店"的上线，微信电商几乎涵盖所有电商形态，但其入口显得杂乱。互联网金融、O2O 生活电商通过二级菜单"我的银行卡"进入，京东上线后其入口则位于一级菜单"发现"，而"微信小店"则通过公众账号实现，标准各不相同。未来入口是否打通不得而知，但京东、大众点评、1 号店等商家均各自为战，微信必然难以协调。对照天猫和淘宝，未来在微信平台上，是否可以打通"微信小店"与京东开放平台，实现流量互通？腾讯集团公关部明确表示不会。

2014 年 9 月，微信正式推出进军线下的"智慧生活"计划，提供各个行业的标杆解决方案。为了让商户了解微信的玩法，微信中高层主管辗转各地开讲授课。第一轮普及后，又在酒店等行业召开专题宣讲会推广。各种迹象都表明：微信这个产品经理人文化主导的"高冷"团队正在改变自己，试图接入市场。

微信的商业化一开始是被腾讯和用户拖着走。腾讯集团层面以"端口换股权"投资了各类应用网站，它们的线上线下各类商业模式和场景在腾讯投资后迅速接入微信：易迅、京东、滴滴打车、大众点评都相继在微信获得了不同级别的入口。滴滴打车在用户和司机双向高额补贴下攻城略地，成为微信的首个杀手级应用。

另一端，用户也开始发现微信商机，SNS 的圈子传播成为营销的绝佳平台：一边是有迫切变现需求的商家在朋友圈、公共号上掀起营销狂潮，一边是关心用户体验的产品经理打击集赞和过度营销。一系列"铁腕"政策出台奠定了微信谨慎商业化的基调。谁都想见张小龙，谁都想让微信为自己的商业模式开路，但张小龙态度强硬，保持距离，明确用户体验绝不会让位于商业变现。

用户之外，商户成为另一个需要服务的对象。"这是一个教育线下的过程，也是一个我们收集商户意见反馈给产品团队改进的过程。"微信线下推广团队负责人耿志军说。在这个过程中，微信的业务团队开始学习和理解传统商业游戏规则。

微信的团队和业务重点也随之改变，微信成为腾讯事业群之后，原来以营销和会员服务对接线下的团队"微生活"和以支付对接线下的"财付通"团队加入，成为推动线下业务的关键。来自财付通的吴毅负责微信支付，早期负责"微生活"的耿志军负责对接线下商务拓展团队。这些新加入的成员，同时也和张小龙率领的纯粹产品经理人团队开始了真正的整合。

值得注意的是，以口袋通为代表，原本不受微信待见的第三方服务商迅速崛起，成为微信商业化生态中接入不同场景的关键角色，并逐渐将目标商户定位于中型商家。微信中大量的兼职"个体户"，则通过微店等外部平台，在朋友圈中做着生意和推广。微信的商业生态已见雏形，对第三方的态度亦更加开放。与此同时，支付宝钱包、百度直达号，甚至内部的手机 QQ 等竞争对手，也各有专攻。谁能跑得更快？

率先拿到移动世界门票的微信必须以更快的速度推进商业化。这一次，马化腾也好，张小龙也好，都不允许微信"起个大早、赶个晚集"。

微信商业化终见规模的标志是 2014 年 9 月正式推出"智慧生活"，即各个垂直行业的标准化解决方案。概念一出，市场并不雀跃，已经被腾讯"微生活"推广过一轮却没有尝到太多甜头的商家们，更希望了解微信做了什么改变。同样以"微"命名，主要依托微信平台落地，微生活一开始却完全独立于微信团队，是腾讯电商旗下的公司，由电商总经理戴志康领头，实际负责人是后来进入微信团队的耿志军，团队主要成员来自 QQ 美食和收购的通卡。

微生活要负责线下商家的开拓，但如何接入微信，是张小龙说了算。当时的张小龙以用户体验为第一原则，牢牢掌控着微信产品形态的话语权，他才是真正控制商业化节奏的人。在吴毅看来，追求完美的张小龙并不是不能接受广告植入，他拒绝的是生硬的植入。对信奉"简单是美"的张小龙，微信产品形态的完美与商业化有着天然的互斥。

微生活却希望更快拿出看得见的业绩，线下的推广很快呈现出与母体脱节的倾向。曾经接入微生活的国内某大型餐饮公司信息化部门负责人表示，和微生活团队接触后，他感觉腾讯对微信变现没有耐心："当时微生活到店推广都是以微信营销和 CRM（会员管理）为最大卖点。扫码代替发实体卡，我们的会员也同时转为微生活会员。"除此之外还有优惠券等各种营销推广。

在推广中，很多商户将微生活理解为通过微信做团购。"很多人以为是微信来做推广，我们圈子还笑说谁有本事让张小龙找上门？后来才知道原来和微信没关系。"一位做美甲的小商家说。

商家接入微信，发现微生活提供的功能选择非常有限，无法个性化定制，会员数据等不对商家开放。电商中心化的思维，让线下商家的会员变成了微生活自身的资源。微生活开始迫不及待地变现。"曾经告诉我们要收取3元/人的年费，这太急功近利。"微信和微生活两大团队并未打通，双方在商户解决方案上也观点不同，微生活一直没有拿到接口。

最终，马化腾做出抉择，腾讯战略调整。腾讯早在和大众点评谈判投资时，就已透露出要将微生活团队打包之意。最终，2014年5月，腾讯内部架构调整，微信成立事业群，最大的变化是将财付通主管的微信支付和微生活团队并入张小龙旗下。前者的负责人是来自财付通的吴毅，耿志军成为微信商务拓展（BD）团队负责人，直接向吴毅汇报。他们都要听命于张小龙。此时，微生活已经号称拥有8000万用户，覆盖线下40个城市，所有会员资源都归入大众点评。

吴毅和耿志军都搬到了微信团队在广州珠江南岸的一个创意园办公，既远离IT气息浓重的深圳腾讯总部，也不在商业之城广州的商业中心珠江以北。在这个欠缺商业气息、仿佛独立王国的创意园，两个在腾讯体系内最懂商家的人带着微信重新出发做线下。

京东：借拍拍网发力微信

2014年6月5日，京东发布微信端运营信息，同时公布，其移动客户端累计用户激活数与2013年同期相比增长4倍，在苹果App Store中的中国区排名也实现突破，位居生活类第一。同期，京东旗下的拍拍网也宣布了新的招商政策，其中提到将打通拍拍网与京东微店。

2014年3月以前，相比竞争对手阿里巴巴拥有手机淘宝、支付宝钱包和新浪微博等移动平台，京东在移动端乏善可陈。腾讯入股扭转了这一局面，不到3个月，京东已在微信平台上全面布局，京东商城（自营）与京东开放平台（POP）依托"购物"一级入口，拍拍网虽然暂时没有被打包纳入该入口，但拍拍网相关负责人表示，将帮助商家在微信上开店，进而打通拍拍网PC端与移动端。在腾讯宣布"微信小店"上线一周后，新浪微博宣布6月底全站开放微博支付。2014年年初，新浪微博与支付宝就共同推出了微博支付，此次开放对象由企业普及至个人。毫无疑问，其战略目标依然是电子商务，打造"微博小店"。

目前的移动电商格局是，阿里巴巴旗下的手机淘宝、微博小店主攻实物电商模式，支付宝钱包则更多关注O2O；腾讯将O2O战略与实物电商（"微信小店"）集中于微信；京东则依托微信平台，全面布局。京东在微信的展现形式包括"购物"入口和微店项目。据了解，目前京东在旗下的京东商城集团已成立了对接微信手机QQ的部门，负责微店项目。拍拍网将与京东微店及第三方微店合作，并打通微店与拍拍网PC端后台系统。目前，除了微信团队打造交易系统外，商派、口袋通等第三方服务商也在开展建微店业务。值得注意的是，京东微店项目与腾讯的"微信小店"分属两家公司，各成体系。入驻拍拍网的商家可以依托第三方服务商建立京东微店，而"微信小店"则由微信团队统一提供交易系统。至于未来是否要打通拍拍网和"微信小店"，上述负责人表示，目前并未考虑，打通各个系统需要一个过程。但消费者通过京东微店可以进入拍拍网，同样拍拍网的商家可以通过PC端为京东微店导流。可以说，京东通过拍拍网实现了微信与PC端店铺的打通。

京东与腾讯形成"PC端＋微信端＋手机App"的格局，阿里巴巴联手新浪同样覆盖"PC端＋微博端＋手机淘宝"。于商家而言，淘宝PC端的经营成本越来越高，流量增长乏力，而手机淘宝与新浪微博电商的步履蹒跚也缺乏想象力。那么，京东站在微信的"风口"，是否可以"飞"起来？拍拍网表示，作为目前唯一可以承接微信店铺流量和跳转的C2C平台，拍拍网打通了京东微店，帮助商家快速在微信电商渠道拓展、营销，实现移动端和PC端互相补充。同时，从目前公布的数据看，自营和开放平台业务在微信平台保持高速增长。并且对于京东微店商家而言，腾讯庞大的流量也将是其重要支撑，通过广点通等工具，QQ、手机QQ、QQ空间等流量金矿也将逐步开放。但一位电商从业人员表示，拥有流量不代表就能成功，当年腾讯电商守着集团庞大的力量，最终还是被并入了京东，现阶段的电商平台靠的是综合运营。

上市之前，京东进行了组织架构调整，成立两个子集团公司、一个子公司和一个事业部，分别为京东商城集团、金融集团、拍拍网和海外事业部。电商业务方面，京东商城集团下辖自营的京东商城和开放平台（B2C），拍拍网负责 C2C 业务。目前，拍拍网页面设置了京东商城和易迅的入口，但在京东商城则并未设置拍拍网入口。上述负责人表示，拍拍网目前处于招商阶段，首要任务是提升商品和店铺质量，建设好商家生态。

京东进军 C2C 被视为完善其电商版图之举，从业务来看，也可以通过拍拍网快速丰富品类。6 月 3 日，拍拍网正式公布其招商政策，并针对之前 C2C 市场存在的问题，推出了"费用减免、优惠补贴""公平流量分配""严打假货"等大杀器，向中小商户广撒"英雄帖"。重整旗鼓的拍拍网对个人商家明确提出了费用全免的承诺，并且实现三步注册、两天审核、无平台使用费及佣金扣点；对 2014 年 9 月 1 日前入驻的商家则 2014 年平台使用费全免，新拍拍 Beta 版运行期间免佣金扣点（2014 年 7 月 6 日前）。同时，在流量补贴政策中，特别提到将为商家做整站引流、会为商家外投进行补贴以及保证位置均衡分布给中小商家等，QQ 空间广告、QQ 客户端广告、QQ 秀以及京东旗下的 DSP 平台"京东商务舱"等也将被运用到商家的站外广告投放中。上述负责人表示，这个政策同样适用于之前的拍拍网商家。对于企业商家，未来将实行与京东开放平台同样的收费标准。此次招商也不同于腾讯时代的拍拍网，同时面向个人和企业两类商家招商。

而从移动端来看，拍拍网的作用远不止于此。计三勇表示，从他们的客户来看，开微店的商家大致可以分为两部分，一部分是有一定规模的大商家，他们现阶段主要将微店作为补充渠道，另一部分的商家则是个人或小企业等微卖家，他们做微店的专注度更高。他还表示，因为移动端与 PC 端属性不同，不同品类的销售情况也不同。无论微信还是微博，消费者大部分是冲动消费，因此，在这些平台上更适合做小而美的品类。目前京东商城的主营业务依然聚焦于大件电器、高单价的数码产品，而拍拍网的"小而美"更适合目前阶段的微店运营，以此带动京东在移动端的电商业务。

移动电商服务商的爱与怕

在 PC 时代，淘宝依靠第三方服务商帮助线下商业快速接入电子商务。微信做移动商务也免不了要和大量第三方服务商打交道。吴毅表示，开发垂直行业需要依赖不同的第三方服务商，"如果服务商够好，可以资源倾斜"。

这对微信算是个很大的变化。

直到 2014 年年初，外部仍在猜测微信对第三方的态度。淘宝创立初期，为了快速拓展商家，将很多接口直接开放给第三方服务商"淘拍档"，商家要想接入须向淘拍档申请。因此，淘拍档在拓展商家上很积极。微信的接入政策是直接面对商户，即由商户来申请接入，第三方为商户服务。

国内一家微信营销咨询机构表示，很多商户因为不懂微信，一开始接入微信支付选取了简单的加盟模式，需缴纳不菲费用，服务商再帮助其接入。"早期加盟模式能成功，是因为微信开放的功能少，商户和微信间信息不对称。"实际上，此类服务商往往只是中介，将商户需要的支付、卡券等技术能力转包给小型的技术团队完成，收到的大量加盟费用则投入百度等做广告扩大经营。然而，随着微信开放支付、卡券、硬件接入等功能，留给外部服务商开发的空间越来越小，商户对微信的了解也越来越深。"微信最后推出微信小店操作简单，等于免费让商家接入，加盟类型的服务商马上没饭吃。"

生存下来的第三方往往经历了等待的煎熬，并跟随微信转型。客来乐的王伟介绍，在最初和张小龙接触时，张小龙对第三方并不热情。"他还是想坚持微信只对商户的原则，但线下的基础实在太差，微信需要第三方。"王伟从 2013 年五六月开始和吴毅对接，到 2014 年 10 月设计出 O2O 中最重要的卡券功能，即通过一个卡包把各类优惠券搜集起来给予和刷卡同等的接入口。推出前，微信允许其利用手头商家先做"内测"。卡券功能的推出整整花了一年时间。"完全开放是 9 月底，很多小团队拖都被拖死了。"客来乐最早的目标用户是不希望改造企业管理（ERP）系统和操作流程的中小型用户。为了配合微信面对大中型企业的定位，王伟甚至不得不让前方营销团队换血。"我们最早定义的客户群体和微信希望的目标商户不同，我们只好让原来的团队离开。"让王伟感到安慰的是，过去一年客来乐的用户是 1000 多家，但接入卡券后，到 2014 年 10 月，商家数量已达 3000 家。他的思维也逐渐向微信靠拢。"关注用户体验才有长久生意做。"

还有些第三方开发商转向了为运营服务，白鸦创建的口袋通目前服务的商家超过 50 万家，大量商户都是中小型企业。白鸦表示，服务的商家中，30% 拥有线下零售店铺，到 2015 年，希望能把这个比例提高到 70%，而针对商户的微信解决方案也从电商变为 O2O。为口袋通服务的各类服务商超过 200 家，在白鸦看来，电商的服务商专注于卖货，而 O2O 的服务商在会员管理系统和社交上更有经验。白鸦已经创造多个经典案例，中秋节卖真爱月饼就是其中之一。真爱月饼的基本逻辑是代付，在朋友圈推出，要求朋友下单帮忙买，以此来"检验人品"。然而，商品上线后半日，就有反馈称 199 元的月饼价格太贵，白鸦的技术团队熬了一个通宵将游戏改成了多人代付。真爱月饼分享求代付的文案也采用互动模式，不同的人可以对文案做出不同改进。此后，新的用户需求出现，有人需要买月饼送姑娘，于是产品形态又增加了下单分享让对方填地址。十天时间，这个活动有 200 万人参与，800 万次分享。没有白鸦这样的第三方，仅靠微信和商户显然不能创造"真爱月饼"案例。耿志军拿下线下商户得到很多第三方的支持。天虹商场早在微信开通支付前已和微信有公众号的合作，微信支付一经推出，天虹商场立刻希望接入，然而原来做收银的第三方服务商却迟迟不愿配合，眼看合作泡汤，给天虹商场做优惠券的服务商却主动提出可以做。耿志军说这样的服务商很多，主动对接微信并鼓励商户接入："这是一个竞争关系，通过接入微信，他们可能替代原来的服务商。"

对于商户而言，微信的端口也是梳理整体信息化系统的机会。最极端的例子来自医院，因为收银、检测等环节多，科室也多，一个医院很可能有几家甚至十几家不同的信息系统服务商、软件开发商，一旦接入微信、打通流程，就需要各家开放端口，原来处于竞争关系的各家突然之间要合作，分享各自的能力和数据，这对于想要获得用户数据留待他日变现的服务商来说当然不是好事。但是，商户强推之下服务商也只能配合，最好的方式是主动配合，将自己从单一业务的服务商变成整体的系统服务商来对接微信——微信一来，第三方服务商也在洗牌。

虽然各家看重微信社交的营销能力，但是微信却不想成为另一个微博，只叫好不变现。"我们一再说微信不是一个营销工具，微信营销这个词我们是不认的。"吴毅表示。和淘宝以免费开店等政策大力招揽商家不同，微信商家接入一开始大多是自发性质。大量来自淘宝的商户通过公众号和朋友圈营销，再接入支付宝做最终的支付，给这些商户做接入的第三方服务商也都是和淘宝关系密切的淘拍档（淘宝的第三方服务商）。"电商"的雏形引发微信和淘宝的摩擦在所难免。2013 年 7 月，微信清理营销号和朋友圈淘宝商品营销，在这次清理中，大批淘宝卖家被封号。几天之后，淘宝即切断了微信的第三方接口。2013 年 11 月，阿里巴巴关闭了微信跳转淘宝页面通道，点击链接后自动跳转手机淘宝客户端下载页面，到 2014 年 2 月，支付宝切断了微信的支付接口。

微信打击过度营销，阿里巴巴封闭接口，大量商家和第三方服务商遭殃。广东东莞的何先生在淘宝经营箱包生意。"整个 2013 年的移动营销都泡汤了，损失几十万。"他自己曾经设计了一个免费更换拉杆的活动，和其他公众号联合推广，结果公众号封了几天，在淘宝页面完成支付的活动也没能进行。"我们淘宝客服最后处理投诉都处理了几十个。"微信不支持营销，支付宝不支持支付，何先生一度认为微信电商死路一条。"公众账号只能简单推广，支付又没有做起来，周围很多商家都想放弃了。"何先生最终留在了微信，接入微信支付后，还专门安排了一个微信客服，也渐渐摸索出微信电商的特质。"没什么营销成本，转化率也不高，感觉比较适合小商家，对我们来说，主要就当品牌宣传了。"

断掉淘宝链接之后，主要依靠朋友圈和微信群做社交营销的"微店"却风生水起，以至于很多用户误以为"微店"是微信团队自己开发的产品。"微店"是 2014 年 1 月上线的一款 App，主要功能是帮助用户快速建立一个移动端的店铺。创始人为王珂。用户只需要简单注册、上架商品，就可通过微信、微博甚至 Facebook 等各类社交化平台分享来推广商品。王珂 2014 年 10 月 21 日在北京召开"微店"大会，原本计划数百人的分享会最终收到了 5 万份申请。王珂不得不找了北京最大的会场，开会中，他突然宣布获得 C 轮融资，其中腾讯投资 1.45 亿元，持股比例达 10%。一个导购 App 竟然估值 14 亿元？外界一片哗然。腾讯的投资对微店起到了溢价作用，市场普遍看好其基于微信的销售能力以及主要基于微信发展起来的千万个商家。在 10 月 23 日的微店大会上，王珂宣布，截至 2014 年 9 月 30 日，已经开出 1285 万家微店。"平均 2 秒钟就有一家微店，散落在 172 个国家和地区，覆盖全球 3/4 的国家和地区，商家上传了 11 亿个 SKU，实现了 158 亿元销售额。"虽然微店同时支持财付通（微信支付）、支付宝等好几个第三方支付，但整个商业模式却处处和微信高度相关甚至绑定。从注册开始，商家就被鼓励填写微信号，而商家也可以通过发起微信支付和消费者实现快速转账。王珂团队的市场总监方华表示，微店的商家多为小商家，生意也只在朋友圈做，"无论京东推的拍拍微店，还是微信自己的小店，接通支付都有门槛。但微店则是零门槛"。腾讯投资之后，有分析认为微店的营销和支付会全面转向微信。但方华表示："营销也好，支付也好，微店都是开放的态度。"

即使有腾讯投资，微信方面仍然坚持一旦过度营销就打击的原则。在保持开放的情况下平衡用户体验和商户需求，是未来微信必须面对也亟待解决的问题。

移动电商屌丝用户占主流

移动端和 PC 端的用户电商消费品类有着巨大的区别。以淘宝为例，移动端销售排名前八大品类依次为话费充值、电影演出、箱包、零食、景点门票、女装女鞋、美妆、母婴，而 PC 端的前八大品类为女装、手机、化妆品、数码配件、男装、箱包、女鞋、零食。移动端电商的用户主要在上下班或睡觉前完成交易，呈现小屏幕、随时随地和去中心化特点。特别是手机比较私密，用户可以上班时间偷偷购物。PC 用户购物偏理性消费，移动端用户则偏感性消费。此外，移动电商用户收藏行为远高于 PC 端电商。据口袋购物 CEO 王珂透露，用户在移动终端上购买行为碎片化，一个商品平均的收藏频次是 PC 上的 49 倍。

曾在当当、京东和乐蜂等电商公司从业多年的吴声曾说："移动电商的核心不是高富帅，而是屌丝，是东莞的打工仔和学生，这些群体大部分是 90 后，是互联网原住民。他们没包袱，没深思熟虑的成本。"而且这部分人群尤其喜欢货到付款的方式，小批量、多频次的购买不需要担心支付和配送的问题。特别是四、五线城市许多人首次购物的经历，都是通过手机端、货到付款方式，省却了 PC 端的注册、支付、验证等烦琐的过程。易观国际的数据也间接证明了移动电商的核心人群是所谓的屌丝用户。无论是通过美丽说、蘑菇街、口袋购物等移动端导购，还是通过淘宝、天猫、京东等购物 App，月收入在 1000元以下的人群都占据 27%～35%，月收入 3000 元以下的人群占据 60% 以上，男女比例为 4∶6。

人人有信心，个个没把握，这是众多移动电商从业者和创业者的真实写照。移动端乃大势所趋，电商向移动终端迁移已呈现不可逆转的态势，而且盘子足够大，发展足够迅猛，但产业链尚不成熟，要完全超过 PC 端还需要 2～3年时间。现实中，也并不是现有的 PC 购物网站的移动应用都能够成功迁移，其发展困难重重。

其一，移动端电商很难打价格战，因为 PC 端和移动端会产生"左右手互搏"式冲突；其二，基于电商平台的机制逻辑，移动电商同样陷入"流量少—销量低—流量更少"的死循环；其三，现有的 B2C 移动电商网站基本上都没有针对移动用户的独特应用场景，为其提供功能和交互。

眼下移动电商行业内各家都还处在探索阶段。"从流量导入到用户体验、推广营销等各个环节，PC 端和移动端电商玩法相差很大。移动电商最重要的是做减法，减去在 PC 时代大而全的惯性思维，这样才能更快适应移动互联网时代。"京拍档 CEO 王文峰强调，行业内留给纯粹的卖货类移动电商壮大的机会越来越少，上游没有入口，下游没有供应链，要成为重量级平台是一种奢望。在他看来，移动电商需要从社交、内容、植入等多方获得流量，增加入口成为获得流量的新手段。未来移动电商的潜力主要不是实物消费，而是便捷、实时地开辟一个生活服务消费的新市场。特别是一些虚拟的数字产品如虚拟货币、视频、音乐、图书等将在移动电商领域再次焕发生机。

而微信这一大平台，将孕育出移动电商营销和服务的商机，也将催生下一波创业机会。易观高级分析师卓赛君认为，未来创业者如果还走当前这种淘宝式的大而全的路数，胜出机会不大，如果能做一些淘宝、京东大平台难以提供的货品如生鲜等，进行差异化切入，才有可能具备较大的发展空间。

眼下，各大移动电商也探索出一些新的玩法，以此来适应移动电商的滚滚浪潮，如唯品会、蘑菇街都通过微信来获取流量；ZAKER 推出购物浏览器"淘刻"，聚合淘宝、京东、返利、美团网等主流电商平台，以全网比价撬动用户。值得一提的是，腾讯将散落在微信各处的电商元素聚集起来，必将形成对阿里巴巴移动电商生态的制衡。

未来，移动电商究竟何时能真正格局落定还是一个未知数，或许当这种简单的淘宝天猫似的打折和优惠模式发生质的改变，并把 O2O、客户体验真正融合之日，就是移动电商新格局呈现之时。

移动支付

移动支付入口，一直是近年来各大非金融机构争夺的焦点。其中，尤以腾讯和阿里巴巴为甚，二者平台体量和用户规模巨大，在移动支付市场也一直是微信钱包与支付宝钱包双雄争霸。

二马争霸

2014 年伊始，财付通再与手机 QQ 合作，合力打造手机 QQ 平台上的支付能力——QQ 钱包，从原先在移动支付上的单轮驱动变成双轮驱动。尤其是当年 6 月世界杯期间，手机 QQ 钱包推出了更为声势浩大的"全民世界杯"活动，更引发业界猜测。很明显，二马争战再次升级。此刻手机 QQ 钱包的强势发力，是腾讯未雨绸缪之举，更是其移动支付战略布局的强化。未来，三大"钱包"或将瓜分移动支付市场，形成从双雄争霸到三分天下的格局。

对于已获得支付牌照的 250 家非金融机构而言，移动支付无疑是一块大蛋糕，其竞争也异常激烈。行业内更是有"得支付入口者得天下"的说法。但在百家争鸣的移动支付市场中，真正势均力敌的竞争当数腾讯和阿里巴巴。

早在 PC 端主导的互联网时代，腾讯和阿里巴巴在支付领域就已展开直面竞争，财付通和支付宝两大支付工具，常常在网购及生活缴费等 PC 应用场景中上演双雄对决。进入移动互联网时代，特别是手机 QQ 钱包推出以后，双方在移动支付领域的竞争更加的白热化。

打开手机可以看到，无论是接入财付通的手机 QQ 钱包、微信钱包，还是支付宝钱包，在消费者最熟悉的生活应用领域中，都有针锋相对的竞争产品。例如，在打车软件中，手机 QQ、微信钱包接入滴滴打车，支付宝钱包则接入快的打车；在团购市场中，手机 QQ、微信钱包接入大众点评，支付宝钱包则接入自家淘宝；等等。在手机充值、水电煤生活缴费、彩票、信用卡还款等诸多场景中的竞争则更为激烈。

事实上，腾讯和阿里巴巴在移动支付领域的正式竞争，始于 2013 年 8 月微信开通支付功能。在此之前，移动支付市场还是支付宝钱包一家独大，而随着微信钱包的上线，市场格局逐渐转向双雄争霸。特别是 2014 年春节期间，微信钱包推出红包后，这种双雄争霸的格局更加明显。

继微信钱包之后，2014 年年初腾讯推出手机 QQ 钱包，并在世界杯期间发力手机 QQ 支付，无疑是对移动支付市场格局的重新洗牌。接下来，腾讯与阿里巴巴在移动支付领域的争霸势必加剧。

腾讯推出 QQ 钱包，大力拓展微信钱包和手机 QQ 钱包的应用场景，阿里巴巴同样也在大力进军国外市场。显然，两大巨头都在加快节奏进行布局，国内移动支付市场的集中化将得到强化。换句话说，财付通和支付宝将瓜分移动支付市场。

早在 2013 年 8 月，财付通总经理赖智明就提出财付通将在移动端实现弯道超车，通过微信和手机 QQ 两大平台，抢占移动支付的制高点。显然，随着手机 QQ 钱包的发力，财付通在移动端的布局正式形成双引擎，微信钱包和手机 QQ 钱包的并驾齐驱，也促使财付通移动支付的两条腿走路。

同为腾讯旗下产品，微信为了推广微信支付已经进行过"一场战争"，而此刻手机 QQ 钱包再次发力，这对腾讯而言，是否会有资源重复之嫌？资料显示，QQ 目前拥有 8 亿以上月活跃用户，其中手机 QQ 活跃用户数高达 5.5 亿，且用户覆盖面和分布广泛，除了一线到四线城市，还有最广大的乡镇农村地区。来自更多的消费者信息表明，微信用户更多集中于一二线大城市，QQ 因为多年积累，其用户分布更为广泛，尤其是微信还没能深入到达的三四线城市。

马化腾也曾表示，手机 QQ 产品线已全部梳理一遍，将和微信进行差异化竞争。二者不是相互替代关系，而是自我更新。马化腾还透露，手机 QQ 活跃账号数量接近微信的两倍。此外，手机 QQ 背靠腾讯公司赖以发家的 PC 端，很容易实现多屏互通，进而独享 PC 端的功能或资源，这些是任何产品都难以拥有的背景资源，恰是这些资源构成了手机 QQ 支付的竞争力。腾讯的战略其实很清楚，用微信和手机 QQ 覆盖不同的人群，进而涵盖所有用户。在与支付宝这场支付入口争霸战中，马化腾使出了新招数，以战略的角度采取针对性的布局进行强势压上。从手机 QQ 的用户群来看，手机 QQ 钱包虽然 2014 年才上线，但其相较于微信钱包和支付宝钱包，却具有完全不同的优势，这也促使外界将其视为引发移动支付市场地震的重磅产品。财付通手机 QQ 支付产品负责人助理总经理郑浩剑表示：通过与手机 QQ 联合打造 QQ 钱包，在发展新的手机 QQ 平台支付能力的同时，也为财付通的老用户提供一个体验更好的移动支付服务，QQ 钱包沿用的财付通账户体系，既可支持财付通余额支付，又可绑定银行卡支付。沃克咨询分析师王亮认为，手机 QQ 的社交和平台功能此前已搭建完毕，此次推出支付功能，算是打通手机 QQ 走向商业化进程的最后"一里路"，其平台化战略充满想象空间。可以想见，手机 QQ 支付凭借着强大的背景资源进行强力推广，必然会促使其用户大规模地增长。届时，拥有 5.5 亿用户的手机 QQ、5 亿用户的微信、4 亿用户的支付宝，将使移动支付市场呈现三分天下的格局。

相较于微信钱包和支付宝钱包，手机 QQ 钱包起步晚，如何做出与前两者不同的差异化产品，并体现自己的特色，这才是更大的挑战，也是腾讯"微信＋手机 QQ"全战略的核心。

总体来看，手机 QQ 钱包在产品功能方面，与另外两者并无太大差异，但不同之处在于，用户基数更大，而且玩法更为灵活。手机 QQ 支付可借助多个场景和渠道支付，例如，在"查找周边中"推送店铺、在"本地生活优惠"中推送商品、线下扫码支付，以及打通京东、滴滴打车、手机充值、购买 Q 币，彩票、团购和腾讯公益等多个自家第三方生活服务。此外，手机 QQ 支付引入了财付通的账户体系，用户只要绑定过财付通账户，银行卡、信用卡信息将直接同步到其手机 QQ 的 QQ 钱包中，不用再重复绑定即可支付，方便快捷。

虽然同属于财付通支付功能的应用，但手机 QQ 和微信的分工越来越趋于明晰。手机 QQ 支付将在商业模式最成熟的手游和娱乐化应用市场上着重发力，承担手机 QQ 平台商业化重任；而微信将重点在支付、互联网金融、移动电商等层面继续探索，探索微信平台商业化的种种可能，但二者业务并不是泾渭分明，而是互相融合。简而言之，手机 QQ 负责腾讯移动互联网的商业化，作用更多体现在战术层面，而微信则更多负责未来新的商业梦想。二者成为腾讯在移动互联网的最重要两大商业平台，缺一不可。

尽管手机 QQ 钱包 2014 年才上线，但其冲击力和活跃度已经引起了外界关注，以世界杯期间推出的"全民世界杯"活动为例，微信钱包和手机 QQ 钱包参与焦点场次比赛竞猜的人数均超过百万，可看出二者正并驾齐驱。

未来，QQ 钱包凭借 PC 端优势，很可能使手机 QQ 支付先于微信一步，率先实现平台化商业布局，成为腾讯在移动互联网领域的模范现金牛。从某种意义上来看，手机 QQ 钱包和微信钱包的双管齐下，也体现了腾讯自我激励、做大做强移动支付版图的"双轮驱动"战略。

"红包"后的微信支付

微信推出支付后，每天都有各种慕名而来的商家。"有了支付才有闭环，电商如此，线下的场景也是如此，没有支付就只是广告。"照此逻辑来看，微信的商业化推行不过一年多时间。2013 年 8 月，微信在 5.0 版本中正式推出支付功能。阿里巴巴的"老大"马云立刻坐不住了，内部讲话表示要把"企鹅"打回南极去。马云阵脚大乱急推"来往"，微信支付却突然迎来爆发。春节的"抢红包"游戏在几天之内绑定了百万用户的银行卡，成为微信支付"逆袭"支付宝的标杆事件。

红包逆袭并非蓄谋。微信产品开放平台中心高级商务经理刘涵涛透露，红包纯属应景之作，最初的产品设计主要是应对腾讯年底领导群发红包的惯例。每年，腾讯的各级领导都会向腾讯的每一位员工派发"利是"，过万员工排队等着领马化腾的红包。微信的产品经理于是设计了抢红包游戏，领导通过微信派钱，大家疯抢，各自金额不同。谁也没想到的是，这个只花了十多天设计推出的产品在过年期间覆盖了 800 万人，发出了 4000 万个红包，实现了 4 亿元的资金流动。

这是腾讯和张小龙都最乐于享受的一种胜利——由产品拉动的爆发式增

长。红包不经意间敲开了微信支付在用户一侧的大门，团队甚至还没来得及设计好后续红包里的钱怎么用。

微信最大的第三方服务商口袋通的创始人白鸦表示，红包之后，为了让钱能用起来，他向微信团队建议设立钱包功能，接入其他支付场景。白鸦此前在支付宝工作三年，在第三方支付账户建立、培养购买习惯上颇有心得，微信支付多项功能和接口开放都曾和他沟通。

微信支付的尴尬在于：红包之后再也没有迎来爆发式增长的场景。

直到2014年9月，微信刷卡功能推出，首批九家认证的商家可以通过扫微信用户刷卡页面下生成的二维码完成支付。刷卡功能的推出相当低调，未做任何宣传推广，因为微信不想"扫码支付"这个敏感词再挑动监管者的神经。

2014年3月，中国人民银行支付结算司一份加急文件叫停了扫码支付和虚拟信用卡业务，给正在如火如荼推进扫码支付的支付宝和微信当头一棒。互联网业界对于安全争议不以为然，大多认为扫码支付被禁是因为动了银联的"奶酪"，直接和银联推行多年的 NFC 近场支付抢市场。叫停扫码支付只是要求不推广、不宣传，现有商户备案考察，并未真正完全禁止。半年过去，微信再次上线的扫码支付，只是将扫码的主体从用户变成了商家，静待央行新动作。"我们对自己的定位很清楚，希望做通道。"吴毅表示。在现有的利益格局中，微信不打算挑战任何人。吴毅将线下支付分为三大角色，银行负责发卡，银联做不同银行间的清算，银联商务这样的收单机构负责收单。"我们刷卡扫码的时候，角色不是其中任何一种，只是银行卡的一个线上虚拟化，不同在于这个虚拟卡附加用户的身份 ID。"但是，银行不这么想。客来乐是微信线下扫码支付和卡券发放的第三方服务商，其创始人王伟表示，正在与百盛谈接入微信支付但迟迟没有定论，"银行不想百盛做微信支付"。

吴毅称腾讯不会为推广刷卡支付去主动"扫街"。"你要做这些，不止银联、收单机构，所有的金融机构都会顽固（抵制），你要吃他们的市场啊！"目前，微信和银联正在谈合作。在吴毅看来，未来理想的状态是："微信负责把产品做好，将产品交给收单机构、商户来服务用户。"

"不扫街"的定位让微信支付推进缓慢。吴毅坦承，和红包可以快速绑定个人用户账户不同，在商户侧推动微信支付，依靠关系链行不通。

竞争者们虎视眈眈。支付宝钱包依托积累十年的账户体系本有先发优势，眼见百度推出了针对线下企业的"直达号"，战略升级至集团层面。微信支付在商户层面必须加速。9月份，微信从 5.4 版本直接跳到 6.0 版本，同步增加了刷卡功能，取消了商户接入微信 2 万元的保证金，并开放了卡券功能。此外，微信还放开了类目限制，此前对于综合类的电商接入支付，微信要求"电信增值业务许可证"。这个证的门槛是注册资金 100 万元，通常办证至少需要两个月，最新的规定则显示只要营业执照和范围齐备就能接入。

门槛或者距离有时是以隐性的方式存在。"开通微信支付需要提交 17 项文件证明，这些文件在开通服务号的时候已经提交过，但开通支付时还得重来。"曾经试图接入微信支付的一家美甲店表示。

微信支付推广的各类场景中，外界对电商最为关注。相对本地生活的各类 O2O 场景，腾讯在电商方面至少有基础。然而，自电商易迅、拍拍网接入后，微信并没有显示化腐朽为神奇的力量。易迅 2013 年 8 月接入微信，也是微信支付开通后最早接入的商业形态。在微信支付绑卡数量有限的情况下，易迅在"双 11"仍然完成了近百万份订单，但此后日均订单迅速回落至 20 万份。到 2013 年年底，公司内部对接入微信的效果都不太满意。那时候做过一个统计，微信的成绩没有京东的 App 好。微信团队在给电商一级入口方面一直非常谨慎。

进入 2014 年，腾讯将包括易迅在内的所有电商业务打包卖给了京东。正在上市冲刺、亟须补齐移动端故事的京东，也以巨额代价拿到了微信的一级入口。京东高层人士表示，在双方磨合过程中，微信给京东的入口希望能够延续微信的简洁风格。"张小龙一开始设计的购物页面就一个搜索框，用户想买什么就搜什么。"而京东对移动端购物的基础逻辑是将 PC 端以搜索为主的习惯变为以推送为主。"用户微信购物的决策可能只有十多秒，购物体验快捷对这部分用户来说非常重要。"

微信一开始甚至不允许京东设置购物车。这意味着用户需要多次下单，分开付款购买。此后双方经过多次讨论磨合，购物车才得以上线。"微信团队相对是比较强势的，京东目前和微信团队对接的也是来自腾讯电商的团队，这样双方的接触会更容易。"

虽是战略合作，微信在产品层面丝毫不退让。2014 年 5 月底，赶在"618"店庆前，京东微信的一级端口正式上线，一次发出 10 亿元红包。和巨额红包派送相比，微信给京东一开始放出的接口比例仅 20%。用户需要升级微信才能见到该接口。产品小范围更新逐步推进的做法被称为"灰度"，在腾讯是惯例。然而，这样的方式客观上减缓了京东一级入口上线的速度。到"618"的时候，很多人其实都还没有看到这个入口。京东"618"的移动端成绩不尽如人意。京东 2014 年第二季度财报显示，整季度来自移动端订单占24%，比一季度提高 6%。然而，店庆"618"微信发出 10 亿元红包，并没有出现订单爆发，来自移动端的订单占 25%。

京东首席执行官刘强东在财报会议上称，移动端订单仍然主要来自于京东自己的 App，微信其次，"对于 SNS 上做电商没有先例，腾讯和京东在深圳组成 1000 人的团队正在一起做数据打通"。美国分析师对微信端口格外关注，但刘强东拒绝透露微信订单的具体数量。京东内部人士坦承，他们至今仍在摸索微信用户的消费特点。微信端口的用户大多为新用户，其购物喜好和习惯也是全新的。"一个 9999 元的限量版剃须刀在整个 PC 端卖出 4 部，但在微信上卖出了十多部。"这样极端的例子并非罕见。一款明星代言的佛珠在微信上卖出了几百条，"这些品类都是很小众的品类，只有通过 SNS 的传播才有可能实现"。

实际上，和腾讯手里另一张移动端王牌手机 QQ 不同，微信的用户群体更多在一、二线城市。刘强东在会上称，手机 QQ 的用户深入中国三、四线城市，会成为移动端配合京东渠道下沉的重要端口。对于微信背后的新用户，传统电商在货品类目（SKU）的选择上都有试探和调整的过程。

同样获得腾讯注资的女性服饰垂直电商"美丽说"，却通过简单的"服务号＋支付"将微信做成了移动端主要入口。美丽说原是导购网站，主要依托QQ 空间等平台营销，商品库接入淘宝。虽然给淘宝带来可观外部流量，但导购模式也掌握了外部流量，淘宝主要收入来自各级页面的广告位，商家如果通过导购而非淘宝广告位和营销获得流量，电商平台根基就会被撼动。最终，各类导购网站相继被淘宝断流。

腾讯于 2012 年以 4000 万美元投资了美丽说，布局导购业务。和京东类似，腾讯和美丽说的合作在微信落地。2014 年 3 月，美丽说成为首批接入支付的服务号，2014 年 5 月微信推出"微信小店"，美丽说亦快速跟进。美丽说甚至两次登台微信公开课，谈微信"电商"的经验。美丽说运营副总监关娅兰称，接入微信支付后，仅在 2014 年一季度为了推广支付就投入上千万元，任何新用户使用微信支付都减 10 元。美丽说于 2014 年 5 月接入"微信小店"，实现商品库的快速上架和管理。目前，其来自微信支付的订单占整个移动端订单的 75%。

百度不惜血本杀入

就在支付宝和微信支付打得难分难舍之际，百度发布了自家的支付业务品牌——"百度钱包"并推出独家的"拍照付"功能。不同于支付宝钱包，百度钱包并不是一个独立的手机应用，而是百度旗下所有的移动产品内嵌的功能。"对用户而言，这就是一个随身支付的钱包，提供超级转账、付款、缴费、充值等生活服务，以及百度理财等资产增值工具。"百度钱包"当家人"百付宝总经理章政华表示，百度钱包将率先出现在手机百度、百度地图、百度团购等百度系自有 App 中。百度钱包是百度公司开发的第三方支付系统，其推出补齐了百度的支付缺口，在自有应用和服务中形成了完整的交易闭环，其他第三方应用亦可接入百度钱包。支付能力的提升有助于百度形成腾讯、阿里巴巴之外的另一生态体系，改变其在互联网金融方面暂时落伍的局面。在移动端，百度钱包类似微信支付，并没有独立的 App，手机百度、百度地图等应用中会出现"我的钱包"选项，银行卡和信用卡均可以进行绑定，但具体绑定流程百度方面并没有透露。当用户需要付费，并且收费方接入了百度钱包，用户便可以选择钱包支付。

在阿里巴巴、腾讯已玩转移动支付时，后来者百度选择借助自身"亿万俱乐部"优势进军移动支付。然而，移动支付最终能否让用户接受，流量入口、支付场景和支付工具是三个关键维度。从流量入口看，百度通过自制和收购，手头上现已拥有手机百度、百度地图、91 无线、爱奇艺、去哪儿、糯米网等 14 款用户数过亿的 App，其中手机百度更是拥有 5 亿用户的超级 App。

支付场景角度，百度支付以百度地图为核心，通过糯米网接入各种本地 O2O 商户；通过轻应用体系，接入去哪儿、乐视网、酒仙网、国美在线、华夏基金等电商和基金大户。同时，百度还在视频、阅读、音乐、文库、手游针对数字娱乐的前向收费项目，建立了自己的支付场景。有业内人士认为，百度钱包只要能转换 30% 的用户流量，就足以直接冲击现有的电商体系。

发布会现场，章政华做了一个演示：用手机百度搜索关键词"轻拍"，然后用这个轻应用给《里约大冒险 2》的一张海报拍张照，程序就会自动识别出电影内容，然后跳转到在你附近的电影院看场次，再用"百度钱包"支付，票价直接便宜 20 元。从此前嘀嘀打车和快的打车"斗法"的经验看，补贴还是黏住用户拿手机支付的痛点。因此，百度也吸取经验，百度钱包将首批面向用户发放总值 10 亿元的"百宝券"，用户领取后可在特约商户中获得现金优惠，而且还能获取钱包积分，在后续任意一家百度钱包合作商户中使用抵扣现金。百度钱包里还有"五一半价游"，在手机百度购买全国 5A 景区门票，即可享受最低半价的优惠。此外，百度钱包还连接了 129 家银行，覆盖除西藏外的全国各省份，目前手续费全免，并提供付款和收款双方免费短信通知的服务。在充值功能上，百度钱包的手机充值、网游充值等一直保持全网最低价。"移动互联网的兴起，使电商交易从过去的商户主动转变为现今的用户主动，百度钱包把自身最擅长的检索融入移动经营模式中，将推进这种模式的转变。"飞象网 CEO 项立刚表示。

一直以来，百度没有参与合作伙伴的交易环节，而仅仅停留在前端的营销环节。随着百度钱包的横空出世，商家可以通过百度搜索引流、通过百度轻应用展示、通过百度钱包提供支付，而百度则顺势成为广大商家全流程的移动伙伴。实际上，这样的转变，关键在于主动权的变更，用户成为整个电商交易流程的主导者。广大商家要想顺应时代的发展，就要在理念和行动上做出积极的响应，从商品的售卖者，变为服务的提供者。显而易见，"搜索 + 轻应用 + 移动支付"的三维组合，为广大商家提供了转型的最短路径和最可行的办法。而 PC 端零费率、移动端全行业最低费率，以及在流量导入、支付技术、重点展示、行业洞察等多环节有的放矢的支持，也体现了百度钱包的诚意。

可以想见，移动支付领域的"战火"将再掀起一轮高潮。目前支付宝钱包的支付产品最成熟，微信支付有最大的社交流量，刚起步的百度则背靠最大的搜索流量。鹿死谁手，BAT 还得走着瞧。

三国大战

在 2013 年"双 11"支付宝以 4518 万笔移动支付交易创造了全球峰值纪录之后，马云就将这份美好的初体验"私藏"起来，支付宝钱包开始作为独立品牌运营。一年之后，支付宝华丽地完成了从 PC 端到移动端的转身，钱包用户数达 1.9 亿，每天移动支付笔数稳定在 4500 万笔以上，更在 2014 年的"双 11"当天达 1.97 亿笔，交易额达 243 亿元，占 2014 年 571.12 亿元总交易额的 42.6%。

乘胜追击。11 月 20 日支付宝正式推出了海外直购业务，旨在将美国的"黑色星期五"购物季"海淘"到中国。此外，11 月 19 日支付宝还宣布可以在广州华侨医院实现首个医保门诊实时结算。支付宝钱包已经把移动支付的触角从电商领域延伸到了线下的医院、公交、院线、商场、超市、餐饮等各个方面。与此同时，微信公众号也宣布将从 11 月 25 日起实现广州约 60 家医院的预约挂号及支付。在移动 O2O 支付方面，后劲十足的还有百度，在推出服务商家直达号不到两个月就有超过 40 万家传统商户入驻。

就在马云和苹果 CEO 库克 10 月 27 日互表好感并希望有所作为后，11 月 17 日苹果公司就宣布其 App Store 已针对中国大陆用户新增了银联支付选项，苹果用户可以将其 Apple ID 与银联卡相关联，用以快速完成支付。

移动支付的较量似乎才刚刚开始。

马云曾表示，有车有房有了好生活之后，人们会更加重视健康。目前，阿里巴巴旗下支付宝钱包正在大力进军医疗行业，推出"未来医院"计划，并打算花 5~10 年来改变医疗行业的面貌。自此，从团购到打车，支付宝钱包的战火再次"烧"到医疗门诊领域。但其此前和各大医院的合作仅限于挂号和结算，尽管大大减少患者排队等候时间，但却一直无法支持医保结算。11 月 19 日，支付宝和广州华侨医院将合作更推进一步，宣布联合为公众推出首个支持支付宝医保结算的"未来医院",患者在广州华侨医院就医,从挂号到缴费,都可以在支付宝钱包里用医保结算。

微信也不甘示弱,从公众号到与京东合作,再到"智慧医疗"计划,紧跟支付宝钱包。据腾讯透露,11月25日,微信将推出"广州健康通"公众号,广州市民可通过该公众号预约挂号广州约60家医院,微信与广州市卫生局会启动"支付一分钱"的挂号活动。2014年9月,腾讯已斥资7000万美元大手笔入股医疗健康网站丁香园。

百度的策略却另辟蹊径,在与团购、景区门票、联通运营商、中信出版社、山东航空等初步合作之后,直接推出服务商家的直达号,不到两个月就有超过40万家传统商户入驻,已成为传统商户"触网"的最短路径。

较量才刚刚开始,不好预测BAT谁的战略布局更好。在电影市场有票房的"叫座不叫好",在互联网亦不例外。2014年,尽管支付宝钱包遥遥领先,微信钱包大年夜逆袭出场,但对比三家财报发现,百度移动营收将近48.7亿元,阿里巴巴移动营收为37.19亿元,腾讯移动变现稍显逊色。据腾讯第三季度财报披露,手游收入为26亿元,广告收入为24.4亿元,45%的营收来源于移动端。在移动互联网时代,布局比拼的核心指标是用户移动化率,也就是移动互联网流量与互联网流量的对比,这也是影响财报的核心要素。从上述指标中可以发现,百度移动化率已经超过100%。腾讯的移动化率QQ达到66%,Qzone达到80.44%。而阿里巴巴以成交总额来代替流量指标,移动转化率为55.82%。

但马云深知,打败敌人最好的办法就是将敌人拉入新开辟的战场,而这个新战场就是全球化步伐。与往年不同的是,国际化已成为2014年"双11"购物的主打牌。2014年10月,美国第二大零售商Costco进驻天猫,开辟"海淘"新战场。

同一时间,亚马逊中国宣布美国、德国、西班牙、法国、英国和意大利全球6家站点开通直邮中国服务,总计涉及8000多万种国际商品。而在"双11"期间,亚马逊中国还将试运营"海外购"新服务。"双11"之后,在即将到来的美国"黑色星期五"购物季,支付宝公司宣布的"海外直购"服务包括Macy's、Bloomingdale's、Saks Fifth Avenue、Neiman Marcus百货等美国四大百货公司，以及 Ann Taylor、Aeropostale 等服装品牌。据介绍，支付宝新推出的"海外直购"首次实现了从支付到物流的一站式"海淘"购买服务。用户"海淘"既不用注册账户，也不用四处找国际转运。挑好商品后，只要选择用支付宝海外直购付款，然后完成"支付宝账户登录""填写国内收货地址""确认付款"这些最简单的购物操作，就完成了"海淘"购物。据支付宝官方透露，支付宝支持的海外购物网站覆盖全球 40 多个国家和地区，海外商家已经达到 2000 家，支持包括英镑、美元、瑞士法郎、欧元在内的 14 种海外货币结算。蚂蚁金融服务集团国际业务副总裁彭翼捷曾表示，未来两年支付宝的国际化将坚持以中国为原点的策略，服务中国消费者到海外消费、海外消费者到中国消费的需求。而支付宝国际化的长远目标是在未来几年服务 2 亿～3亿的海外用户。

事实上，"海淘"已在我们身边悄然成风。数据显示，仅 2013 年一年，中国消费者在海外网站上的消费额就达 330 亿美元。根据 Enfodesk 易观智库监测数据，预计到 2018 年"海淘"规模将达 1 万亿元人民币。

2013 年 3 月，国家外汇管理局下发《支付机构跨境电子商务外汇支付业务试点指导意见》，决定在上海、北京、重庆、浙江、深圳等地开展试点支付机构跨境电子商务外汇支付业务。截至 2014 年，共有 22 家支付机构获得牌照，试点业务范围包括货物贸易、留学教育、航空机票、酒店住宿及软件服务。在获得国家外汇管理局颁发的跨境支付牌照后，汇付天下与国外航空公司、国外 OTA 合作，打开了境外航空旅游市场。

此外，在支付宝等加速布局这块业务的同时，银联也未放过这一时机。2014 年 10 月 8 日，银联国际宣布在韩国开通跨境移动支付服务，银联卡持卡人可通过手机等移动终端在开通此业务的商户直接购买商品，这也是银联国际首次在境外开通跨境移动支付业务。

地图导航

当传统商业与互联网开始深度融合，地图导航正处于引发互联网力场变化的关键位置。

高德曾是一家传统的地图公司，上市后 CEO 成从武率先看到了移动互联网的机会，决定做入口。高德副总裁郄建军出身通信行业，与手机厂商都很熟，他与各大手机厂商谈将高德地图预装到各个手机，抓住谷歌退出的契机大踏步前进。

地图是一个专业性极强、分类细致的工作，这需要地图公司拥有搜集数据的能力和算法能力。互联网出身的人追求速度，传统做地图数据的人追求准确，在高德和百度内部都曾有过这样争吵不休的阶段。最终，这类问题的解决要依靠技术实现大批量的匹配。

地图的二维形态决定了用户对它的使用场景有限，用户体验还有很大的提升空间，而街景很可能给地图带来不一样的图景，如地图无法解决车库、大厦入口在哪里的问题，街景就能解决。腾讯在街景的投入上不惜血本，瞄准的是未来地图的机会。

BAT 在地图上的布局思路已经不是只着眼于地图，而是争夺连接线上线下的"入口"。百度地图和高德地图已经承载了如团购、打车、订酒店等各类吃喝玩乐的平台。比起百度与阿里巴巴宏大的 O2O 布局，腾讯街景更看好垂直领域的潜力。

前　传

2013 年 5 月，阿里巴巴董事局主席马云与高德 CEO 成从武密谈了一个小时。卸任前的最后一夜，马云在资本上为阿里巴巴布下了最后一枚棋子——高德地图，以 2.94 亿美元购买高德软件公司 28% 的股份。整整 10 个月后，阿里巴巴在马年再次以 10.45 亿美元现金收购高德软件余下的股份。

谷歌退出中国以后，国内互联网地图曾出现短暂的群雄争霸，高德和四维图新纷纷上市，图吧、导航犬、老虎地图等中小地图发展繁荣，一度出现了 50 多家地图公司，互联网巨头百度、腾讯也纷纷开始做地图。

然而，中国的地图产业正在随着腾讯、阿里巴巴、百度势力范围的重新划分，进入垄断竞争阶段。当传统商业与互联网开始深度融合，地图正处于引发互联网力场变化的关键位置。

随着谷歌市场份额的上涨，流量也渐渐涨起来了。当时，谷歌、百度都没有自己做地图，百度将地图业务外包给了一家专业的地图服务商图吧，谷歌外包给高德，日常只设立一两个人维护。当谷歌退出中国以后，百度发现只是作为 PC 端搜索辅助功能的地图，流量的市场份额很快达 80%。也是在 2010 年，百度、腾讯开始从专业地图公司大量挖人做 PC 版的地图。

高德曾是一家传统的地图公司，主要依靠汽车厂商预装地图数据和导航软件以及向政府和企业提供底层数据服务来获取利润。上市之后，高德 CEO 成从武率先看到了移动互联网的机会，决定进入移动互联网做入口，而非入口的服务商。当谷歌将服务器移到香港以后，手机厂商害怕谷歌服务不稳定，高德恰好在此时发力手机地图，请来曾在诺基亚、摩托罗拉工作过的郄建军负责高德的移动互联网业务。那时，高德手机地图是汇集了各种数据但不带导航功能的"迷你地图"。高德副总裁郄建军出身通信行业，在诺基亚、摩托罗拉工作多年，与手机厂商都很熟，他抓住谷歌退出的契机，与各大手机厂商谈将高德地图预装到各品牌的手机中。到 2010 年年底，"迷你地图"的用户数很快从 200 万增加到了 1000 万。2011 年高德地图开始做图形界面，并把地图渲染得更漂亮，为了强调品牌，"迷你地图"正式改名为高德地图，并把核心功能集中在在线导航上。这一年，最先醒来的高德将用户数发展到了 4000 万。率先预装的作用功不可没，高德地图的手机用户数一度达到总用户数的 90%。

腾讯对于地图产生兴趣的时间更早。

早在 2007 年 Google 推出街景时，腾讯内部就已经对街景地图做过研究，不过那时候很多条件还都不成熟，街景在相当长一段时间内还是作为公司重要的技术储备。很长一段时间，地图都离腾讯的核心业务很远。2010 年，腾讯在开展地图业务时，将地图理解为搜索的一部分，将其划分到腾讯 SOSO 部门，作为垂直搜索而存在。在 2012 年腾讯大的架构调整中，地图被从 SOSO 中分拆出来，被放在移动互联网事业部（MIG），此时地图被认为是面向移动互联网的一个基础应用，但仍只是一个"必须要有的东西"。

双　雄

腾讯从 3 年前开展街景业务，2011 年 12 月推出 3 个城市的街景地图，分别是深圳、拉萨和三亚。高德抓住移动互联网机会大踏步前进惊醒了一个沉睡的互联网巨人。2011 年年底，百度开始意识到移动地图的重要性，2012 年开始猛发力，并于当年 10 月将地图划入 LBS 事业部，把地图作为百度的战略级产品。

百度做地图的决心很坚定，短短一年的时间里，百度 LBS 事业部从 200 人扩招到 1000 人，内部执行快、各种资源助推，加上技术强，百度地图很快成为行业第二，直逼高德。据一位百度的内部员工介绍，百度地图当时一个项目分别由两个团队做，不好的那组会被直接淘汰，这也是当时百度内部最有"狼性"的部门。

互联网企业最擅长以"破坏性创新"的方式占领市场。此前，高德依靠手机厂商的免费预装获取了大量的用户，百度为了赢取手机厂商，提出装一个地图倒贴一元。此时，高德也开始改变免费的方式，以打包应用的方式进行手机预装，希望以此压低预装成本，打包产品中包括高德地图、导航以及部分阿里巴巴的产品。就在高德打算宣布导航产品免费时，百度率先宣布其导航产品免费，双方正以一场公关战吸引用户。公关战背后高德正在"自废武功"，进行互联网式创新尝试，原有移动互联网的商业模式却被完全打破。此前，高德移动互联网的收入来自于用户付费下载"高德导航"以及把"高德导航"卖给三星等高端手机厂商，厂商预装一台手机向高德支付 10～20 元的费用。竞争后果是高德用户大规模上升的同时收入却大幅下降。高德 2013 年三季度财报显示，移动用户数增长到 1.71 亿人，同时月活跃用户环比增长 23% 达 7700 万人，净亏损却达到 440 万美元，2012 年同期净利润 1280 万美元。高德首席财务官马骥称，受预装的影响，2013 年第四季度移动互联网的业务收入将会更低，大约会下降 50% 以上。

百度地图已经成为与高德地图不相上下的竞争对手，而后发制人的关键还是背后的思维方式和技术差异。

地图是一个专业性极强、分类细致的工作，需要地图公司拥有搜集数据的能力和算法能力。道路背景等要素可依赖车辆采集和航空摄影，而每一家商店的数据采集，则需要业务人员步行街拍，并把商店信息、地址、定位拍照录入系统。目前，互联网地图服务厂商中拥有这项能力的唯有高德一家。除了通过企业工作人员采集数据，还可以通过与合作伙伴共同建立数据库，以一种更加互联网的方式来更新数据，做深度POI（兴趣点，Point Of Interest），高德地图与大众点评、携程、新浪微博等建立了广泛深度的合作，可从后台将餐馆、酒店等详细信息在地图上更新。

传统思维与互联网思维的碰撞也由此产生。与其他互联网公司合作以后，双方可以直接将数据库对接，把携程里每家酒店的地址、电话、房型直接更新到地图数据中。但很多时候，这种数据并不准确，合作伙伴往往不会更新已经停止合作的商家数据，如果要做到精准，就需要地图采集人员手动更新。

在高德内部，互联网出身的人和传统做地图数据的人开始争论到底是要速度还是准确度。传统做地图的人认为，地图最重要的是要做到精准，必须把使用者导航到门口；而互联网出身的人认为，他们已经谈了很多业务合作伙伴，如果不及时更新，就会影响后续合作，在激烈竞争的时代速度就是一切。

这个问题也曾在百度内部出现。百度曾在2012年刚进入地图之际快速对接合作伙伴数据，一度出现各种数据不准的情况，如搜索同一个饭馆出现多个结果，很多POI都是冗余的，匹配快速但是不准。很快，百度意识到这么做给消费者带来的体验不佳问题，开始改进。

第三方合作数据如今已经可以实现实时跟母库基础数据配合，而在最开始技术不够全的时候，高德人工参与的环节更多。类似这种在准确和快速中平衡的例子在各部门中广泛存在，但新技术和新方法也一直伴随着问题的产生而诞生。

变　量

下了山李勇峰才发现自己一身冷汗，坐在旁边的司机也是。这是2013年5月份，李勇峰和司机开着腾讯街景车一路到天津蓟县的盘山山顶，这座被称为"京东第一山"的山路极为险峻，上山过程中李勇峰并未感觉到这一点，直到开车下来时才感到"特别的害怕"。李勇峰2012年毕业后就加入了腾讯街景，一年有300多天都跟车在全国各地跑。腾讯从3年前开展街景业务，2011年12月推出3个城市的街景地图，分别是深圳、拉萨和三亚。截至2013年2月26日，腾讯街景已经上线123个城市。

被称为"中国街景第一人"的张弦是腾讯街景负责人,他学地质出身,来腾讯街景之前做过导航电子地图业务。在他看来,现在的地图形式太初级,用户体验还有很大的提升空间,而街景很可能给地图带来不一样的前景。

地图的二维形态决定了用户对它的使用场景有限。王建宇是腾讯公司手机地图业务负责人,他发现用户对地图的使用频率太低。"你去上班不会用地图,因为附近都太熟了,回家也不用地图,同样的道理。到最后只有当你去陌生的地方时才会用它来看路线。"

同时,这也意味着,当用户打开地图时已经知道自己要去哪里,地图的主要功能还是导航,而无法影响用户在前期的决策。拿餐馆服务来说,用户会先用大众点评查好餐馆,然后再跳到地图里查看路线,而不是先打开地图再决定去哪里吃。地图这种处于用户决策下游的位置让它很容易被上游应用屏蔽掉。事实上,作为上游的大众点评已经在应用内接入地图,如果它的体验与单独用地图查看无差别的话,至少在餐馆领域地图就没有单独存在的必要。

地图一方面处于本地生活服务领域用户决策的下游,另一方面被打开频率太低,这也为目前的"地图入口论"打上了一个挥之不去的问号。

"现在地图行业的市场壁垒并不算高,而按照现今的打法,如果地图形式本身没有大的变化,我们想要抢到更大市场份额就很难。我们的机会在于变化,这个变化将来自地图本身。"王建宇说。相比起来,腾讯没有百度和阿里巴巴那么着急。王建宇之所以不着急是因为他希望腾讯地图业务能够用技术建立起新的游戏规则,而不是在既有的二维地图规则下追随。"现有的这种二维地图格局下,就算我们收购掉所有第三名之后的地图厂商,依然难以改变大局。"

腾讯地图希望做带动行业升级的变量,他们手中的武器就是街景地图。腾讯在街景的投入上不惜血本。

街景设备极为高昂,为了控制成本,腾讯的街景车全部自主组装。红色的大众 POLO 车顶架着一个 20 多斤的设备,这是它的眼睛,由 6 台带有鱼眼广角镜头的尼康相机组成,呈 360 度分布。这并非这辆车最值钱的部分,后座上价值 20 万元的 Novatel GPS 定位设备才是。这样一辆街景车价值约百万元人民币,目前一共有 50 辆,其中有一半分布在北上广深等大城市中,另一半用于开拓地级市。

在对街景做出投入的时候，腾讯瞄准的是未来地图的机会。张弦认为目前整个地图行业的发展是比较初级的阶段。"大部分人的使用场景仍然在找地点、找路、导航，就跟人一样，当你的所有使用场景都是围绕着吃饭的话，就还在温饱线上。未来用地图时，这些使用场景可能变得非常次要。"

2013 年的 Google I/O 大会上，身着红色 T 恤的 Larry Page 表达了"面向未来而不是总谈论公司间的竞争"的基调，其中 Google 地图便直接用"面向未来"作为演讲主题。在他的理解中，未来的地图将由 4 个图层组成：传统的二维地图、街景地图、航拍地图和本地数据。每一个图层其实都是在不同维度将现实世界数字化，最终建立一个平行于现实世界的独立的数字世界，在那里所有东西都可以连接起来，人和人、人和交易、交易和手机、手机和汽车。

无论是 Google 地图还是国内的任何地图，离这个未来还有很长一段路要走，并且没有人知道确切的路径。腾讯相信街景将会是其中非常重要的一部分。"街景是很好地表达这个世界的方式之一。"王建宇认为它可以解决地图中的"最后一公里"，让人对地理局部的认识达到一个新的程度。举个例子，现在地图无法解决车库、大厦入口在哪里的问题，街景是一个很好的解决方案。

三国杀

BAT 在地图上的布局思路已经不仅仅是地图，而是争夺连接线上线下的"入口"。

百度和高德地图已经是承载了团购、打车、订酒店等各类吃喝玩乐的平台。高德副总裁郄建军表示："高德从 2011 年开始改版的时候就想做位置生活门户，一直都是这个方向从未改变。"

位置是移动互联网的天然属性，也是最常使用的服务。在地图成为一个将互联网用户引入线下的连接载体时，高德如同一个微小的变量，开始搅动整个互联网行业。

在中国做地图测绘需要特殊的牌照，此前中国仅有 11 家公司取得此牌照。

高德有块收入叫作企业及政府服务收入，是指高德把基础的地图数据卖给第三方公司和政府获得的收入，腾讯、谷歌、新浪等第三方公司均向高德购买基础数据，苹果在 iOS6 推出时，中国区的地图服务和运营都委托给高德来做，而百度则用了四维图新的数据。

在阿里巴巴入股高德之前，腾讯每年都会花几百万来买高德的底层数据，之后，腾讯内部员工透露高德的基础数据服务仍然在与腾讯合作，但三维数据已经不卖给腾讯。高德地图回应称："这取决于腾讯买不买，而非我们卖不卖。"也就是说，阿里巴巴的入股正在引起双方关系的改变，客观上也逼迫腾讯开始在地图上发力。

2013 年 12 月，SOSO 地图改名为腾讯地图，它开始以一个公司级别的平台身份出现，SOSO 地图是腾讯与搜狗交易中没有被外嫁搜狗的一块业务，这也表明腾讯对于地图这一战略资源的看重。2014 年 1 月，腾讯全资收购了具备甲级测绘资质的科菱航睿公司。这一收购不仅将让腾讯的街景采集变得更容易，而且为未来将 UGC 数据加入地图数据消除了风险。

同时，地图正成为一个平台聚集越来越多的"第三方应用"。2013 年 8 月，百度地图宣布用户数量突破 2 亿，百度地图也从一个简单的出行工具成为一个生活服务平台，拥有超过 500 万条生活服务类数据，与 60 多家数据合作伙伴进行深度合作。而百度 LBS 开放平台日活跃 App 达 10 万个，为 25 万个网站和应用提供地图服务，并为超过 7 万个 App 提供定位服务，定位请求日均达 35 亿次。高德的开放平台有 30 多万开发者，每天有超过 1 万款应用调用高德 LBS 开放平台的服务。

这也是百度将地图作为移动互联网核心战略取得的成果。两个地图正在实现当初的设想，你可以在地图上吃东西、定电影院的座位、呼叫保洁以及订好酒店选择想要的房型。百度与高德的主要精力依然是整合合作，消费者利用地图引入的第三方应用流量有限，郄建军透露："现在还是在完善生态体系的投入阶段，通过合作伙伴的流量导入分成费用还太早。"

然而，在百度、高德高度同质化的竞争中，二者最大的区别在于，百度除了想建立开放平台，还希望自己做百度团购。糯米团创始人沈博阳的离职也与百度希望借收购来的糯米做自有团购关系密切。在团购市场已经被美团网和大众点评瓜分殆尽的情况下，百度既不敢放弃这两个合作伙伴，又要借糯米和地图资源推自有团购，这一行为也正在引起美团网等第三方合作伙伴的警觉。

在此前，高德是一个趋近于中立的第三方开放平台。但当阿里巴巴入股尤其是全资收购以后，巧妙的互联网力学体系正在发生变化。互联网企业发展进入整合期，各大新兴崛起的创业公司纷纷站队，地图们和合作伙伴的关系变得越来越巧妙。

如果说阿里巴巴入股高德已经是一次站队行为，为什么阿里巴巴已经入股高德了，还要继续全资收购？一种说法是，阿里巴巴之前以控股的方式投资了地图服务提供商易图通，之后，易图通开始融合进入阿里巴巴的各个部门，但整合效果并不太好。2013年10月，淘宝本地生活推出"地图搜"，用户可以通过地图搜索优惠和商户，但影响力较小。全资收购高德有利于阿里巴巴控制和分配内部资源。

然而，在互联网与传统商业深入融合时，通往线下的入口才是阿里巴巴更想获取的资源。全资收购高德以后，双方基于数据库和线下人员整合的合作想象空间更大。比如，地图在测绘时，需要业务人员到每家店去测量，这可以与阿里巴巴旗下的淘点点等地推人员合并完成，节省人力成本。

阿里巴巴在2014年3月8日发起的"手机淘宝生活节"可能正是双方深度合作的一个缩影。淘宝与线下40家商城进行合作，使用支付宝支付折扣能低至3.8折，用户可以在高德地图上抢优惠券，查看商家实景并导航进入所要去的商场。阿里巴巴称："地理数据及导航只是互联网的一个应用，而融合进阿里巴巴大体系之后，高德将在阿里巴巴商业生态的基础上发展，由此带来业务及运营模式的创新。"

比起百度与阿里巴巴宏大的O2O布局，腾讯街景更看好垂直领域的潜力。

在腾讯手机地图业务负责人王建宇看来，相对于二维地图，街景的优势在于它更直观，对现实的虚拟化程度更高，这可能会拓宽用户对地图的使用场景。与地图不同，用户对街景的使用场景可以分两类，用街景来认识目的地，以及在垂直领域的应用。如租房、买房领域，用户可以先用街景查看当地社区情况帮助做决策，目前包括搜房网、赶集网等在内的垂直网站已经接入了腾讯街景。还有如旅游市场的查看景点，酒店领域中的订酒店等，相对于目前常用的文字和图片描述，街景的表述更为直观、全面。正是看到了垂直领域的机会，街景推出了面向消费者的导航应用腾讯路宝。它的最大优势在于实时路况，与目前大多数地图中的导航功能不同的是，路宝在采用了如道路摄像头、出租车等第三方数据的基础上，加入了来自微信、手机 QQ、手机地图等数据平台的定位数据，它能在整个实时路况的运算中加入人在哪儿、移动速度等数据。目前，整个腾讯地图平台上这种定位数据可以达到每天 30 亿次。数据越多、来源越广泛意味着最终的数据挖掘结果越准确。

"如果能把驾车出行这个场景做深做透就已经是件很大的事情了。"张弦这样解释推出路宝的初衷。在他看来，未来当我们谈"地图"时，就跟现在谈"互联网"一样，地图会是无处不在的广泛概念，它会延伸出各种细分垂直领域的应用，解决各个具体场景中的问题，如驾车、公交、步行、订餐、旅游等。

如果从互联网竞争的总体格局来看，地图的第三方平台的真正成熟并形成闭环需要用户账号体系、支付等一整套系统的支撑。未来，用户可以用手机号码和验证码来作为账号体系，只剩下支付环节需要解决。

移动搜索

有人说移动搜索开启"拼爹"时代，移动互联网的入口竞争越来越激烈。移动搜索与 PC 搜索是完全不同的形态，其市场尚不稳定。UC 和阿里巴巴合力推出移动搜索，预示着移动搜索市场进入快速发展期，未来竞争更加激烈。

"神马"都要知道

2014 年 4 月 28 日，UC 在自己十周年的庆祝活动上发布了一个令人意外的消息：与阿里巴巴成立合资公司，双方共同推出移动搜索业务，起名为"神马"，广告语是"神马都知道"。

阿里巴巴曾先后两轮投资 UC，马云在 2013 年增资后出任了 UC 的董事。

但 UC 的 CEO 俞永福多次对外强调"独立发展"，尽管业界对 UC 与阿里巴巴的关系有颇多猜想，但并没有实质合作的消息泄露出来。谜底终于揭开。2014 年 4 月初，UC 发布浏览器跨屏战略，其 PC 端浏览器整合了淘宝浏览器的产品和团队。时隔 20 天，双方更是高调以合资公司形式进军移动搜索。自此，UC 已经在 BAT 的圈地战中完全被划归在阿里巴巴版图当中。UC 浏览器在手机上的优势，阿里巴巴的电商基因，双方未来将彼此借力，共同抢食移动入口。

"移动搜索绝不是 PC 搜索的无线化，不能背负 PC 搜索的包袱。这是一个新市场，必须用新视角、新思维去开拓。"俞永福指出，手机和 PC 的使用场景、交互方式有很大不同，用 PC 思维做搜索，很难满足移动互联网时代用户的需求。正是基于这样的认识，虽然没有搜索经验，但俞永福认为 UC 在移动端完全有机会超越百度。"弯道超车时，原来在直线上速度越快的企业拐弯时包袱越重。"阿里巴巴联手 UC 推出"神马"，也预示着将移动搜索市场作为自身业务的一大布局。现阶段，移动搜索市场各家竞争主要是在引入流量的阶段，阿里巴巴和 UC 浏览器的合作也是为自身移动搜索流量的引入打下坚实的基础。"神马"搜索一经推出，就具有 UC 浏览器提供的大流量基础，为"神马"搜索在未来的发展奠定了良好基础。因此，"神马"入局，短期内会对百度移动搜索造成一定影响。从长远看，"神马"搜索未来发展面临一定的挑战，产品搜索质量是未来可持续发展的关键点。

"企鹅狗"抢占入口

2014 年 4 月 29 日，搜狗在与腾讯 SOSO 合并后的首个财报发布，搜狗 CEO 王小川也在合并后首次公开接受采访。"第一季度 7000 万美元的收入中，有 6400 万美元来自于搜索，另外 600 万美元来自导航和游戏。搜狗超预期地实现了盈亏平衡，这标志着搜狗与 SOSO 的整合效应开始体现。"

2013 年 9 月，腾讯以 4.48 亿美元战略入股搜狗，并将旗下 SOSO 的多项产品和相关技术人才并入搜狗。在合并完成后，2014 年第一季度的财报首次显示双方合并的结果。正如当初王小川预想的那样，腾讯给搜狗带来入口资源，使得搜狗在 PC 端的规模效应和移动端优势开始显现。据王小川透露，获得腾讯渠道资源支持后，搜狗 PC 流量和无线流量均出现上涨，其中 PC 流量温和上升 5%，无线流量提升 24%，来自 PC 端收入占 88%，移动端占 12%。在谈及未来战略时，王小川强调："移动搜索已是大势所趋，对于新搜狗来说，在大战打响之前，顺利完成了融合工作，可以彻底释放两者的合力，全面搏击移动搜索未来。"

无线搜索市场目前还是一块尚未被瓜分的蛋糕，虽然百度、360 都先后进军，但谁都没有找准感觉。傍上腾讯，搜狗拥有了搜索入口和流量，这成为搜狗无线搜索远期发力的重要支撑。业内有一种说法，如果没有腾讯，搜狗很难在移动端破局。如今，腾讯的 QQ 浏览器、手机 QQ、微信等产品，都将直接帮助搜狗获得移动搜索的市场份额。

百度、360 都在虎视眈眈，即使有腾讯的资源做支撑，搜狗如果想最终占有一席之地，也只有靠创新。王小川透露，搜狗正在积极探索智慧化搜索和社会化搜索模式。搜狗要与百度在移动端竞争，关键要有颠覆性的搜索模式。

移动门口的 BAT3

未来手机的入口是什么？业界对此仍存有争议：有人说是浏览器，有人说是搜索，也有人说是超级 App。由于手机产业链的复杂性，手机的入口不会像 PC 那样单一。2014 年，手机入口的争夺更加激烈，移动搜索已经超过 PC 搜索量。

毫无疑问，百度现在还是移动搜索的最大玩家。百度在手机上已经有 14 款 App，用户过亿，并且目前在移动搜索领域仍有绝对优势。特别是 2013 年提出的"轻应用"概念对其移动搜索起到很大的帮助。2014 年，UC 靠阿里巴巴出位，搜狗傍腾讯布局，在移动搜索领域，BAT 的战局又将拉开。此外，移动搜索领域不可忽略的玩家就是周鸿祎亲自挂帅的 360。在浏览器之后，相信 360 在 2014 年对移动搜索必将有大动作。移动搜索领域的 BAT3（百度、阿里、腾讯、360）格局隐现。

百度在移动搜索一家独大的局面在 2014 年被打破。作为移动搜索市场的领先者，百度移动搜索一直位居市场第一。百度在移动端主要依靠自身客户端下载、应用分发、手机地图以及其他多款自家应用进行流量的导入，其中 UC 浏览器是百度外围流量导入的一大来源。"神马"搜索的推出，一方面依托阿里巴巴淘宝、天猫等大流量应用进行内置搜索服务，另一方面依托 UC 浏览器进行流量导入，抢占了百度的部分移动流量。

BAT3 四个巨头各有优势，未来会形成什么样的格局很难判断，因为移动搜索的产品形态、商业模式还未定型。可以肯定的是，未来移动搜索将是巨头必争之地。

移动医疗

2014 年 CES 向我们展示了各种健康医疗设备，昭示着物联网时代正健步走来。科技巨头谷歌收购 Nest 和 Android Wear 开放平台将健康数据监控行业的繁荣推向高潮。除了关注健康数据的可穿戴设备，我们还应该看向哪里？运动的、健康的，还有生病的、羸弱的。我们对移动医疗的关注和投入相对仍不足。但是现在，风投已经开始流入智能医疗硬件领域。

硬件时代的曙光已经到来。移动医疗领域这一"金矿"亟待开掘，机会和风险俱在。把握时代的脉搏还不够，软硬件跨界资源的整合、完整供应链的掌控和产品更新换代的节奏，都是创业者们需要使出的必杀技。医疗硬件的创业者们，这一次是否站对了"风口"，究竟能不能"飞"起来？

在 20 世纪 90 年代，移动通信业尚不发达，黑色的摩托罗拉"大哥大"是土豪才用得起的手机。1999 年，年轻的李承志刚毕业不久，厌倦了汽车行业复制国外设计的做法，转身加入了摩托罗拉，做起了一名手机架构设计师。这是他互联网硬件产品生涯的开始。在摩托罗拉工作 3 年后，他先后在中电赛龙和德信无线从事手机架构管理工作。2010 年，他开始了自己的第一次创业。通过接受美国 InfoSonics 的投资，他将运营商定制手机销往拉丁美洲地区，从设计研发到采购销售一整套供应链环节，他都要进行管理和掌控。在手机圈从业 14 年后，他看到了智能移动医疗的发展契机，开始了自己的第二次创业，目标是医疗软硬件。从汽车底盘设计到手机设计销售，再到今天的医疗硬件，无不对应着传统通信业向互联网、移动互联网时代的变迁。"我有个医学博士的朋友，他的孩子得了糖尿病，后来我们就想一起做事，将糖尿病和移动互联网结合起来，因为这部分用户量大、黏性强、使用率高。"李承志说。我国的糖尿病患者有多少？据国际糖尿病联合会估计，全球约有3.7亿糖尿病患者。而《美国医学协会杂志》调查称，截至2013年9月，中国糖尿病患者已达1.14亿名，约占全球糖尿病人总数的1/3。

互联网行业正在颠覆着各种传统行业，医疗行业也是其中之一，同时也是较为"难啃的骨头"。糖尿病监控为何适合移动互联网化？"传统的血糖仪检测，需要拿出纸笔记录，或者找到电脑输入表格曲线，然后打印出来带给医生看。"李承志说。而李承志的糖护士手机血糖仪将传统的糖尿病检测进行移动互联网化，自动进行采样，生成曲线，方便用户实时监控。Medi Cool医库软件公司董事长认为，移动医疗硬件设备可随身携带和方便的特点，使得患者的依从性、医疗人力资源的分配效率和疾病防控等方面都有极大的提升。"糖护士拥有先发优势，率先进入医疗硬件行业进行积累，加之其拥有硬件产品经验，目前已经建立起技术壁垒，或将产生较强的用户黏性。"Dr2如是说。同时，糖护士背后还拥有三诺生物的医疗支撑和创新工场及微软创投的互联网技术支持。

全球IT评论家"莫博士"（沃尔特·莫森博格，Walt Mossberg）曾对智能医疗发表过自己的看法。他撰文称："目前可穿戴智能设备发展得如火如荼，并倾向于健身数据的追踪，但是医疗领域并未受到过多关注。科技在医疗领域的进步速度非常缓慢。"莫博士在博文中亲测了几款手机血糖仪，其中一款是iHealth智能血糖仪。iHealth是美国硅谷的一家个人健康数据管理公司，产品包括血压计、血糖仪、体重秤等在内的多种健康智能设备。iHealth智能血糖仪设计简洁，流线形身材，科技范儿十足，同时支持iOS和Android主流设备。李承志的糖护士手机血糖仪，主要利用小型外接硬件设备采集血样，通过手机应用进行数据存储、管理和分析，同时加入分享、远程监控和知识普及的功能，帮助患者和家人实时血糖水平监控，方便地进行健康管理。具体而言，手机应用上有五个功能，分别是测量、管理、分析、论坛和商城。用户可以在测量模块中，对血糖值进行长短期的目标设定。目前，用户可以将血糖指数分享到微博、微信朋友圈等社交平台上。下一步，李承志计划将应用接入线上医疗平台，如春雨掌上医生等。在分享功能中，点击相应医疗平台，用户可以就血糖指数和餐饮情况与医生进行线上沟通。糖护士血糖仪除了外观和连接，在功能上与 iHealth 有着相似之处。不过，iHealth 是通过蓝牙将硬件检测的数据传输到手机上，而目前糖护士还是通过外接的方式实现数据传递。为了实现 iOS 和 Android 设备的准确适配，李承志团队将产品寄往苹果总部进行 iOS 认证测试；安卓方面，由于国内市面上的安卓设备种类繁多，他们找来了 380 多款设备，一一进行外接测试，适配率达 95%。李承志表示，2014 年年底，新版糖护士血糖仪会实现蓝牙连接等多种无线连接方式，同时开发全新的硬件设备界面，争取做到简单、易用、美观，便于全龄段的用户使用。

据美国市场研究公司 Grand View Research 最新发布的研究报告，预计到 2020 年，全球移动医疗健康市场的规模有望超过 491 亿美元。移动互联网催生医疗各细分领域走入医疗移动化、智能化和信息化时代。包括病情预测、诊断、病情管理、后期康复在内的医疗环节均有互联网公司开始涉足。新的移动医疗模式，如病情监控、远程医疗、大数据解决方案成长较快。

2013 年，国内移动医疗领域的投资开始升温，包括春雨天下、大姨吗、糖护科技等公司均获得不同额度的投资。虽然行业前景可观，但是各家公司也存在不同的优势和问题。春雨天下是较早进入该领域的选手，旗下产品春雨掌上医生 App 于 2011 年上线，主要针对医生和医患的寻医问诊环节，目前仍在做商业化探索，如用户开通会员的增值服务，包括获得线上医生优先回答权利，以及更多个性化验单解读和饮食指导等。目前，春雨掌上医生已经获得多轮融资，但商业模式的探索并不够顺利。该应用通过会员制进行收费。这种模式存在发展瓶颈，医生的诊断和验单涉及专业知识，不容易界定。

于 2012 年 1 月上线的大姨吗应用走的是女性医疗健康垂直路线。据悉，大姨吗采集女性用户生理数据进行分析，为用户提供健康建议，并围绕健康服务的定位来做增值服务。大姨吗于 2013 年 9 月获得红杉资本千万美元 B 轮融资。据 Enfodesk 易观智库《中国女性工具 App 市场月度监测报告 2014 年》数据显示，大姨吗 App 累计用户规模远超其他女性工具 App。

2013 年 9 月，糖护科技获得创新工场和三诺生物 300 万元的天使轮投资。

李承志表示，不仅要做一款医疗硬件，而且希望糖护士手机血糖仪能够成为一个医疗数据服务平台，做用户私人定制的血糖管家。在盈利模式方面，春雨掌上医生是通过会员制，大姨吗主要通过广告和流量置换，而糖护士是通过售卖血糖仪测试试纸来盈利。据悉，糖护士未来将在手机应用上开放商城环节，销售试纸。

移动医疗入口是一个资源和技术驱动要求较高的领域。春雨掌上医生、好大夫在线通过整合处于价值链中枢地位的医生资源，吸引用户上线，寻求诊断服务。进入该领域的公司要求同时整合医疗和移动互联网资源，这种跨界并非简单的糅合。不少公司偏向针对普通用户提供健康和医疗服务，这部分用户基数相对较大。而专业的医疗诊断和监控业务，一旦涉及医疗事故，承担的法律责任也较大，这是令不少创业者望而却步的因素之一。移动医疗行业主要有四大入口：专业人士、机构、硬件和大众入口。这些入口都有很大交叉重叠，项目操作时一般是整体化看待的。而其中的医院是资源驱动型的，进入者需要拥有大量的产业资源，以及管理和技术储备等全方位资源整合能力。

医疗硬件方面，各移动医疗服务商通过手机应用、可穿戴设备、外接硬件进入；软件方面，力争提供专业、实用、贴心的医疗服务，同时经营大数据或个性化数据业务。

目前，医疗硬件可以提供的主要医疗服务有数据测量和病情监控等，手机应用较多涉足医生诊断和健康知识服务等环节。据前述 GVR 报告称，病情监测服务将占据优势，同时也是移动医疗健康市场增速最快的领域。预计2014～2020 年，其复合年均增长率有望达 50%。而既涉足医疗硬件又涉足手机应用的创业公司如上述提到做智能血糖仪的糖护科技，为糖尿病患者提供数据测量、监控和分享服务。2014 年 2 月，糖护士获得了经药监局临床测试通过的 CFDA 医疗器械许可证，这在医疗软硬件中尚属首家。在谈到移动医疗的门槛时，李承志表示，一个是政府的监管门槛较高，另一个是技术门槛较高。比如，血压计属于电子产品较容易生产和测量，但血糖仪涉及生物化学，想触网会遇到技术门槛。他坦言背后主要是三诺生物在做医疗资源的整合和技术支撑，医疗硬件销售渠道方面则需要深厚的产业链资源。李承志有在摩托罗拉的手机研发、生产、销售等管理经验，为他从事硬件创业打下了基础。同时，三诺生物医疗资源的加码，也使其产品在医疗资源上的积累有所落地，避免走太多弯路。目前，糖护士血糖仪在众筹平台点名时间上进行预售。李承志表示，一方面三诺生物在全国2万家医疗器械门店提供销售支持，另一方面将和京东（滚动资讯）合作，销售其医疗硬件产品。同时还会考虑和运营商合作，搭售硬件产品。

2014年是医疗硬件快速推进的一年。据媒体报道，中国医药物资协会发布的《2013中国医药互联网发展报告》显示，2013年中国移动医疗市场规模达23.4亿元，较2012年的18.6亿元增长了近26%。业内人士分析认为，医疗需求增加、诊疗效率亟待提高和国家政策鼓励，会在2014年让移动医疗得到快速普及。但是，这种契机同时也蕴藏着风险。李承志正在和投资人谈A轮融资，但他表示不是要提高估值，而是补充在未来一两年安全运营的资金。"毕竟这个行业有风险，启动得早不一定有结果，有些行业需要慢慢来看，不是马上就能赚钱的，现在来说盈利模式还不成熟。"他坦言道，"健康移动医疗，实际想象得不一定有看上去那么美，也不一定那么快成熟"。他补充道。风险究竟在哪里？一方面，医疗行业处于政府监管下，销售医疗器械要临床测试通过才能获得国家认证；另一方面，医疗硬件产品本身有接受度的问题，尤其是初创企业面临很高的教育成本。

用户为什么要买？有多少刚需在里面？是病患还是关注病患的人群才是目标用户？公司能承受多大风险？这些都是想要进入移动医疗领域或正在创业的"淘金者"需要考虑的问题。

第十二章　电商企业的实体化尝试

眼下几乎全行业都在讨论传统企业向电商转型的话题，不过值得注意的是，起家于线上的电商也纷纷试水实体店，打造自己的 O2O 模式。如今，未来不可能存在纯粹的线上或线下公司已经逐渐成为共识。线下传统企业向互联网转移是基于消费者消费习惯的转变，而线上电商实体化的动因则主要集中在以下 4 点：①品牌落地的需要；②物流配送网络的要求；③线下体验的实现；④多业态经营拓展的考量。但是无论出于何种原因，线上电商在实体化时首先就面临价格策略和经营模式的抉择。

价格战略：以低价切入市场

电商以价格切入市场是众所周知的事实。一条网线，连通世界，电商企业不再需要大量的线下渠道铺设，同时也省却了经销商和销售终端等通路的利润损耗，使得电商企业在消费市场较之传统企业有更大的让利空间。这在电商企业起步阶段是巨大的优势，然而，一旦到了品牌落地、线下体验实现等关口，价格又成了最大的掣肘因素。目前电商实体化的价格策略大致上有 3 种：线上线下同价，线上线下不同款，线下仅做展示体验。

　　中高端男装玛萨玛索是国内较早开始尝试实体化运作的电商品牌。2010年，玛萨玛索在北京中央商圈世贸天阶开设了首家也是唯一一家线下体验店，两年后，这家体验店黯然关张。玛萨玛索体验店的折戟，线上线下同价的价格策略是罪魁祸首。为树立品牌的高端形象，选址在顶级商圈的玛萨玛索体验店，客单价300～500元不及同商圈商家的1/6，而每年数百万元的运营成本却是不能承受之重。中高端电商品牌实体化需要与自身的品牌定位相匹配，对门店选址与运营团队要求均较高，而高昂的运营成本和较低的利润空间严重制约了线下门店数量的扩增，辐射人群范围有限，无法实现线下品牌体验与展示的初衷。因此，线上线下同价的价格策略，至少在中高端电商品牌实体化上并不可行。当然，电商品牌经营的品类，如能有较为独特的卖点或品牌价值，不具备比价的可能性，线上网店和线下实体店，在保持统一价格的同时，也仍旧能有不错的利润空间，家具定制行业的尚品宅配即其中一例。

　　同为服装类电商品牌的韩都衣舍，紧随玛萨玛索之后，首家线下门店于2012年7月开业。韩都衣舍门店与网店运营分离，采取的价格策略是，线上线下不同款，规避价格冲突。现在看来，韩都衣舍门店存续状况较好。尽管没有详细资料，但在百度地图上检索"韩都衣舍"关键词后有50多条地点反馈，全部集中在沿海及中部省会城市。韩都衣舍的实体化价格策略虽看似美好，但基本上已经与传统服装业品牌门店无异。线下门店彻底沦为韩都衣舍线下拓展的新渠道。而依靠线上品牌支撑线下门店销售，网络品牌的线下影响力支撑有限，制约门店的全国布局。如通过大量线下广告开拓市场，线上线下双管齐下树立品牌形象，在网络营销费用越来越趋近传统渠道的情况下，其资金的压力也非在市场份额上至今仍属于行业小角色的电商企业所能承受。

　　在电商实体化上尝试得更大胆的，是大洋彼岸的服装品牌 Bonobos。这家高端男装品牌，起初坚决不触碰线下门店业务。但在西雅图的线下体验店切实拉升了客单价，而且门店还能略有盈余后，体验店也从起初的一家拓展到了数十家。不过 Bonobos 的线下实体店不售卖货品，仅提供体验服务。有报道指出 Bonobos "店面积小，避开繁华商业区；店员人数少，只接受预约，每次45分钟；库存低，试衣后网上下单，隔日送货"。该模式下，线下门店仅是线上网店体验的延伸，最终的交易仍通过线上完成，形成 O2O 闭环，杜绝了线上线下的价格冲突。然而，线下体验结束，却不能在付款后立即获得商品的怪异经营模式，客户体验很糟糕。而 Bonobos 也并不指望体验店成为重要的销售渠道。

电商巨头布局 O2O

2014 年 3 月 17 日，京东集团宣布与全国 15 个城市大约 10000 家便利店合作，开始了 O2O 征程。这是在 2013 年与山西唐久集团合作之后京东在 O2O 领域大规模跑马圈地的开始。京东并不是唯一与便利店合作的电商企业，此前，亚马逊、微信、支付宝都与线下便利店展开合作。一时间，便利店作为电商平台落地最佳承载模式进入巨头们的视野，"抢食"便利店也成为 2014 年电商平台 O2O 的一个主旋律。

O2O（Online to Offline）成为 2014 年电商企业和传统企业共同关注的模式。电商企业希望通过以自身的流量和数据优势与传统企业合作，打造自身的O2O 闭环，利用 O2O 模式将线下和线上融合成一个大的生态体系；而传统线下企业也在思考如何利用电商企业的流量、平台和工具，盘活自身的线上线下销售体系。电商企业的 O2O 战术是先打造出样板模式，然后再向全国复制。在这个过程中，选择什么样的线下合作伙伴便成为撬动 O2O 链条的一个关键。于是，便利店成为巨头们眼中最合适的伙伴。

2013 年 3 月，亚马逊中国与上海的全家（Family Mart）便利店合作，上线了收货自提业务。用户在亚马逊购买了商品之后，可以到全家便利店自提，既可以在线支付到便利店自提，也可以在便利店用现金、刷卡等方式付款。阿里巴巴切入便利店的方式是支付，2014 年上半年，支付宝先后与美宜家、红旗连锁、"7 - 11"等便利店合作，用户在便利店消费，可以通过支付宝进行扫码支付。数据显示，目前，支付宝已经支持在 20000 家便利店购物付款。

巨头们缘何对便利店情有独钟？京东首席物流规划师侯毅指出，从商业业态的特点来说，便利店是本地生活中最接近消费者的，便利店的库存也最接近消费者，服务方面可以做到随时送达。因此，这种业态对于电商企业涉足 O2O

来讲是最适合的。对于京东来说，与便利店合作符合其渠道下沉的战略。京东商城 CEO 刘强东在 2014 年年初宣布，京东 2014 年 5 大战略之一就是渠道下沉，对于三、四线甚至更偏远的城市，目前京东物流能力鞭长莫及，要想将目前在一线城市积累的物流能力和服务标准复制到三、四线城市，需要付出巨大的成本。通过与便利店合作，覆盖便利店周围的人群算是条捷径。

电商企业积极与便利店合作，主要是看重便利店本地化的优势，中国的便利店规模都不大，知名便利店品牌都采用连锁经营的模式，在管理上也初步具备了系统化管理的能力。便利店自身也有与电商企业合作的动力，目前，二、三线城市便利店发展比一线城市更好，原因是二、三线城市的租金相对较低。近几年，便利店发展迅猛，但由于便利店通常开在写字楼、大型社区等人流聚集区，而这些地区的租金连年上涨，加上人工成本的上涨，便利店的利润被不断蚕食。2012 年，"7 – 11"就在北京、上海关闭了多家店面。

国内大多数便利店企业迫切需要在不增加成本的前提下增加新的盈利点。通过电商平台获得流量、增加销售是一个不错的选择。

互联网企业忙着在 O2O 领域跑马圈地，拓展线下盟友。不过，与以往 B2C 企业投靠电商大平台纷纷"站队"局面不同的是，如今线下企业，无论是品牌商还是零售商都不拒绝与每一家互联网公司的合作，便利店也是如此。拥有 5600 家便利店的美宜家副总经理邓伟光就并不讳言公司与天猫、腾讯、京东都有合作。事实上，便利店之所以与三大巨头都在合作，是因为每一家企业所能提供给便利店的价值不同。而这些价值对于便利店来说，恰恰又是互补的。

微信与便利店的合作模式是建立在社交基础上的，便利店通过微信提供的公众号或者服务号的功能建立与用户之间的社交关系，通过这种社交关系对用户进行服务或者营销，在互动中增加用户的黏性，从而获得更多的销售机会。阿里巴巴与便利店的合作主要是通过支付手段实现。在诸如"7 – 11"、美宜家等便利店，用户购买商品后，收银员计算商品总额，然后用扫码枪扫描用户手机上的条形码即可完成付款。在支付宝手机钱包里，美宜家、友宝都已经上线了公众账号，用户可以通过添加公众账号来寻找离自己最近的便利店或者是查看便利店促销活动。目前，每家便利店所使用的系统服务商都不同，支付宝与便利店达成合作之后，由便利店的 IT 系统服务商完成与支付宝的系统对接，实现上述手机支付功能。

与微信和支付宝模式不同，京东与便利店合作主要从供应链角度出发。合作的便利店在京东开放平台上建立其官网，用户可借助 LBS 定位，选择距离最近的便利店进行购物，便利店在京东后台快速响应用户订单并安排就近配送，满足用户即时购物的需求，如果便利店无法解决自行配送的问题，京东还可以提供物流方面的支持。要做到用户在京东平台所见即所得，京东平台的 SKU 必须与线下便利店的库存 SKU 完全同步。因此，京东的 O2O 模式建立在仓储体系打通的基础上。这对于便利店的想象空间在于，便利店可以在线上虚拟空间扩充品类，建立线上卖场、生鲜超市、冷饮店等多类业态，丰富产品品类，改变现有产品结构。这样一来，用户在便利店就能购买更多种类的商品。另外，还可以实现线上线下会员体系的共享，将积分、优惠活动全面打通。同时由商家或京东自营配送团队以京东统一的服务标准进行"最后一公里"配送。

"双 11"战场硝烟刚散，几大电商又将战场延伸至线下。国内几大电商巨头纷纷布局线下，争相开起了"接地气"的实体店。

京东商城的实体店"京东帮服务店"在河北赵县正式落地。据了解，该服务店类似于京东面对县域消费者的综合服务点，为消费者提供配送、安装、维修、保养、置换等家电服务，目的在于让更多农村消费者认识电商渠道和京东。此外，店内还会进行部分商品展示，并提供代客下单服务。据京东方面表示，此举是打通农村电子商务"最后一公里"路程的重要举措，许多农村消费者对商品和售后服务政策不了解，对家电网购仍有疑虑。"京东帮服务店"可以让当地农村消费者体验京东大家电产品的服务模式，借助实体店的力量，京东大家电可在四到六线城市进行物流提速，提高市场竞争力。

无独有偶，京东的老对手手机淘宝"淘宝会员贵宾体验厅"在广州南火车站里正式拉开帷幕。据阿里巴巴集团首席市场官王帅介绍，体验厅会第一时间展示创新的购物体验和支付方式。目前，这只是"会员体验厅"计划的第一个试点区域，日后将逐步拓展至全国各大高铁站点和国内重点地区。

抢在淘宝、京东布局开张实体店之前，美妆电商聚美优品进驻北京王府并开设首家购物中心旗舰体验店，务求为消费者带来全新的购物体验。1 号店也从 2014 年下半年开始尝试线下分销，主要类目是进口直采商品。据其相关负责人解释，1 号店线下分销一是可以满足区域顾客的购买需求，二是可以增加统一采买量，从而提高进口商品的谈判话语权，获得更好的商品和价格。

可以说，从线上走向线下，是电商的发展模式之一，这不仅让网购消费模式更加"接地气"，而且让消费者对网购体验有了更进一步的了解。

无论是对于阿里巴巴、腾讯还是京东，现在谈 O2O 的赢利模式都显然过早。对于这些企业来说，如何更大范围地将线下企业引入自己的平台同时培养用户的使用习惯才是当务之急。据了解，京东与便利店合作，主要采用开放平台模式，即便利店入驻京东开放平台。开放平台的赢利模式主要是佣金和管理费。不过，京东并不看中眼前的管理费，而更看中便利店经营带来会员的增加，流量的增加。京东 2014 年的目标是三、四线城市的渠道下沉，便利店本身就遍布于三、四线城市，对于京东而言便利店第一个价值是其本身的品牌效应可以覆盖大面积的人群；第二个价值是商品上的深度合作，比如，以京东的规模，更有能力做直营采购，而这种直营采购来的商品可以通过线上线下两个渠道进行销售。京东与便利店合作并不是简单地将线上流量引到线下，其更大的野心是将自己的零售触角伸到线下，将京东的整个供应链体系渗透到线下。同时，由便利店带来的流量又可以成为京东本身的用户。京东与便利店的合作本质上还是零售的整合。支付宝与便利店的合作，则是希望通过在线支付这一手段更深度地网罗用户线下消费数据。支付宝钱包一直以来都是以取代现金支付为目标的，便利店平均客单价不到 20 元，这种小额客单价，90% 以上的用户会使用现金支付，支付宝进入便利店是希望培养普通用户的电子支付习惯。

事实上，无论是出于何种出发点，对于用户来说，体验是最为关键的。对于便利店来说，投入产出比，也就是成本支出是个关键。在京东的供应链整合模式下，便利店变成一个商品配送的节点，服务于便利店周边的用户，理想状态是用户下单后 15 分钟送达。在支付宝的支付合作模式下，用户支付场景快速、方便，免去了使用现金的种种麻烦。支付模式对于便利店来说，不需要支出更多成本，只需要完成系统打通即可。京东的供应链整合模式完成了用户即时送货的需求，不过，有业内人士评论，相对于便利店较低的客单价，配送成本较高。便利店要考量的是如何在提升销售额的情况下将配送成本控制在一定的水准。

实体店"去传统化"纷纷"触网"，电商"下线"走进实体市场，可以说O2O开启了全新的购物模式。

其一，对于电商企业来说，巨头们也希望通过实体店这种新尝试实现自身的转型，丰富销售渠道。一方面，虽然电商线上的发展正如日中天，如天猫24小时571亿元的销售额让线下望尘莫及，但是网络购物这样的模式也并非完美无缺。消费者网购时看不到商品，只能看到图片和文字介绍，这就会造成一定的误差。另一方面，在网络相对而言不太发达的三、四线甚至五、六线城市，网购还有巨大的市场。阿里巴巴研究院对农村电商的预测显示，2014年全国农村网购市场规模为1800亿元，到2016年将有望增长到4600亿元。那该如何撬动潜力巨大的农村网购市场呢？譬如，"京东帮服务店"，京东从大家电入手，借助实体店的力量，让消费者了解京东的产品以及强大的物流支撑体系，扩大市场影响力，从而占据更多的市场份额。

其二，从市场大环境而言，激烈的市场竞争倒逼电商企业不得不做出新的改变。电商作为一个服务性行业，无论是线上还是线下，用户体验都是电商战场决胜的关键。在对手林立的电商行业，只有给消费者提供更好的消费体验，才能赢得消费者的芳心。而这也是淘宝等诸多电商企业布局线下的初衷。"淘宝会员贵宾体验厅"的工作人员介绍："你可以在这里尝试出门不带钱的乐趣。"

可以说，京东、淘宝等线下渠道的拓展是对企业自身发展大局的运筹帷幄，也是其与用户进行亲密接触、互动的新渠道。

经营模式之困境

价格策略是电商实体化绕不开的问题，而其经营模式的选择，实际上与传统企业向互联网转移的困境如出一辙。自营还是借助已有的传统企业渠道？

自营的话，电商企业将遭遇与玛萨玛索在实体化尝试中所碰到的相同难题：①价格策略左右为难；②线下门店的铺租、人员成本等运营费用对以轻资产制胜的电商也是一笔不小的负担；③线下运营的业务逻辑也与电商不同，需要组建新的管理团队，在企业内部同时运行两套不同的管理与营销体系。这对电商企业的管理和运营能力是巨大的挑战。

而在借力已有传统渠道方面，最佳的切入点是早已形成网络的连锁便利店。但这块看似美好的"肥肉"，要想"吃"到，就要对便利店的信息系统进行大规模改造以与电商企业进行对接，同时也要整合连锁便利店企业与电商企业的供应链。没有相应的实力，根本不太可能达成合作。因此小电商企业基本无望。在这方面真正有大动作的是京东。2014 年 3 月京东宣布与包括快客、好邻居、良友、每日每夜、人本、美宜佳等十余家连锁便利店品牌结成合作伙伴，整合线下资源，意图将其改造成京东的线下配送网点及门店。京东如此布局的着力点依旧是物流配送，最大的亮点是预期将形成实现 1 小时送达、15 分钟极速达和定时达的极速物流。但便利店是城市产物，为了满足城市密集人口的不定时偶发性购物需求而存在，只有较大的都会城市覆盖率才比较高，中小城市几乎没有。大城市是电商物流建设最为发达的地区，大型电商企业物流基本能做到当日达。15 分钟送达的极速物流针对油盐酱醋茶等日常消费，市场需求并不大。生活的现实更可能是，做菜发现家里没了油盐，立马下楼在楼下的便利店买回，花费的时间不会超过 10 分钟，而且不会有等待的焦虑，时间上也更为可控。

另外，在省会及地级市甚至县区农村等更广阔的市场，如何构建门店网络？依靠杂货店？它们并不像大城市连锁便利店那样，拥有相对完善的信息化管理系统，光完成店铺管理系统的普及以及与电商系统的对接，就需要大量线下资源、资金与技术支撑，电商真的玩得起吗？

在这方面，长期耕耘线下的传统企业拥有天然的优势。以海尔旗下日日顺为例，据公开新闻报道，日日顺物流在全国拥有 9 个发运基地，90 个物流配送中心，同时已建立 7600 多家县级专卖店，约 26000 个乡镇专卖店，190000 个村级联络站，并在全国 2800 多个县建立了物流配送站和 17000 多家服务商网点。海尔这类渠道下沉的传统企业在三、四线城市及村镇具有惊人渗透率，在线下网点布局上拥有电商无法比拟的优势。线下渠道的搭建，绝非朝夕可就，传统企业在自己的这个强项上，轻易也不会让步于后来者电商。实际上，在三、四线城市及村镇市场，电商企业只能依靠已搭建好的第三方平台提升物流配送的效率以及品牌的线下可见度。

第十三章　实体企业的电商化逆袭

苏宁：驶出转型弯道

这些年来，苏宁的转型一直备受瞩目。

五年前，苏宁易购上线运营，苏宁提出转型创新，以"拥抱互联网"为核心，进行战略探索。苏宁真正开始全面转型则是在 2013 年。当时正值天命之年的张近东在苏宁总部宣布"苏宁云商"模式，正式将"苏宁电器"更名为"苏宁云商"，去"电器化"。"店商＋电商＋零售服务商"，张近东用这样一个公式诠释"苏宁云商"。既不同于阿里巴巴系的电商服务平台，也不同于京东的烧钱模式，他要构建一套自己的游戏规则，实现差异化竞争，成为真正的互联网服务商。张近东进而明确了"一体两翼"的互联网路线图，即以互联网零售为主体，以 O2O 模式和开放平台为两翼的转型路径，苏宁互联网战略得以定型。其转型过程甚至被赋予了"中国零售业新方向"的标杆意义，开启中国零售业互联网转型的先河。"在互联网时代，不是对手的成了对手，不是同行的成了同行。互联网的竞争是残酷的赢家通吃，如果我们不对标领先者，即使取得快于行业平均水平的增速也有可能被淘汰。"张近东说。面对消费复苏缓慢、渠道竞争激烈等外部环境，苏宁 2013 年度没能交出满意的业绩单。年报显示，苏宁 2013 年营业总收入达 1054.3 亿元，较上年增长 7.19%，归属于上市公司净利润仅为 3.66 亿元，较 2012 年跌 86.32%。

当进入加速转型期时，张近东自检中猛然发现问题所在：一方面在新兴专业领域中照搬了传统的经验和做法；另一方面在管理机制上保留了连锁时代的集约管控、标准化复制和大兵团作战，与互联网组织的迭代创新、内部竞争和小团队自主管理不兼容。

面对变幻莫测的未来，一头大象公司原有优势或成负担，加上新老对手的挑战，张近东要求员工回归"狼性"文化。"这里所说的'狼性'，不是狭义的野蛮霸道，苏宁从来都是强不凌弱、弱不畏强，强要强到骨子里。在互联网时代，我们不能妄自尊大、闭门发展，要打开眼界，去研究所有的对手和同行，针对性地制定竞争策略。"

从弯道转向直道

2014 年是苏宁战略的执行年，也是苏宁转型落地、成效凸显之年。对此，继 2013 年商品经营总部成立之后，苏宁再次调整公司组织架构，将线下门店和线上购物两个运营体系进行整合，成立线上线下融合的大运营总部，由苏宁易购负责人李斌执掌，并升任集团副总裁。此外，苏宁旗下 PPTV 创始人姚欣、CEO 陶闯和满座网 CEO 冯晓海等多位互联网人才都进入了苏宁核心高管层。在执行法则方面，苏宁提出了"三效法则"，即"用户体验讲效果，经营创新讲效益，制度优化讲效率"，聚焦 O2O 门店升级、供应链整合变革和用户体验的快速改善，以专业人才体系的搭建和内部创新激励体系的建设，加速高效执行和向互联网企业的转型。

2014 年 6 月 11 日，世界杯比赛即将开启之际，苏宁宣布作为巴萨在中国区第一家官方合作伙伴，将在苏宁运动户外频道、中国青少年足球、巴萨官方粉丝阵地等多个领域展开合作，借势"营销体育"。对于具体赞助金额，苏宁并未向外透露。随后，苏宁易购陆续推出了"疯狂射门"赢积分换钱、足球盛会囤货专区、世界杯中场休息抢购、食品饮料夜间送、苏宁门店观球区等一系列服务和促销。6 月 28 日至 7 月 13 日期间，苏宁易购推出了世界杯"夜间送"服务，为球迷朋友连夜送去选购的"夜宵"。据苏宁易购市场人士介绍，夜间送服务自推出以来已经累计惠及了 10 万名消费者，共卖出了 8.3 万箱啤酒、5.9 万箱凉茶、4.2 万包薯片、3.1 万包泡椒凤爪。而苏宁易购物流之所以能够推出"夜间送"这样的服务，在业内人士看来，主要是依托于其线上线下协同配合的优势，实现对消费者看球"补给"需求的快速满足。营销路数创新背后，则是苏宁力图改变过去在谈判桌上实现零供关系的模式，向与供给商以用户需求为驱动、共同把握用户需求的商品合作模式转型。对供应商和零售商而言，传统环境下的以生产驱动市场、以采定销的模式，在互联网零售背景下已经行不通了。

在张近东看来，互联网零售本质上就是运用互联网技术提升零售的核心竞争力，并最终体现在供应链、物流和用户体验上。然而，在扑面而来的移动互联网大潮之中，过去一直沉溺于传统零售时代的苏宁，真能踏准触网的节奏吗？

"如果一个决定将让数以万计的人失去工作，这事该不该做？但是这事能让上亿人受益！"没错，2014 年 5 月 19 日起，苏宁线下门店启动"免费为全国人民手机贴膜"活动。据悉，该活动将在全国 60 个大区的 300 多座城市陆续开展。"醉翁之意不在酒"，在业内人士看来，此举措将充分激活苏宁线下门店的服务优势，形成纯电商根本无法企及的差异化竞争壁垒。同时，有利于将苏宁人性化的服务植入虚拟运营商层面，从而获得更多用户。中国 IT 研究中心（CNIT - Research）5 月底监测数据显示，苏宁易购在安卓分发平台上的下载量已经超过 2211 万次，环比增长率高达 93.2%。据悉，6 月 12 日，苏宁在全国 10 个大城市还启动了"空调清洗保养计划"，无论空调是否买自苏宁或其是否达到使用年限，都可以用 100 个苏宁积分兑换含机器检查、室内机清洗、性能检测等清洗保养服务。

随后，苏宁推出"众包"项目。苏宁给它的定义是，借助 O2O 全渠道为核心载体，提供创意—作品—产品—商品—用品各个转化阶段所需的众包服务解决方案，实现创意转化、产品孵化、品牌放大及市场的加速扩张。苏宁方面表示，2015 年"苏宁众包"的销售额目标是 250 亿元，2017 年将达 450 亿元。而这些目标将首先聚焦于 3C、家电以及互联网化智能硬件产品，后期会陆续将产品延展到母婴产品、百货日用品等类别。

由零售商发起的众包式创新，着实让人眼前一亮。苏宁没有选择自己最擅长的传统供应链管理，而选择用用户思维来颠覆管理模式，可以看出它推进供应链全面变革的决心。

如今，苏宁正努力提升物流用户体验，推出层出不穷的微创新，但依然面临很多问题。相对光鲜的数据很大程度上源自不计成本投入。当有人质疑苏宁到底能坚持多久时，张近东会说，苏宁已经看到从弯道转向直道的曙光，"我们需要时间"。从全球零售业的发展史来看，大体包括三个阶段：以连锁经营为代表的实体零售阶段，近几年兴起的以电商为代表的虚拟零售阶段，以及加速到来的虚实融合的 O2O 零售阶段。按照张近东的看法，走完前两个阶段美国大概用了 150 年时间，但中国却将其压缩为短短的 20 多年，可以想象中国零售企业面临的转型创新的压力更大，迫切性也更强。苏宁的压力也在于此。"我们的速度还不够快，我们希望再快一些，真正地让苏宁全国 18 万名员工都能够了解互联网零售到底应该怎么干。"在苏宁云商集团运营总部执行副总裁李斌眼中，速度太慢是转型的最大困难。

不过，在技术的快速变化中，苏宁人认为某些东西是不会变的。"零售业从本质上从事的是商品流通服务，互联网带来的最大转变是流通效率提高、顾客个性需求得到更好的满足。在互联网上，企业是全方位对消费者开放的，消费者即使不和企业的员工接触，通过参与企业的购物、支付、配送等流程，也能很深切地体验到企业的服务内容和品质。"张近东把这个称为"回归零售的本质"。

转型之路从来不是一帆风顺的，会有挫折，会有牺牲，苏宁坦承 2013 年没有实现理想的业绩正是因为处于转型阵痛期。"但是我们从未放弃过，也从未退缩过。面对互联网的大势所趋，我们没有回避，而是大胆地拥抱、融入，始终坚定地投身互联网转型。"不管最终能否转型成功，变革的勇气与决心还是值得肯定的。

打拐者苏宁

由陈可辛执导，赵薇、黄渤、张雨绮等参演的"打拐题材"电影《亲爱的》一经上映，便好评如潮。巧妙地在剧中置入软广告的"苏宁云商"因此再度成为影迷津津乐道的话题，和以往的植入广告所不同的是，"苏宁云商"的植入广告，在剧本上甚至成为剧情翻转的最高潮。

而事实上，"苏宁云商"参与打拐的行动一直在进行。互联网时代，苏宁的亲民营销正在悄悄地变革。在电影《亲爱的》中，被拐卖的孩子最终是由苏宁的快递员发现的，而这个快递员在向孩子父母提供情报后还分文不收，由此，影片的剧情被推向最高潮。据了解，按照最初的设想，影片中的苏宁广告，只是苏宁门店一闪而过。经过沟通，导演得知苏宁一直在参与打拐后，为苏宁改变了剧本。最终塑造了一位免费为孩子父母提供拐卖情报的苏宁快递员形象，并与此前提供假情报坑钱的社会诈骗分子形成鲜明对比。

据了解，苏宁目前是邓飞发起的"微博打拐基金"唯一的企业监事单位，也最早捐赠了40万元的启动资金。早在2012年苏宁就依托数万名每天走街串巷送货的快递员发起了"微博随手拍"的活动，将一些流落街头的孩子、老人照片及时发布到微博平台上，帮助他们寻亲，并取得了一定的成效。目前"苏宁快递寻亲随手拍"的话题活动正在进行中，每天都有上百张照片刷新着这一话题。陈可辛正是被这样的真实故事感动了，破例专门修改了剧本，将苏宁快递"有速度、有温度"的品牌内涵纳入电影的关键性情节中。所以，苏宁此次在电影《亲爱的》中的植入，算是"本色出演"。

在互联网时代，苏宁的营销宣传方式也正在悄悄地进行着创意型的革新。从品牌传播来看，《亲爱的》中苏宁快递"有速度、有温度"的品牌形象自然地植入电影的关键情节中，给观众留下了非常深的印象，比生硬上镜效果更好。互联网时代下，苏宁更加致力于全渠道的品牌打造，改变以往的硬广告宣传方式，转而分析用户心理和媒介特点，通过故事创意、软性植入等方式创新广告的经营方式。

作为国内零售企业的代表，从创业初期到现在，苏宁一直坚持社会化企业的定位，秉承"做百年苏宁，国家、企业、员工，利益共享"的价值观，在扶贫救弱、资学助教、抗击灾害、支持就业等领域累计捐赠9亿多元，并建立中国首个由企业发起的社工服务制度："阳光1+1——苏宁社工志愿者行动"，推动公益理念普及，为社会和谐发展做出积极贡献。在多年的公益探索及实践过程中，苏宁坚持公益事业与企业经营同步转型，结合自身业务特长和资源优势，以企业发展带动公益模式创新，形成了以"阳光1+1"理念为主体，以社会专业型公益扶贫和持续再生型公益扶贫为两翼的"一体两翼"新公益模式。而具体的好人好事更是数不胜数。例如，9月30日下午，温州苏宁物流配送中心工作人员勇救落水儿童；8月，广州苏宁物流配送中心工作人员协助警察抓捕网络诈骗犯；等等。长期以来，苏宁的企业文化也注重正面导向，苏宁人才观的第一条就是"人品优先"。在生活中通过力所能及的事情帮助别人早已成为广大苏宁人的习惯，乐于助人的氛围浓厚。

跨境者苏宁

一款中国消费者钟爱的虎牌电饭煲，在日本本土电商网站上卖96900多日元。在苏宁易购乐购仕（LAOX）旗舰店用5070元人民币就能买到，就算加上400多元的直邮运费，算下来还是比在日本购买便宜了好几十元。这些一反常理的价格差异源于国内互联网零售商的早期海外布局。早在2009年，苏宁收购日本乐购仕并对乐购仕进行项目整合、模式调整，不仅实现乐购仕本土盈利攀升，而且使之成为苏宁海外供应链的有效支点。据了解，乐购仕是日本本土的一家具有80多年历史的老牌零售商，同时也是当地最大的免税商店，免税政策和成熟的供应链模式使其在商品价格上具有天然优势，为国内消费者购买质优价廉的商品创造了空间。

2014年7月，随着苏宁O2O战略的落地，苏宁易购开放平台将线下的日本乐购仕实体店面搬到线上，使之直接面向中国消费者。日本乐购仕这一日本老牌零售商所拥有的成熟正品渠道，不仅提供了具有价格优势的诸如虎牌电饭煲、松下剃须刀等中国消费者喜欢的日本生活家电，而且将深受中国用户欢迎的高达动漫模型和日本原装单反相机等带到中国，拓展了苏宁开放平台的海外商品品类。

事实上，苏宁易购乐购仕旗舰店的上线，正是顺应了国内消费者对海外购物市场的巨大需求。2013年中国的"海淘"族规模已达到1800万人，海外购物开支高达2136亿元。预计到2018年，中国的"海淘"族规模将达到3560万人，"海淘"开支将达到1万亿元。在2014年"十一"黄金周期间，除香港市场外，银联卡在境外的交易金额和交易笔数分别增长14%和55%，持续保持高速增长，而银行卡消费数据中跨境"海淘"交易金额更是大幅增长了90%。

与海外购物市场火爆相对应的，却是海外代购市场乱象丛生，行业还处于发展的蛮荒期，饱受诟病。据苏宁乐购仕线上运营负责人介绍，苏宁此时利用自身优势，以海内外双重自营实体门店为依托，通过开放平台发展跨境自营电商，正是着眼于消除现行海外购物中存在的弊端。

2014年年初，苏宁成为首家取得国际快递牌照的国内电商企业。而国内电商正在进行贴身肉搏战之时，苏宁就已低调成立跨境电商项目组，在全球范围内展开招商。其实，早在2013年年底，苏宁就联合跨境购物网站"洋码头"推出"全球购"业务。不过，消息人士表示，如果说"全球购"业务是苏宁进军跨境电商的首次试水，那么跨境电商项目组的成立，就意味着苏宁真正吹响了进军跨境电商市场的号角。

创新者苏宁

20多年来，苏宁虽然在不断地发展壮大，但是仍一直坚持零售的本质。2013年是苏宁O2O互联网零售模式转型以来动作最大的一年，虽然推出了多项举措，但是万变不离其宗，都围绕互联网零售业务的开展进行布局或者优化。不论是布局互联网金融，还是在美国建立硅谷研究院，都是苏宁围绕互联网零售这一经营主线的转型布局，都有助于增强苏宁的零售能力，更好地服务于合作伙伴和消费者。

在转型互联网零售过程中，苏宁史无前例地在行业内提出了O2O模式，借助线上线下的经营融合优势，快速提升创新产品经营、丰富用户体验、融合渠道发展等能力，率先实现从传统零售模式向O2O模式的转型。

互联网零售本质上是运用互联网技术提升零售的核心竞争力。苏宁通过多端口布局融合，让消费者享受购物，创造一个让消费者随心随地自由购物的O2O消费体验，把购物变得更为纯粹和简单。主要表现在以下几方面。

在渠道建设上，线下线上的O2O融合是互联网零售的核心环节。苏宁在店面布局进一步优化的基础上，将会以消费者的购物体验为导向，全面建设互联网化的门店，将原先纯粹的销售功能，升级为集展示、体验、物流、售后服务、休闲社交、市场推广于一体的新型实体门店功能。进入 O2O 的时代，传统零售业插上了互联网的翅膀，曾经被认为是巨大包袱的线下资源转瞬之间点石成金。

在供应链方面，苏宁首先深层次变革供应链的合作模式，改变过去以谈判博弈为主导的模式，向以用户需求为驱动的商品合作模式转型。其次，苏宁制定了明确而聚焦的自营品类策略，即"巩固大家电，凸显 3C，培育母婴超市"。最后，苏宁将通过开放平台，打造新型的供应链关系，实现苏宁资源价值的社会化共享。

在物流方面，苏宁成立了独立的物流公司。公司高管也多次参与物流项目的研讨，对标行业领先的物流公司，全力提升物流方面的"用户体验"。2014年 6 月，苏宁物流的妥投率达到了 99.02%。

在体验方面，苏宁深刻意识到还存在一些不足，就如同大楼在浇筑阶段给人粗糙的感觉，但当苏宁 2014 年全力开始"精装修"后，用户体验正在逐步改善。因此，苏宁并不是在做全产业跨界经营，而是始终如一地围绕零售，着眼全品类、全渠道、全客群，利用互联网这一工具提升零售能力和供应链服务能力。

据了解，苏宁坚持在进行任何战略决策和战略实施时，不仅仅关注眼前的利益，更考虑企业长远利益。不论是企业的第一次转型，还是目前正在进行的互联网零售转型，苏宁的一系列举措都基于企业未来五年甚至十年发展的需要。

作为一家上市企业，在转型互联网的道路上，苏宁一直积极地与投资者保持着互动，同时坚持"尊重但不迎合"的原则，按照既定的战略方向前行。

沃尔玛：电商迷途

当沃尔玛中国区公司事务高级副总裁博睿（Raymond Bracy）在 2014 年的"98 投洽会"上畅谈中国一定会成为沃尔玛美国之外最大的市场并可能跟美国市场相匹敌的时候，沃尔玛正面临来自阿里巴巴、京东等中国本土电商的巨大挑战。阿里巴巴掌控着中国超过一半的 B2C 市场，相比之下，沃尔玛两年之前收购的电商平台——1号店仅占 1.4% 的市场份额，并同时面临来自苏宁易购、国美在线的强力进攻。

所有这些，都给这家全球最大的线下零售企业带来巨大压力，由于无法找到在电商时代控制成本并获取利润的有效方式，沃尔玛明显落后了。除了在美国市场上无法比肩亚马逊之外，在中国市场上，沃尔玛通过收购所获取的电商平台也正在遭遇各种不利的传闻。比较典型的问题是，沃尔玛虽然控股了1号店，但与1号店的关系并不确定，是仅仅停留在战略投资层面？还是会利用其供应链优势以及全球采购的议价能力与1号店不断进行资源共享，最终实现协同价值？对沃尔玛来说，1号店更多是其通过互联网触及中国消费者的探路者或试验者，还是其未来 O2O 战略的真正组成部分？沃尔玛未来是否会在中国推出它自己的 War – mart. com 电商平台？一切似乎变数很多。

协同之难

按照博睿的披露，沃尔玛目前持有1号店 51% 的股份。但是，这种控股地位到底能在多大程度上让沃尔玛与1号店在供应链上实现共享仍然是一个问题。目前两者的合作更多在商品采购、物流方面。一方面，1号店已经开始使用沃尔玛的直采商品，目前1号店的进口直采商品已经拥有近 400 个 SKU，一部分就是通过沃尔玛直采的，比如，沃尔玛的子公司 ASDA 独家和1号店合作，在1号店销售其品牌产品。另一方面，1号店也销售沃尔玛自有品牌的商品，比如，沃尔玛自有品牌现在在1号店销售的包括 Mainstays（明庭）、Great Value（惠宜）、Select Edition（爱逸特选）三大品类的 400 多个 SKU。

然而，相比于沃尔玛所销售的几百万个 SKU 来说，几百个 SKU 的合作实在是太少。目前沃尔玛与1号店虽然在供应链上有协同，但是非常小的一部分。供应链协同之难背后的原因是什么？是双方在线上线下的磨合没有到位，还是两者在消费者定位上的差异引发了商品 SKU 上不同的布局？抑或双方仍然各有保留？

此前1号店副总裁程峻怡表示，1号店正在推出一项为期三年的战略，即针对"辣妈""丽人"最需要的产品进行品类布局，比如，"丽人"会涵盖吃、喝、美容、美护、流行百货、时尚电子等提升生活品质的产品，"辣妈"会涵盖母婴用品、居家摆设、小型家电等。首先要在这些领域上做到品类全，其次要突出这些品类的产品品质。1号店之所以在总体的品类布局中针对"辣妈""丽人"，还有其不可忽视的重要背景，即"1号店以女性顾客为主，女性顾客占比超过2/3，而在一些传统的3C电商里，女性顾客一般都不会超过40%，强调更针对女性的品类布局是与其固有消费人群有关"。同时，其面向的这些重点消费人群，集中在重点城市，以中高收入的白领阶层为主，她们有比较好的消费实力，对商品品质的要求更高。

反观沃尔玛，其消费者定位却并不单纯是"辣妈""丽人"等女性消费者，逛沃尔玛的人群相当一部分是高收入男性群体，而作为线下品类最为齐全的零售商，沃尔玛的线上野心当然肯定不只限于销售"辣妈""丽人"所喜好的商品。两者在定位上出现了差异。

再来看看店铺的选址方面。数据显示，沃尔玛在中国已经开设了400多家门店，其中80%处于二到四线城市。显然，这种二到四线城市的布局与1号店针对的大城市女性消费人群也出现了差异。

上述差异让沃尔玛与1号店在O2O上的闭环很难完全实现。所以，博睿在公开场合才会表示，"我们在美国的电商也是很强大的，叫作War-mart. com。很多人认为是除了亚马逊之外最大的电商品牌，现在War-mart. com在中国的线上店没有开，但是我们在未来会考虑开。在未来线上线下结合是非常有利的手段"。

而对于1号店，博睿的态度则是，"1号店有我们51%的股份，我们是大股东。另外还有其他网上零售商，都是我们的合作伙伴，我相信这种合作伙伴能够把1号店的业务连接在一起，这样有助于沃尔玛多元化发展的模式，相信这里有很好的商机，我们一定会非常审慎地去发展"。

中国挑战

显然，1号店难以完全实现沃尔玛在中国的电商理想，但沃尔玛要想独自在中国布局自有的电商平台，也面临巨大的挑战。

长期以来，沃尔玛在零售市场最大的优势就在于其全球采购能力和精细的供应链管理体系。强大的供应链管理优势和全球采购的议价能力，让沃尔玛在产品品类以及价格上具备足够的竞争力，当然，这也曾经是国内电商企业普遍欠缺的能力。

但是，伴随国美、苏宁等在供应链领域的逐渐成熟，以及京东在上市过程中所昭示的强势供应链，沃尔玛在中国的供应链优势正逐渐弱化。与此同时，沃尔玛不够强大的门店扩张覆盖面，以及尚未在中国本土建立完善的全国配送体系，正成为沃尔玛的软肋。举例来说，苏宁、国美目前都有1600家左右的门店，两者同时还在加速二、三线城市的门店布局，而沃尔玛目前在中国只有四五百家门店。与此同时，对应中国城市发展的布局，国美、苏宁的门店调整计划已经完成或基本接近尾声，而沃尔玛的门店布局调整则刚刚开始。

数据显示，仅在2014年3~4月间，沃尔玛便关闭了7家门店。沃尔玛2013年宣布，2015年年底之前，公司将在中国关闭25家门店。同时，沃尔玛在中国计划投入6亿元建立第一个购物中心，拟建的购物中心有3~4个。显然，这是沃尔玛在进行线下店面的布局调整。

值得注意的是，在O2O时代，线下门店的布局起着至关重要的作用，比较典型的作用在于门店的体验性，尤其是门店在供应链体系中可以充当重要的库存和配送的角色。与中国不同，2/3的美国人口都住在沃尔玛门店周围5英里（约合8公里）的范围内，每天都会有卡车穿梭于美国各地，为各家门店补充库存，这种模式将极大地降低配送成本。工作人员会直接推着购物车，从沃尔玛连锁店的货架上取下商品，然后打包邮寄给数百万的美国人。然而，在中国，大跨度的地域距离以及其仅有的四五百家店铺，使人很难想象沃尔玛可以实现其在美国的电商布局。尽管沃尔玛中国目前也支持店面送货，但经历过的人都知道，这种送货不但麻烦，而且消费者要自己付费，这与中国本土竞争者的"免费送货，一日三达"等服务效果相去甚远。

沃尔玛能否在中国电商平台的关键投资上狠下功夫值得关注。众所周知，在电商平台方面，IT系统、物流系统的投资巨大，但过去两年，沃尔玛在这一领域的投资并不显著，对1号店更未有追加投资的计划。美国公开的数据显示，沃尔玛2013年在电子商务方面的投入为4.3亿美元，有多少分摊到中国这个庞大的市场不得而知。不过，博睿表示，"在物流和供应链方面我们过去是投资不足的，现在我们正在追加这方面的投资"。

来自 1 号店方面的消息也显示，"沃尔玛是 1 号店最大的战略合作伙伴，1号店是沃尔玛在中国电子商务核心解决方案，沃尔玛与 1 号店正在制订未来规划，双方将在更多方面展开合作，如供应商资源、供应链、电子商务技术、O2O 等"。

第十四章 P2P：门口的"野蛮人"

互联网金融自产生就伴随着"普惠"的概念，其主要构成是 P2P 信贷（Peer to Peer Lending，中文也称"人人贷"）。P2P 创造了一种新型的交易资产——个人信贷，这不仅激活了个人与小微企业等投融资者的理财与融资需求，而且在中国有助于形成多层次的资本市场。

在美国旧金山的地铁上，随处可见 P2P 借贷搜索网站 Credit Karma 的宣传广告，酒店电视的广告中也可以经常看到 Quick Loan 的身影。2014 年 8 月，美国的 P2P 网站 Lending Club 正式向美国证券交易委员会提交上市申请文件，计划融资 5 亿美元，再次引起市场对 P2P 借贷的关注。P2P 信贷业务 2006 年前后进入中国后，也一直快速发展。自 2011 年以来，中国 P2P 贷款呈爆发式增长态势，大量 P2P 贷款平台涌现。2011 年，P2P 网贷平台数量仅为 20 家，月成交额仅为 5 亿元人民币；但到 2013 年年底，网贷平台数量增加到 600 家，月成交额达 110 亿元人民币；截至 2014 年 6 月，P2P 网贷平台数量突破 1200 家，平均每天成立 1 家 P2P 公司。

P2P 网贷在全球的迅猛发展，是由其金融脱媒、去中介化的核心价值决定的。以 Lending Club 为例，由于美国利率市场化已经完成，信用卡的贷款年化利率都高达 18%，个人的无抵押借贷利率更是在 15%~25% 之间，而 Lending Club 的融资利率只有 11% 左右。Lending Club 这类 P2P 贷款平台存在的首要价值就在于金融脱媒、去中介化，把中间金融机构的成本降低，将利润分摊给资金供需两端，让投资人获得更高的收益，让融资人付出更低的成本。

近两年，互联网金融业务在中美两国都取得了快速的发展，但两国金融背景的差异，导致这一业务的发展也呈现差异化。

一方面，美国具有健全的多层次资本市场，而中国没有。无论是银行、非银行、企业还是个人，都有融资需求，多元化的融资需求需要更多的融资渠道。P2P 作为直接融资平台，有效快捷地解决了点对点的融资问题。互联网金融作为新兴金融交易市场，可以拓展可交易资产类别，并不断"发现"非标资产的价格，把资产端分散，提高市场的流动性。P2P 等互联网金融新生态是中国多层次资本市场的有效补充。

另一方面，美国拥有完整的信用评分体系，而中国没有。美国采用三大征信局（益百利、艾克飞、环联）＋FICO 的形式，建立完善了个人信用体系。就 Lending Club 而言，其对借贷人有非常严格的标准：借贷人的 FICO 评分要在 660 之上，负债收入比低于 40%（不包括房贷），至少有 3 年的信用历史，等等。而根据借贷人提供的信息、信用数据、贷款期限和额度，Lending Club 利用大数据金融的手段，建立了一套自己的系统给借贷人评分，从 A1 到 G5，共有 35 个评级，随着业务的快速开展，数据积累量提升，它自身的风险控制体系也不断完善。而中国 P2P 网贷平台正处新兴阶段，在征信体系不完善的情况下，这类公司质量层次差距大，导致投资者对整个行业的不信任。国内的网贷平台无一不强调其真实性、可靠性，并往往通过设立担保公司、承诺保本等手段增强投资者信心。

基于对中美 P2P 差异的分析，中国 P2P 行业能否健康发展，取决于以下几点。

首先，坚守"小额分散"的原则。碎片化、分散化是互联网金融的核心。资金量过大的投融资业务并不适合 P2P，如果单份投资的金额过大，风险的积聚将使得互联网金融脱媒化、去中介化的优势荡然无存。

其次，美国完善的信用体系确实为 P2P 行业的发展带来便利。在大数据时代，数据具有多维度与及时性，可以被用来进行个人风险评估。中国的信用体系也在不断地推进和完善，辅以互联网时代个人全维度的数据信息，未来将通过信用评估来实现对融资方风险的定价。

最后，要走向垂直行业化。融资需求的行业化，有利于资产端的风险控制。目前中国P2P贷款平台中聚焦电商、大宗行业、教育医疗等行业网贷的企业已有十余家。2014年Lending Club以大约1.4亿美元收购了一家名为Springstone Financial的传统贷款平台。为什么一家基于互联网的P2P公司会收购传统借贷平台？一个很好的解释就是强化风险控制。从行业属性看，Springstone Financial的融资业务主要包括两方面：一是为需要支付医疗手术费用的人们提供贷款；二是为需要支付K12私立学校教育费用的人们提供贷款（K12体系包括PreK – K的美国幼儿园课程和美国小学课程）。聚焦垂直行业可以帮助Lending Club纵深挖掘融资需求，并且通过对产业链的了解降低风险。可以预期，未来一些P2P公司的投融资业务很有可能实现"覆盖全部信贷产业"。

此外，P2P网贷平台专注于服务某一行业，可以将小微企业不可控的经营风险转向可控的核心企业经营风险，从"C"端走向"B"端。除了传统的信用风险控制手段，P2P网贷平台还可以采取供应链金融的模式，围绕整个产业链提供金融服务。这样做不仅可以帮助产业链内企业提高资本运作效率，消除信息孤岛，而且可以在大量产业链数据的支撑下，利用大数据金融的技术手段，提供定制化、专业化、垂直化供应链金融解决方案，拓展P2P平台的服务内容。

传统金融机构对个人或者小微企业金融服务的短板，可由互联网金融这一新兴服务模式补足。中国互联网金融的发展已然处于全球发展前列，其继续发展需要技术手段的支持，服务模式的创新，以及完善且适当的监管。以中国的融资环境、融资杠杆看，融资难度远大于美国，中国的互联网金融必须要结合国内具体情况，才能实现"弯道超车"，并创造出世界级的公司。

中国 P2P 网贷六大业务模式

P2P借贷作为一种基于网络平台的点对点借贷模式，它至少包含了三个参与方：借款人、平台和投资人。国外的平台大多从网络上直接获取借款人和投资人，直接对借贷双方进行撮合，不承担过多的中间业务，模式比较简单。

国内的 P2P 借贷行业则根据具体国情、地域特色和平台自身优势，对 P2P 借贷的各个环节予以细化，形成了多种多样的"P2P 借贷"模式。例如，对于借款人的获取，有的平台只从线上进行，有的只从线下进行，也有的线上、线下混合进行；对于借款人的类型，有的平台侧重于普通个人，有的侧重于小型工商户，有的侧重于中小企业主。此外，平台对于投资人的获取、投资产品的设定、贷款类型的设定等，均有不同的细分类别。由于对 P2P 借贷涉及的主要环节进行了细分和差异化，这些环节的组合可产生上百种业务模式。在行业中被广泛采用的业务模式主要包括纯线上、债权转让、担保/抵押模式、O2O、P2B 和混合等模式。

（1）纯线上模式

其最大特点是借款人和投资人均从网络、电话等非地面渠道获取，多为信用借款，借款额较小，对借款人的信用评估、审核也多通过网络进行。这种模式比较接近于原生态的 P2P 借贷模式，注重数据化审贷技术，注重用户市场的细分，侧重小额、密集的借贷需求。平台强调投资者的风险自负意识，通过风险保证金对投资者进行一定限度的保障。平台承担的风险较小，对信贷技术的要求高。当前，虽然纯线上模式的平台业务扩张能力有一定的局限性，业务运营难度高，但被普遍认为是国内 P2P 借贷的未来发展方向。国内采用纯线上模式的平台较少，最典型的是老牌平台拍拍贷。

（2）债权转让模式

这一模式的最大特点是借款人和投资人之间存在着一个中介——专业放款人，为了提高放贷速度，专业放款人先以自有资金放贷，然后把债权转让给投资者，使用回笼的资金重新进行放贷。债权转让模式多见于线下 P2P 借贷平台，因此也成为纯线下模式（指借款人和投资人均通过线下途径开发，也有部分纯线下平台通过线上渠道获取一些投资人）的代名词。线下 P2P 借贷平台经常因其体量大、信息不够透明而招致非议，其以理财产品作为包装、打包销售债权的行为也常被认为有构建资金池之嫌。但是事实上，不同纯线下平台采用的"理财模式"并不完全相同，难以一概而论。典型的债权转让模式平台包括宜信、冠群驰骋等。

（3）担保/抵押模式

该模式或者引进第三方担保公司对每笔借款进行担保，或者要求借款人提供一定的资产进行抵押，因而其发放的不是信用贷款。若担保公司满足合规经营要求，抵押的资产选取得当、易于流动，该模式下投资者的风险就较低。尤其是抵押模式，因有较强的风险保障能力，综合贷款费率有下降空间，同时由于引入担保和抵押环节，借贷业务办理的流程较长。在担保模式中，担保公司承担了全部违约风险，对于担保公司的监督显得极为重要，而优质担保公司可能会凭借自身的强势地位挤压 P2P 借贷平台的定价权。典型的担保/抵押模式平台包括陆金所（担保公司提供担保）、开鑫贷（有担保资质的小贷公司提供担保）和互利网（房地产抵押）等。

（4）O2O 模式

该模式在 2013 年引起较多关注，其特点是 P2P 借贷平台主要负责借贷网站的维护和投资人的开发，而借款人由小贷公司或担保公司开发。其流程是小贷公司或担保公司寻找借款人（多通过线下渠道），进行审核后推荐给 P2P 借贷平台，平台再次审核后把借款信息发布到网站上，接受线上投资人的投标，而小贷公司或担保公司会给该笔借款提供完全担保或连带责任担保。该模式的特点是平台与借款人开发机构分工合作，前者专心改善投资体验、吸引更多的投资者；后者专心开发借款人，实现业务规模的迅速扩张。但是这种模式容易割裂完整的风险控制流程，导致合作双方的道德风险，表现为平台一心吸引投资人而忽视了借款客户审核；小贷或担保公司一心扩大借款人数量，而降低审核标准。除非平台与借款用户开发机构之间存在较强的关联关系，或者平台本身也拥有足够的信用评估、风险控制能力，否则平台将承受较高的经营风险。典型的 O2O 模式平台包括互利网、向上 360 等。近期，在 O2O 模式基础上，又衍生出第三方交易平台（或称钱庄），这类平台为线下金融机构搭建线上渠道，展示后者提供的借款项目，在线撮合借贷双方。线下金融机构提出申请，经过平台审核后可以入驻平台，发布借款项目，类似于淘宝的店铺（成为钱行）。这类平台的典型案例为钱庄网。

（5）P2B 模式

该模式同样在 2013 年获得较大发展，其中的 B 指 Business，即企业。顾名思义，这是一种个人向企业提供借款的模式。在实际操作中，为规避大量个人向同一企业放款导致的各种风险，其款项一般先放给企业的实际控制人，实际控制人再把资金出借给企业。P2B 模式的特点是单笔借贷金额高，从几百万元至数千万元不等，一般都会由担保公司提供担保，同时由企业提供反担保。该模式需要 P2P 借贷平台具备强大的企业尽职调查、信用评估和风险控制能力，否则即使有担保、有抵押，单笔借款的违约也可能会击穿担保公司的保障能力。同时该模式不再具有小微、密集的特点，投资人不易充分分散投资、分散风险，相关压力转移至平台，对平台的风险承受能力提出了更高的要求。典型的 P2B 模式平台有爱投资、积木盒子等。

（6）混合模式

许多 P2P 借贷平台对借款端、产品端和投资端的划分并非总是泾渭分明。例如，有的平台既通过线上渠道开发借款人，也通过线下渠道开发；有的平台既撮合信用借款也撮合担保借款；有的平台既支持手工投标，也支持自动投标或定期理财产品。这些平台可被称为混合模式，典型代表为人人贷。

总体来说，纯线上模式的平台数目较少，线下平台多采用债权转让模式，大量线上平台都采用担保/抵押模式（其余的采用风险保障金模式或平台"担保"模式），真正的 O2O 模式平台数量尚少，同时承担线下开发借款人、线上开发投资人职责的平台极多，第三方交易平台刚刚出现，P2B 模式平台数量不多且发展速度极快，混合模式平台的数目增长也较快。各种模式之间也经常存在交叉，尤其是与担保/抵押模式形成交叉，如 P2B 模式平台和 O2O 模式平台大都会引入担保/抵押机制。

P2P 网贷的风控模式

国内现有近千家 P2P 网贷平台，它们动辄打出高息诱人的收益率宣传口号以及眼花缭乱的安全承诺。在这些浮华表面的背后，对 P2P 的风控很多人仍然是一知半解，甚至不少 P2P 圈内的资深玩家对此也是"既没吃过猪肉，也没见过猪跑"。但是不可否认的是，作为一种跳过银行间接贷款融资模式、在借款人和出借人之间直接发生借贷关系的业务模式，P2P 业务的核心正在于团队自身的风险定价能力，即风险管理能力是 P2P 公司的核心竞争力。那么，P2P 公司是如何进行风险管理的？什么样的风控平台是更为有效的呢？

在信贷金融领域，不同借款额度往往对应着不同的风控审批手段。一般来说，超过 100 万元的借款基本采用与银行相同的借款风控手段，实地真人考察并要求抵押物。而 20 万~100 万元之间的借款，可以用类似 IPC 的风控技术，虽不要求抵押物，但较接近银行审核手段。而 P2P 从本质上讲，更多应专注于 1 万~20 万元之间的信用无抵押借款，这是银行、小贷和担保公司很难覆盖的领域。在这种模式中，风险管理采用总部集中式的数据化风控模式，从而解决审核标准不统一以及审核人员快速扩张依赖长期经验积累的问题。总部风控部门主要包括三个部门：政策和数据分析部、风控审核部和催收部。政策和数据分析部下面分成三个主要团队：一是政策制定团队，职责包括确定目标人群、设计借款产品准入政策、核批政策、反欺诈政策、催收政策等，并固化到决策引擎系统和评分卡；二是数据挖掘分析团队，职责包括对逾期客户进行特征分析、产品盈利分析等；三是数据建模团队，职责是根据数据挖掘，对逾期客户特征数据进行建模分析。风控审核部主要包括初审团队、终审团队和稽核团队，主要职责是审核判定借款人资料的真实性和有效性，结合决策引擎和评分卡等对客户做出是否核批的决定。催收部按照客户逾期时间长短，分为初催团队和高催团队，主要职责是根据催收评分卡和决策引擎，对逾期客户进行催收工作。

有了职能清晰的风控部门，对于以点对点借款为主要模式的 P2P 而言，要控制平台整体违约率在较低水准，还要坚持"小额分散"的原则。借款的客户分散在不同的地域、行业，具有不同的年龄和学历等，借款个体之间违约的概率能够相互保持独立性，那么同时违约的概率就会非常小。比如，100 个独立个人的违约概率都是 20%，那么随机挑选出其中 2 人，其同时违约的概率为 4%（$20\%^2$），3 个人同时违约的概率为 0.8%（$20\%^3$），4 个人都发生违约的概率为 0.16（$20\%^4$）。如果这 100 个人的违约存在相关性，如在 A 违约的时候 B 也会违约的概率是 50%，那么随机挑选出来这两个人的同时违约概率就会上升到 10%（$20\% \times 50\% = 10\%$），而不是 4%。因此保持不同借款主体之间的独立性非常重要。"小额"在风险控制上的重要性则是避免统计学上的"小样本偏差"。例如，平台一共做 10 亿元的借款，如果借款人平均每人借 3 万元，就是 3.3 万个借款客户，如果借款单笔是 1000 万元的话，就是 100 个客户。根据统计学的"大数定律"法则，即在样本个数数量够大的情况下（超过几万个以后），样本分布才能越来越符合正态分布。因此，如果借款人坏账率都是 2%，则放款给 3.3 万个客户，其坏账率为 2% 的可能性要远高于仅放款给 100 个客户的可能性，这就是统计学意义上"小样本偏差"的风险。对应到 P2P 网贷上，那些做单笔较大规模的借款的网站风险更大。这也是人人贷、有利网以及爱钱进等对风控要求较高的平台坚决不做抵押类大额借款的原因。

除了坚持小额分散借款原则，用数据分析方式建立风控模型和决策引擎同样重要。小额分散最直接的体现就是借款客户数量众多，如果采用银行传统的信审模式，在对还款能力、还款意愿等难以统一量度的违约风险进行判断时，风控成本会高至业务模式难以承受的水平，这也是很多 P2P 网贷平台铤而走险做大额借款的原因。可以借鉴的是，国外成熟的 P2P 如 Lending Club 等都是采用信贷工厂的模式，利用风险模型的指引建立审批的决策引擎和评分卡体系，根据客户的行为特征等各方面数据来判断借款客户的违约风险。美国专门从事信用小微贷业务的 Capital One 是最早利用大数据分析来判断个人借款还款概率的公司。在金融海啸中，Capital One 公司凭借其数据化风控能力得以存活并趁机壮大起来，现在已经发展成为美国第七大银行。建立数据化风控模型并固化到决策引擎和评分卡系统，对于小额信用无抵押借款类业务的好处包括两个方面：一是决策自动化程度的提高，降低了依靠人工审核造成的高成本；二是解决人工实地审核和判断带来的审核标准不一致问题。在国内，人人贷、爱钱进、拍拍贷等都在积极推动数据化风控模型的建设，这也是监管层所乐于看到的。因此，除了小额分散的风控原则，P2P 网贷风控的核心方法是，研究分析不同个人的特征数据（即大数据分析）对应的违约率，通过非线性逻辑回归、决策树分析、神经网络建模等方法来建立数据风控模型和评分卡体系，掌握不同个人特征影响违约率的程度，并将其固化到风控审批的决策引擎和业务流程中，指导风控审批业务的开展。

　　P2P 网贷是实现普惠金融的一个创新，它的初衷是让每个人都有获得金融服务的机会，真正地把理财和贷款带到普通民众的身边。P2P 网贷的出现，填补了我国目前传统金融业务功能方面的缺失，让那些被银行理财计划和贷款业务拒之门外的工薪阶层、个体户、农村的贫困农户、大学生等人群也有机会享受金融服务。设计安全、合理的商业模式，恪守"风控第一"的准则，确保广大投资者的权益，这应当成为 P2P 行业从业者予以思考的首要问题。

第十五章 电商新生代

唯品会："品类杀手"

2014 年"双 11"刚刚过去。如果你对于商战的兴趣大于抢购，不难从这个购物狂欢节中发现一些电商行业的小秘密。例如，限时特卖网站唯品会推出了"女王盛宴"活动，有 200 个品牌参与其中，这些品牌在活动中进行了新品首发，而此前唯品会一直主打尾货特卖。大多数服装品牌在天猫卖当季新品，将过季尾货交给唯品会处理。现在逐渐有品牌愿意将新品拿到唯品会发布或直接为其定制"特供"货品，这个只有 6 年历史的网站越来越成为天猫的直接竞争对手，成为服装特卖电商的"品类杀手"。

在传统零售业中，"品类杀手"是指那些能够"杀死"经营同类商品同行的业态。唯品会成立之初，淘宝已经是网购的"品类杀手"。在中国做电商，无论卖什么都无法避免与淘宝和天猫竞争，因此垂直电商很难取得成功，但唯品会打破了这个神话。依靠几千万忠实用户的支持，2008 年上线的唯品会已经是全球最大的特卖网站。在 2012 年于美国纽交所上市（代码 NYSE：VIPS）后，唯品会很快以"妖股"闻名全球：其股价 2012 年 3 月末为 4.39 美元，2014 年 11 月初涨至 228.6 美元（年均复合增长率 386%），2014 年 7 月一度超过百度成为股价最高的中国概念股。

对这个销售服装尾货起家的网站，分析师大多虽会指出其股价的不理性成分，但仍然看好其上升空间。10月16日，德意志银行发布研究报告，维持唯品会股票"买入"评级及243美元的目标股价不变［目前唯品会的股价重回两位数，这是由于从11月4日起施行新的美国存托股（ADS）和普通股兑换比率，相当于将ADS进行"1拆10"］。11月3日，高盛高华发布的第三季度中国零售行业研究报告，也对唯品会的前景表示乐观。

资本市场追捧的是股价背后的业绩。唯品会2014年上半年财报显示，截至2014年6月底，唯品会实现连续7个季度赢利，上半年订单数接近2013年全年总和。2013年唯品会营收超过人民币100亿元，市值超过100亿美元，成为仅次于阿里巴巴和京东的中国第三大电商。

由于成功逻辑看起来十分简单，大型电商都试图在自己的平台上打败唯品会，却都未能如愿。阿里巴巴在2010年9月推出了自己的闪购特卖网站"聚划算"，但4年以来，这个业务单元始终未能像淘宝、天猫一样爆发。2013年聚划算销售规模为人民币350亿元，其中服装服饰占比不到20%；2014年在服装品类重点发力的京东，每天都推出特卖品，但一直未能形成规模；凡客2013年年初推出的特卖频道，和这个网站的整体业绩一样前景堪忧。

唯品会从未改变自己的策略，这家公司拥有一种类似《从优秀到卓越》一书所描述的"刺猬理念"：无论遇到什么样的问题，都只有缩成一团这一个对策——把所有挑战和进退维谷的局面压缩成最简单的行动。

唯品会的闪购特卖模式确实不算复杂：每天10点开始售卖，每天15个品牌。每周一上线的15个品牌在周二展位就降至第16～30位，依此类推，每天将近100个品牌滚动展示。"唯品会的模式可以复制，但想要复制它的成功并不容易。"电商研究专家黄若认为，唯品会的核心产品是提供代销代运营服务，而不仅仅是流量，"对于品牌，有流量能够帮助其开拓销售是件好事，但如何实现还是一道难题，商品要有人选货订货、进货入库、拍照上传、描述详情、订单处理、发货跟踪、客户服务等"。赵志华对此不知情也不感兴趣，但她每周和唯品会有一次约会。每周六上午9点55分手机闹钟准时响起，她就点开屏幕上一个粉红色的App，开始每周一次的网购。一年之前，大学同学推荐了这家叫作"唯品会"的网站，自此赵志华便踏上了网购之路。赵志华是河北省保定市的一位中学老师，正属于唯品会的主流用户：来自二、三线城市，女性，年龄在 27 岁到 35 岁之间，有一定的消费能力，对价格敏感度高于款式时尚。中午前，赵志华完成了订单。如果我们跟随她的订单包裹做一次全国之旅，不难发现唯品会在自己的运营体系中，将从选货到客服的所有环节全部承担了下来，"妖股"的秘密就在其中。

买手团队

赵志华选购的 7 件衣服，最初是由"买手团队"从成千上万的服装品牌中挑选出来的。"1000 人的买手团队是唯品会最重要的隐形资产，几乎可以说是商业秘密。"唯品会品牌副总裁冯佳路说，这个团队的存在，是唯品会区别于其他电商的特点。

"飞"来"飞"去是周岚（化名）最平常的工作状态。她是唯品会的买手，上一份工作是在一家百货公司做采购，对女鞋品牌非常熟悉，与厂商们都有过深度合作。2012 年唯品会以高薪邀请她加盟，这也是周岚第一次触网。开始的忐忑在工作一个月之后彻底消失，她的工作仍然是与女鞋品牌商或厂商接触，用轻车熟路来形容毫不为过。

在很长时间内，唯品会是唯一一家以买手遴选品牌来管理供应链的国内电商。买手制起源于 19 世纪 60 年代的欧洲，那些往返于世界各地、掌握最新流行趋势和大量订单生意的买手，被称为"时尚的贩卖者"。创立于 1850 年的香港百货公司连卡佛将买手制运用到极致，成为时尚潮流的典型代表。

唯品会可以说是中国离互联网最远的电商。两位主要创始人沈亚和洪晓波在创立唯品会之前，和大多数温州商人一样做的是外贸生意，将中国的通信器材卖到欧洲。到 2008 年，手机外贸生意难做，他们就和长江商学院的另外 3 名同学决定再次创业。最初的想法是学习法国 VP 和美国 Gilt 做奢侈品限时特卖活动，并开发了一个线上交易电商网站。半年后，他们发现顾客始终只是一小批"太太团"，客单价高但是订单极少，生意规模无法迅速扩大。一份淘宝数据让沈亚和洪晓波看到了出路：彼时淘宝的全年交易额突破人民币 1000 亿元，但平均客单价只有人民币 80 元。沈、洪二人研究后认定电商是未来的趋势。

　　服装是电商领域女神级品类，因利润高、用户多而充满诱惑，又因个性十足而充满风险。一旦卖家判断失误，就会形成库存，影响现金流，最后造成恶性循环。淘宝、天猫之所以能在服装品类上成功，根源在于它们的平台模式避开了库存风险。平台电商就像一家巨大的购物中心，把店铺租给卖家，利润和风险都由卖家自行承担，平台只收取佣金和广告费用。比淘宝晚 4 年，比天猫晚半年上线的唯品会在试错了几个月后，找到了另一种避开库存风险的服装电商模式——打出帮服装品牌商清理库存的旗号，不给自己造成库存堆积。当然，关键是如何打动国内特别是二、三线城市的消费者。"对大多数人来说，家门口的商场里有专卖店的品牌就叫名牌，没有就不是。"2011 年沈亚曾这样对媒体说。因此最初唯品会选择品牌的标准是，线下店面必须超过 200 家。唯品会的对标公司是美国的两家传统零售企业——OUTLETS 和 TJX，后两者采取的都是闪购特卖模式，卖的都是各个品牌的库存货品，只是 OUTLETS 主打奢侈品，TJX 主打平价服装。"TJX 在美国有 2200 多家实体店，中国几乎没有这样的零售商。"杨东皓认为，中国消费者的强大需求、大量服装库存的可持续供应、中国线下折扣零售市场的不完善，三者共同造就了线上折扣零售市场的机会，唯品会抓住了这个机会。

寻找合作商

　　最初，买手的工作是说服品牌参加特卖。"开始大多数品牌商确实不太愿意，但卖掉一部分库存总比堆着好，最终还是达成了合作。"冯佳路说。唯品会还主动缩短了账期以打动对方。目前电商平均账期为 60～90 天，但唯品会的账期是 45 天。很快，唯品会掌握了主动权，买手的工作变成挑选品牌。标准的工作流程一般是这样的：买手先与品牌厂商联系，取得合作意向之后，将对方纳入唯品会的供应商体系，然后对供应商的商品进行挑选，选出其中最适合参加唯品会特卖的，再与供应商一起策划营销方案。"买手要对她所选择商品的售卖比负责，也就是说，挑选商品时，必须结合多个因素预测是否畅销。"冯佳路说。一般而言，买手考虑的因素包括价格、季节、流行度等。比如，同样是鳄鱼品牌，同样是在 9 月，买手会选择在广州的页面上卖经典 T

恤，在北京的页面上卖长袖衬衫，在东北的页面上直接卖夹克。

目前唯品会有 11000 多个合作品牌，这些品牌的销售数据、买手谈成的每一笔交易，都会被保存下来。唯品会对品牌线下专卖店必须超过 200 家的要求则逐渐放开。"我们主打品牌和品质，这个门槛可以保证是知名品牌。"冯佳路说。买手甚至已经不需要直接和所有品牌谈判。一家浙江的男装品牌创始人就将自己的品牌交给中介公司与唯品会谈判，并于 2014 年年初入驻唯品会。与此同时，其他电商也开始引入买手模式。2014 年 4 月，天猫总裁王煜磊宣布将试行买手制来吸引年轻个性的用户。而 RET 睿意德中国商业地产研究中心的《中国买手店研究报告》显示，服装零售业的同质化竞争越来越激烈，有 2/3 的买手店都建立了电子商务模式。

为竞争拓渠道

唯品会和天猫逐渐成为更直接的竞争对手。对于服装品牌而言，电商平台都是销售渠道。唯品会已不再只是销售尾货和清理库存的渠道，有些品牌也会选择在唯品会发布新货。

2010 年之后，唯品会引进了众多电商品牌，其中包括韩都衣舍。这个成立于 2006 年的品牌可以说是淘宝大赢家，因其女装风格多样且价格便宜，赢得了众多用户的青睐。2011 年，韩都衣舍开始与其他电商平台接触。唯品会的买手团队恰在此时找到了韩都衣舍营销总监徐大风，协议很快达成，2012 年年初韩都衣舍品牌入驻唯品会。

基于对天猫、京东、唯品会、当当网等渠道的分析，徐大风确定了韩都衣舍在不同平台上的定位。"天猫上永远是我们的新款和畅销款，货品也最全。我们做唯品会的主要目的是清库存，现在也有一部分新品。"一年下来，韩都衣舍在唯品会上的销售额达人民币 6000 万元。"惊喜，绝对是惊喜。"徐大风说。2013 年唯品会上韩都衣舍的销售额突破人民币 2 亿元，唯品会成为韩都衣舍继天猫之后的第二大销售渠道。韩都衣舍对用户做了分析，唯品会的用户中，只有极少部分和天猫用户重合，绝大多数是新用户。双方的合作流程，在徐大风看来也很简单，"至少比起天猫来简单得多"。每月初，唯品会的对接买手会把下个月的特卖计划发给徐大风，"包括排期和销售目标，一般每个月三期特卖"。韩都衣舍则根据库存情况制定特卖方案,把准备做特卖的衣服图片和天猫链接发给唯品会买手参考。几天之后,唯品会买手会选定衣服款式,再发回给韩都衣舍确认。确认完毕,韩都衣舍开始在库房配货。售卖之前几天,韩都衣舍会在唯品会后台提交审核,然后发到网站和客户端开始销售。同时,韩都衣舍早已配好的货随着一辆辆卡车发往唯品会的仓储中心。徐大风认为唯品会的买手团队类似天猫的客户部,"不过买手只是负责制订特卖计划,圈定特卖款式,就像是传统商场的促销人员。天猫的大客户经理会关注品牌运营的健康度,不定期组织卖家见面交流"。

模式优势

对于和天猫一起成长起来的韩都衣舍,"在所有的渠道中,天猫依然占大头",每年韩都衣舍在天猫上投放广告占比达10%。每个平台的收费标准不同。天猫采用佣金加广告费的模式,韩都衣舍是大客户,天猫的费率加上3%的佣金还不到15%;京东也采用类似模式,广告费加佣金的费率共计15%左右;而唯品会只收佣金,但其比例高达20%～30%。

天猫对库存稳定性要求极高,需要分仓管理,包括单独的仓位、单独的货品(不能任意调动,如库存跟不上,天猫要罚款),并且要有专人分管。为了发挥天猫和唯品会两个平台的作用,一个浙江男装品牌公司的老板将当季新品放到天猫专卖店,而将前一年的尾货交给唯品会。他感叹说,近几年服装尾货的压力仍然很大,库存有时高达70%,不处理尾货根本没有足够的现金流。他对天猫的体会是一定要有资金基础,不然玩不动,前期很难熬。由于没有做广告,他的天猫店点击率不高,一个月销售额还不到1万元;而入驻唯品会10个月,十几次活动每次的销售额都在人民币100万元左右,最后一次超过人民币150万元。他只能收到销售额的60%,其余40%除了付给唯品会佣金,还要支付中介服务费。对于这一类品牌,唯品会的吸引力明显更大。上述老板介绍说,与其他平台不同,唯品会负责品牌主页的设计,产品展示照片也由唯品会制作,而且有专业模特展示,他觉得看起来比在天猫上更上档次。

在黄若看来,更重要的因素是单件商品的曝光率不同:虽然唯品会每天的访问用户约300万,淘宝网近2亿,前者的流量只有后者的1.5%,但唯品会的在售商品只有淘宝的十万分之一，其每件商品的自然曝光率达淘宝的几千倍。"在淘宝平台，如果你是新进去的卖家，除非借助广告，否则你很难获得用户点击。"黄若说。

在聚划算负责人王立成看来，唯品会和聚划算是两种全然不同的电商模式，虽然都是特卖，但唯品会做的是尾货库存，而聚划算会更多挑选新品让用户"尝鲜"。"聚划算以帮助品牌塑造形象为主。"王立成说。用户在聚划算购买了某品牌的一件商品，对其产生信任后可能会发展成为该品牌的忠诚用户，这对于提升品牌美誉度来说至关重要；唯品会则是帮助品牌清库存，这两种功能是品牌在不同阶段的不同诉求，因而不具有可比性。

唯品会在过去6年中没有出现竞争对手，其主要原因是主打本土品牌且目标客户定位于二、三线城市，而二、三线城市市场仓储和物流基础都远不如一线城市，只能靠自己布局实现发展。

闪购更需要快物流

赵志华的包裹离开品牌商的仓库，到达唯品会的第一站是位于天津武清的唯品会仓储物流中心。这也是唯品会在中国的五大仓储基地之一。佛山是唯品会第一个仓储物流中心。2008年唯品会便在佛山的物流园租下了近万平方米的仓库。这个基地位于佛山南海普洛斯物流园，到处都是低矮的库房，来来往往的卡车将整箱的商品运进或运出。"这些仓库都是按照我们的规划设计建造的，里面的每一个角落、每一条动线、每一道门甚至每一台风扇，唯品会都有定制样板。"主管物流的唯品会副总裁唐倚智说，服装属于非标准类商品，出货的效率可能是制约服装类电商发展的瓶颈，物流团队经过4年多的研究，设计了一套完整的出货方案，如此一来，物流中心的效率大幅度提升，"也就是说，我们能更早一点儿把商品送到用户手里"。"即便拿着手机也不能拍照，这是我们的物流重地。"穿过4道厚重的防盗门，就进入了物流基地的一层库房。门口竖立着一排柜台，货车开进库房就会停在柜台前与工作人员交接。这是所有商品进入唯品会的第一道工序：确定订单。工作人员核对数目后再将商品入库。供应商的工作人员只能到此为止，不能进入库房。

唯品会的库房里没有纸箱，摆放货品的是一排排金属货架，货架上则是一个个蓝色购物筐。裙子、外套、内衣、化妆品等被分门别类放在购物筐里，等待出货员前来拿走。用户下单后，唯品会的系统会等到一个小时之后打印出纸质订单。"唯品会是闪购模式，有些用户可能是冲动消费。"一位员工解释说。出货员郑建军拿着订单，用扫码枪扫描上面的条码，屏幕上显示，裙子和腰带都在一层。他马上拉着一个带有轮子的购物筐找到了订单上的裙子，然后是腰带。与裙子不同的是，腰带整齐地挂在货架上。郑建军说，原本腰带也是放在货架上，但拣货时不容易拿出来，有同事便提出了这个建议，物流中心认定合理后采纳了它，现在拣一条腰带至少比原来快 2 秒钟。这也是唐倚智引以为傲的"金点子"——员工在工作时发现问题，可以提出意见和建议，一经采纳，公司会给予人民币 500~1000 元不等的奖励。"你看这些建议，都是我们员工提出的。"唐倚智拿着一本名为《金点子》的书说，把"金点子"整理出书，留作纪念，同时也鼓励员工。拣齐 3 件商品，郑建军加快了步伐，很快来到库房的二层装货区，把购物筐和订单一起交给工作人员。后者按照地域和快递公司把包装完好的纸箱和塑料袋放在一个个巨大的金属筐里，等待卡车将它们运送出去。这个仓库的分拣方式与亚马逊仓储中心几乎完全一致。

重点开发二、三线城市物流

仓储物流中心在电商的物流体系中并不引人关注，在唐倚智看来却是至关重要的一环。

唯品会决定组建自己的物流体系时，沈亚从传统零售业挖来了一个高管——唐倚智，他曾在澳大利亚读管理学硕士，回国后在沃尔玛、乐购、易初莲花等零售企业工作，对供应链管理了如指掌。对于唯品会唐倚智也有考量，入职以后前 3 个月没有签合同："那时还是抱着试试看的心态。"

沈亚和洪晓波给了他一颗定心丸。唐倚智看到，每天晚上下班后，沈亚和洪晓波会换下西装，穿上运动鞋，来到仓库和工人一起搬货。这让唐倚智看到两条留下来的理由：第一，老板做事认真，公司会有前途；第二，老板重视仓储物流，自己会有施展空间。唐倚智也没有辜负老板，很快就指出原有物流体系的问题并拿出了解决方案。唯品会开始时没有自己的物流系统，主要使用顺丰和 EMS。"因为顺丰速度有保证，EMS 则覆盖了全国的各个大中小城市。"但由于唯品会的用户主要集中于二、三线城市，结果不尽如人意。EMS 覆盖面虽广，但速度太慢，而顺丰的网络那时主要集中于北上广等一线城市。有用户在留言中调侃说："夏天都过了，我的连衣裙才给送到。"

中国电商对物流的重视是从最近几年才开始的。2003 年马云创办淘宝网，直到 2010 年 4 月阿里巴巴才搭建了物流平台。京东物流起步最早，从 2007 年开始自建物流体系，虽然直到现在还属于烧钱项目，但是保证了用户的物流体验，也成为京东不可撼动的核心竞争力之一。

唯品会的特殊定位让这家公司更早地遇到了物流难题。唐倚智上任后，很快开始变革。首先是自建仓库（也就是物流中心）。目前，唯品会在佛山、天津、昆山、武汉、简阳都有自己的库房，除了供唯品会自己使用之外，还可以租给唯品会的供货商使用。其次是自建配送体系。从 2010 年开始，唐倚智从 200 多家配送公司中选择了几家作为固定合作伙伴，然后投资控股，使之成为带有唯品会烙印的配送公司。唐倚智说，这个计划开展后，唯品会的物流才真正提升上来，赢得了诸多二、三线城市用户的青睐。

落地配送

赵志华包裹的第三站，是唯品会的落地配送公司。

目前，唯品会在北京、天津、山东、河北 4 个省市共用一个配送公司——腾讯达国际物流有限公司（以下简称腾讯达）。腾讯达总部就设在北京通州六环外的一个村子里，白天这里寂静无声。

忙碌是从每天晚上 10 点开始的。一辆辆来自全国各地的货车，载着满满的已经包装好的包裹，从北京的五环路驶来，拐进通州的这个村庄里卸货。腾讯达的库房并不大，只有 400 多平方米，房屋和设施也极其简单。"足够用了，包裹在这里停留不到 8 个小时，立即就被发出去了。"腾讯达总经理谷志强表示。发往各地的包裹按照 51 个不同的站点分类装进小货车，天亮之前到达站点，然后等待配送上门。"目前 4 个省市加起来有 200 多个站点，北京的站点最多，密度最大，包裹也最多。"谷志强说，公司则按照过去一段时间的数量和密度来设置站点，保证每位快递员工作的强度和合理性。

腾迅达公司成立于 2005 年，目前公司有 60 部大货车，700 多名在职员工。

合作 3 年多以来，唯品会触动了谷志强的痛点，"成本每年都在涨，我们的赢利空间越来越小。只有唯品会两次主动提出涨价，涨幅高达 15%"。愿意接受唯品会的投资，还因为谷志强也想把公司做大。唯品会提出投资控股后，谷志强没有过多犹豫。

一个印着唯品会标志的粉红色盒子送到赵志华家。她照旧打开看了一眼然后签收，其中一件紧身针织衫，她吃不准到底穿 S 码还是 M 码，索性全部拿下。"唯品会退货不收用户快递费，纠结的时候就两三件一起买，买回来不合适退货就 OK 了。"

赵志华所在的保定是一个典型的中国三线城市。这里的年轻人也越来越依赖网购，足不出户就能货比三家找到物美价廉的东西，下单两三天就能收到来自天南海北的包裹。在转向网购后，赵志华也基本上不再光顾当地的百货商场。实体店的萧条她早就有所体会，"特别是在 2010 年之后。商场里的人越来越少，连节假日也不再熙熙攘攘"。

只用了 6 年时间，唯品会就建立起自己的运营体系，将电子商务的影响辐射到二到四线城市，和其他电商一起改变了这个市场的消费习惯和零售业态。唯品会和天猫之战还将继续，只是战场将从"聚划算""特卖"扩大到整体服装品类——天猫的主场。双方依旧实力悬殊，仅"双 11"当天，天猫服装的销售额就超过人民币 200 亿元。但是，正如黄若所说，由于唯品会的代运营模式在天猫平台不可复制，天猫也就很难阻止这个对手的扩张。

拉卡拉：将社区电商做成大生意

从 2005 年一头扎入第三方支付行业，拉卡拉就一直守着线下，解决用户缴费和信用卡还款等支付问题。但从 2013 年下半年开始，社区电商成了拉卡拉的新生意。

对于拉卡拉正在推进的社区电商业务，拉卡拉董事长兼总裁孙陶然并不掩饰自己的的兴奋之情。这位连续创业的老兵甚至说，"社区电商是现在最让我感到兴奋的业务"。

涉足社区电商

老李在北京回龙观小区附近经营着一家小卖铺，由于社区内同类店铺很多，生意一直都是勉强维持。2014 年 10 月，他在店铺内放置了一台拉卡拉"开店宝"，而令他没有想到的是，生意开始逐渐好转起来，很多人不但开始在他这儿消费刷卡、充手机话费、缴水电费，有些时候还会排队购买"开店宝"里提供的优惠商品。老李记得有一天，有几十人在他家的小卖铺外排队，目的就是为了购买"开店宝"社区商城上提供的优惠大米。销售大米原本并不在老李的经营范围之内，但是通过"开店宝"的社区商城，老李不但不用任何成本成为大米销售商，而且从每一笔的大米购物订单中获得了拉卡拉的返利。

帮助类似老李家这样的小卖铺涉足电商，正是孙陶然带领拉卡拉做大社区电商业务的重要一环。因为在他看来，下一个 10 年社区店铺将会是电商流量的一个重要入口。"未来的流量入口在哪里？一个是手机，另一个是社区店铺。"孙陶然说。拉卡拉希望为这些线下的流量入口提供平台，组织这些小的店铺为社区周边的人服务。他判断，一旦有几万家类似的小店发展起来，拉卡拉就会在电子商务领域产生巨大的价值。"前段时间，我们拉卡拉社区电商卖方便面，3 个小时卖了 20 万桶，你可以想想这是什么概念。"孙陶然说。现在是买方市场，消费者的选择太多，要把产品高效率地推广出去，渠道非常重要。

也正是因为这样，拉卡拉不惜给出现金奖励，鼓励这些小店推广拉卡拉社区电商业务。据一些便利店的店主透露，消费者通过拉卡拉社区电商成功下单之后，每一单都有 10 元的返利给店主。

拉卡拉提供的数据显示，拉卡拉"开店宝"项目推行半年有余，目前全国网点已达数万家，北京单个城市就有数千家拉卡拉小店。"周末大抢购"和"每周一团"订单成交量最高可达每小时 1 万笔。

建立竞争壁垒

实际上，瞄准线下社区电商的公司并不止拉卡拉一家，很多公司都期望涉足这个未来很有前景的市场，但真正把这个市场做起来其实非常困难。而正是这种困难，让拉卡拉建立了竞争壁垒。"线下的活是非常难干的。那么大的面积，那么多的城市，你需要把地面部队组织起来，训练起来，去推广服务，这个活是非常难干的。"孙陶然说。线下推广一直是拉卡拉一个非常强的优势，而正是这种线下的基因，让拉卡拉在社区电商的竞争中建立了竞争壁垒。

另外一个让拉卡拉对未来发展充满信心的因素是——"开店宝"抓住了社区商户们的需求。孙陶然说，在电子商务时代，线下店铺有利用互联网做生意的刚性需求，而拉卡拉给了他们一个解决方案。"线下店铺只要不关掉，就会想把生意做得更好，有更多的人来，可以赚更多的钱，那怎么样能够把这个生意做好？拉卡拉给你一个解决方案——用拉卡拉'开店宝'。有了'开店宝'之后，店铺可以提供更多的服务，有更多的人气，可以用更便宜的价格来进货，可以卖更多的品种，也可以来借款。这个需求一定是刚需。"孙陶然说。

目前，整个拉卡拉集团有 5000 人左右，其中有 4000 人是全国各地分公司的地面部队。按照规划，拉卡拉准备 2014 年年底前覆盖 2 万家社区小店，而2015 年年底则将覆盖店面的数量提高到 15 万家左右。

互联网金融谋略

除了成为一个有效的社区电商销售平台，拉卡拉围绕这个平台还有很大想象空间，而涉足互联网金融可能会是一个水到渠成的选择。

互联网金融本质是金融，风险控制和经营是金融企业的基本功。互联网金融企业应当是具备金融行业基因，基本功过硬的企业，符合这一标准的企业并不多，拉卡拉是其中一家。通过提供支付服务，拉卡拉过去几年积累了 8000多万名用户，而每个月都有近 2000 万人通过拉卡拉还信用卡。而基于海量用户积累的支付数据，拉卡拉开始为部分用户提供"替你还"的增值业务。

"替你还"业务的模式是：用户还信用卡的时候，如果手里没钱，可以申请让拉卡拉替你还，待有钱时再还给拉卡拉。这项业务在内测的第一个月，就发放了 5000 多笔贷款。按照这个数据计算，一年发放贷款会达到 6 万笔，这是传统小贷公司发展几年才能达到的业务规模。"对于商户而言也是一样。商户如果使用了拉卡拉的 POS 机，每个月的经营状况，系统里面会有评判，基于经营状况，拉卡拉就会给你一个授信额度，可以贷款给你。"孙陶然说。

拉卡拉为什么能够提供这个服务？孙陶然说，这主要因为拉卡拉有海量用户，用户过去所有的信用卡使用记录都保存在系统里，而公司的系统能够判断是否可以替用户还，以及可以替用户还多少钱。

互联网解决了传统金融业机构与用户之间信息不对称和覆盖不全面的问题，未来互联网金融需要进一步下沉到社区，为支付、信贷和理财的等金融业务在社区构建应用场景，这正是拉卡拉创新银行正在做的事。

孙陶然介绍，目前拉卡拉正全力进行社区网络的建设，未来只要社区需要的服务都可能会叠加到系统中去。"服务其实是由社区商户来选择的，商户想要卖什么样的商品，想要卖什么样的服务，他们可以反馈到我们的系统里来，然后我们的系统就会提供这些服务。"他进一步透露，在拉卡拉的最初规划中，公司希望支付、金融和电商业务的收入能够分别占 1/3，但现在公司希望能把支付服务的门槛降低，通过提供更多的增值服务来获得收益。

移动电商新势力

2014 年开年，阿里巴巴集团董事局主席马云就号令全集团"ALL IN（全力进军）"移动电商。

马云在内部邮件中称，移动电商必定将是移动互联网时代最重要的领域，阿里巴巴必须与数亿用户一起移动到 DT（Data Technology），端带动云，云丰富端，建设移动电子商务的生态系统。

放眼全球，不仅传统电商巨头如 Amazon、阿里巴巴、Ebay、京东等都在布局和发力移动端，而且市场还陆续涌现一批移动电商领域独具特色的新秀初创公司。

1. Wish 手机购物，利用大数据对商品和需求进行有效匹配

Wish 是一家位于美国旧金山的初创公司，目标是为客户提供有趣和高效的购物体验，其自动推荐系统可以利用大数据分析技术为用户筛选和推送接近用户需求的商品。2013 年 3 月 14 日，Wish 公司的移动优先购物 App 正式上线，该平台是介于电商平台和购物展示应用之间的产品。与其他移动购物 App 不同的是，Wish 不会基于 Facebook、手机平台短信推送购物信息，打扰用户的个人生活，而通过用户的注册信息以及这些用户过往行为进行分析，推测某一群体的喜好，当用户第二次登陆平台时，在不影响用户购物体验的情况下，展示用户期待看到的相关产品。Wish 向用户推送商品信息是一个循序渐进的过程：用户初期浏览时，Wish 只会推荐一些不易引起反感的商品，随着用户使用时间和频率的增加，Wish 就可以通过更多的信息了解用户的兴趣、喜好以及在移动端的使用习惯，以此决定为用户推荐什么样的商品。目前，通过用户体验及口碑相传的方式，Wish 已赢得了超过 2500 万名用户，日均活跃用户在 60 万 ~ 80 万之间，其中六成用户分布在美国、加拿大和其他一些欧洲国家。

2. Tesco 虚拟商店，手机和广告牌的双屏互动

英国零售巨头 Tesco 在伦敦盖特威克机场推出 Tesco 第一家机场虚拟商店，通过手机与大型互动广告牌的双屏互动模式，让消费者在机场候机的间隙也能轻松购物，将日常用品送到家。Tesco 在机场放置了大型互动广告牌，并以"冰箱内商品"为主要上架商品。消费者可以在候机时滑动广告牌观看目录，并通过手机扫描广告牌上的条形码进行移动购物。Tesco 看好英国消费者使用智能手机购物的习惯，该公司预计到 2016 年，手机使用者中的九成将使用智能手机，届时手机购物金额将达 450 万英镑。

3. Mowbi 移动商务应用平台，手机网店开发支持

Mowbi 是一家位于美国缅因州的创业公司，成立于 2010 年 5 月。Mowbi. com 是一个移动商务应用平台。Mowbi 致力于帮助使用移动终端（如各类智能手机、iPad、PDA 等）的用户进行商业开发、增加收入。这些用户既可以是个人，如在手机上开网店；也可以是企业，如进行营销、推广、支付等。Mowbi. com 还提供"Go Native"（本地化）服务，用户可以基于 Mowbi. com 的商务平台进行 App 开发，Mowbi. com 会帮助用户将这些程序进行本地化转化成本地的 App，并帮助用户将 App 提交到苹果商店、谷歌商店、黑莓商店等。

4. 口袋购物移动平台购物推荐，追逐客户喜好

口袋购物创立于 2011 年，是一款移动平台的推荐购物类应用软件，主打个性化和精准化的商品推荐。利用人工智能和发现引擎的技术，口袋购物从 5.7 亿商品中根据用户的个人喜好寻找商品，每天精选潮流热卖商品，帮用户实现一站式购买淘宝、天猫、京东、凡客、苏宁等商城的商品，随时随地发现性价比高的"宝贝"。口袋购物的目标是以数据挖掘为工具，进行精准推荐，让用户在碎片化时间里完成购买行为。

5. Vente – Privee 名牌奢侈品，网上限时抢购

法国公司 Vente – Privee 成立于 2001 年，开创了限时抢购的理念，即在网上限时销售特价商品，多数为奢侈品。它的商业模式可以简单概括为"名牌折扣＋限时限购＋正品保障"。Vente – Privee 希望通过移动端的大力投入和全新布局引领闪购行业的浪潮。2012 年，Vente – Privee 的移动电商营收已经占销售总额的 26%，公司创始人兼行政长官 Jacques – Antoine Granjon 表示，希望未来几年网站的大部分销售产生自智能手机和平板电脑。

6. ZZKKO 跨境电商导购，专注社交网络

正在进军移动领域的 ZZKKO 是一个类似蘑菇街和美丽说的跨境电商导购网站，专注时尚服饰类产品的社交化运营。目前，ZZKKO 将主要目标定位于南美市场，并与外贸电商平台全球速卖通（以下简称速卖通）合作，依靠大数据选款，与速卖通对接 API，将流量全部导向速卖通。其盈利模式是向速卖通收取 3%～5% 的佣金。ZZKKO 绝大部分流量来自社交网站，其中，Facebook 流量来源占比超过 82%，Pinterest 流量来源占比约 17%。数据显示，有 40%～50% 的 Facebook 用户通过移动端来到 ZZKKO 网站。

7. Egg Drop 手机应用，发布和探索身边的二手物品

地理位置在 Egg Drop 上发挥着巨大的作用，Egg Drop 是一个发布和探索

身边二手物品交易信息的手机应用。Egg Drop 可以覆盖方圆 80~100 英里的范围，这基本上是用户日常生活的活动范围。用户写上物品名称，拍照并上传照片，定价，再加上一段简单的描述，交易信息就会成功发布到 Egg Drop，同时可以选择分享到 Craigslist、Twitter 和邮件选项，让更多的人看到这条交易信息。Egg Drop 会在后台将产品进行分类，并列出基于位置的目录，让用户可以通过应用程序进行访问。

8. 玛莎百货发力移动购物，传统巨头的转型之路

作为成立 130 年之久的零售集团，玛莎百货最近发力移动电商，希望通过玛莎旗下商店、互联网和移动设备终端将顾客连接在一起。2013 年，玛莎百货与美国网上化妆平台 TAAZ 合作。TAAZ 网的多平台解决方案使客户能够通过他们所有的渠道拥有始终如一的体验，并最终让用户能够通过一个账号就在商店里、网上或者自己的移动设备上访问他们的照片和化妆品。2014 年 4 月，在服装等主要业务的销售额出现连续 10 个季度下滑后，玛莎百货自建电商平台正式上线，正式替换亚马逊的网络平台。新的网络平台被寄予厚望，这被视为玛莎转型的重要战略步骤。

9. Good Sie 移动在线零售平台，DIY 自己的在线商店

Good Sie 是一家移动端在线零售平台，致力于为人们 DIY 打造自己的在线商店，只要轻松点几下鼠标，就可以在网上创建属于自己的网上商铺。用 Good Sie 创建的商铺简洁优雅，在手机上也有很好的用户体验。Good Sie 上还有邮件系统、销售分析等功能。通过邮件系统商家可以根据过去的订单、购买数量、地理位置等创建简单的用户邮件。销售分析可以提供实时的销售数据跟踪，如收入跟踪、用户类型、支付方式等。Good Sie 的新商家可以有 30 天的免费试用期，以后每月需要支付 15 美元的费用，如果要获得邮件系统、销售分析等额外功能，商家每月需要支付 40 美元。目前 Good Sie 上有大约 1200 个活跃商铺，每月销售额在 30 万美元左右。

上述处于转型或初创阶段的移动电商，无论是在看到移动电商机遇后努力转型的传统领域的零售巨头，还是专注于移动电商某一细分领域的创业公司，

都是代表未来的商业平台，移动电商具备的主要特点有以下几个。

（1）专注于客户，通过数据和社交，提供更加符合客户需求的产品；

（2）为中小企业，甚至个人商户的生意提供更多机会；

（3）改变了传统销售渠道、商品品牌塑造方式，也改变了客户获取和维护的方式；

（4）技术和商业模式同样重要，大数据、社交网络和移动端的平台开发变得越发重要。

Wish 这样的公司一诞生，就以亚马逊、EBay 和沃尔玛这些巨头作为竞争对手。作为对传统模式的颠覆，移动终端不仅是一种"销售渠道"，而且是一种客户体验，是平台、商品与消费者联系的最有效的方式，是代表未来的路径。无论传统巨头，还是新创公司，要走的路还长。在这波移动电商的变革浪潮中，是传统电商企业借力移动互联网羽翼丰满，还是新兴的初创公司后来居上，目前都不确定，究竟谁最终能够真正腾飞，还有待市场的竞争和演化来给出答案。

THE
COMPETITION
AND
COOPERATION
OF

E-COMMERCE

电商之竞合

第 三 篇

大人物

出身平平却能只手遮天，胆小冲动反能叱咤风云。真实再现电商大人物蓄势待发，还原他们的成功与失败，倡导中国走自主创新的发展道路。

第十六章 创业者说

多面刘强东：从极端强势到有趣简单

所有的人都在看着他，想看到他放声大笑或是泪流满面，但是都没有等到。

2014 年 5 月 22 日的纽约时代广场属于刘强东。他和他的京东在十年征程之后终于登上了纳斯达克市场。那一天，他站在无数写满"JD"的电子广告牌下，以一个可称优雅的笑容，结束了整个仪式。这位两年前还被称为野蛮人的创业者完成了中国民营企业迄今为止在美最大的一单 IPO。

来自刘强东老家宿迁的一名记者以这样一句话来表达家乡人对其的崇拜，他说，"在宿迁，自古到今只出过两名伟人，一位是项羽，一位是刘强东。"考虑到另一位伟人乌江自刎的结局，刘强东开玩笑说，"你这句话说得我脊背发凉"，全场大笑。

"你能想象刘强东现在居然会讲笑话和调侃媒体吗？"一位京东高层人士毫不掩饰自己听到这句玩笑话时的惊讶。对于刘强东的同事和他的对手而言，这是一个时刻紧绷着的人。紧张、强势、霸道、一切尽在掌控，这就是他身上所背负的最大误解——事实上，他认为自己是一个有趣、简单、透明的人。

过去的经历已经证明了刘强东在商业上的成功，但是人们对于刘强东这个人，他的性情与信念，他对商业、社会、管理和人的看法，知之甚少，甚至颇多误解，人们总是关注他做了什么而不是想了什么。这很大原因和他的外在形象有关：一直以来，刘强东对竞争对手过强的攻击性，对在乎的人表现出的过度保护欲，对于公司中层领导极端的苛刻，对底层员工过分的关怀以及对贪腐、低效表现出的零容忍度，都在向外界表现他性格中极端的一面。

在刘强东身上体现了一种罕见的简单和直接：他会向着一个目的一往无前，没有妥协和迂回；他的目标和方法往往是一致的，对内和对外所体现出的性格也很一致；就连在面对情感绯闻时，他的辩白也显得那么冲动和幼稚。

他处在一个高速发展、充分竞争、较少依赖权力和被垄断干预的电商环境中，这个环境允许他将这种简单、直接甚至有些极端的性格发挥到极致，并因此而取得成功。这对刘强东个人来说是个幸运，对于这个时代而言，也有其正面意义。

极端的管理者

2014 年 4 月 18 日，距离上市只有一个月时间。刘强东特意回母校中国人民大学做了一次公开演讲，在演讲中，他提到三年前公司的一位副总裁因为拿了供应商的一个箱子而被开除。这件事情在网上引起了热议，多数人的第一反应是无法相信，有网友在下面留言说：要么是刘强东太虚伪了，要么就是箱子里装满了黄金。很显然，这些网友没有看过下面的故事。

在京东，一位基层员工因为犯了一个小错误不承认，直接被开除，上司连带降薪降职；一名员工拿回扣，被送进了公安局，损失由他的上级承担；一位副总裁迟到让秘书帮着打卡，被开除。早年，刘强东会仅仅因为一个贪腐的传言而开除一名员工或是整个部门。一个成熟的企业，对于员工所犯下的错误，有很多办法来解决，但是刘强东往往选择最极端、最激烈的那一种。

在京东以复合增长率超过 100% 的速度连续增长的多年间，刘强东对于公司的效率和高管的执行力有着极端苛刻的要求，他难以容忍任何的妥协、推脱和拒绝。在京东每个月的经营沟通会上，他要求高管们不许谈成绩，只许说问题。

在批评员工的时候，刘强东有时候就像一名严厉的父亲在指责做错事的儿子，如果对方此时还到处找借口或是言辞闪烁，那就糟糕了，他会像连珠炮似的逼问："为什么没有做到？""你觉得自己称职吗？"但刘本人似乎并不认为这是一种批评，他说，"我从没批评过任何高管，但是所有高管加入京东后，大概一个月，你就会发现这个高管跟我一样。"

"在很长一段时间内，京东都是一家完全没有妥协的公司。"一位接近刘强东的人士表示。刘强东几乎没有经历过职场，所以他不知道在职场需要妥协和潜规则。"眼里只有自己的目标，却看不到别人的欲望。"上述人士感叹。这种管理洁癖让刘强东看上去有点不通人性。京东早期阶段刘强东甚至不允许高管坐在一起吃饭，理由是防止出现小团体。

刘强东 22 岁开始创业，人生中唯一的职场经历是第一次创业失败后在日本企业工作过两年，而他学会的道理之一就是："日语里没有误差这个词，只有对和错。工作里错了一点你就走人。"后来他还把当时在日本企业的直接上司严晓青招进了京东，成为公司第一个副总裁。

批评者指出，刘强东把自己的生活划分为很多部分，留下反差巨大的个性。对待中层领导，他过度严苛；但是在基层员工面前，他举止得体、平易近人，他总是单独和他们见面，在和基层员工吃饭时的表现总是令人愉悦，他乐于听取他们的意见并迅速解决他们的问题，并且给出高于市场行情 10% 的工资。

一位早年从京东离职的高层人士表示，刘强东其实很容易被贫穷和忠诚所打动，只有极少数了解刘强东的人深知他内心一直有一个很柔软的地方，就是对家和家庭的渴望。

2014 年春节前，刘强东群发邮件给员工，讲述他看到的一篇留守儿童无法回家的报道。在这封不足 100 字的邮件中，他用了 35 个感叹号来表达内心情绪的激动。"实在无法自制，正在吃饭还忍不住泪流满面，我从不相信眼泪，更一度视男人掉泪为懦夫！！！可是……"最后，他要求员工把家乡的孩子接到身边，并给每个孩子 3000 元的补贴，即使增加的这几千万元费用几乎是京东一年的利润。

京东集团副总裁徐雷描述刘强东在商业上的作为始终是"All in, or nothing",成王败寇。他很讨厌圈子,也讨厌与权贵资本打交道,他对弱者的同情、对垄断的抗争,又带点理想主义色彩。

理想国与天花板

在过去十年间,中国电商行业一直处于高速发展期,政府管制极少,而扶持较多,这使得刘强东所处的创业环境相对其他知名企业家而言,是较为单纯的。他既没有马云那么多的负担——复杂的政府和股权关系、大量的卖家情绪,也不像李彦宏的搜索业务那样充满了政治敏感和虚假广告,更没有像马化腾那样经历过垄断势力(运营商)所带来的封杀,他面对的几乎都是纯商业的挑战。

当然,一直以来,京东的金字塔尖上始终只有刘强东一个人,没有其他合伙人,也就缺乏相同重量级的制衡。所以当他一个人带领着一家公司连续七年以100%的增长率增长时,这很可怕,就像他以前是背着一袋米在奔跑,而后来则背着一座山。京东虽然在自营B2C上是第一,却始终面临苏宁和阿里巴巴的围剿,这使得刘强东既有第一的骄傲,又有尚未完全成为第一的压迫感,年年如此。

外部相对简单的创业环境赋予了刘强东保持这种单纯且直接性格的可能性,而内部缺乏合伙人和压力之下的目标单一性,又使得他渐渐把这种性格发挥到了极致。

他想把京东打造成一个他的理想国——一个没有腐败、潜规则和官僚主义,只有速度、效率和正确价值观的公司。刘强东希望整家公司和他的价值观保持高度统一,而他自己,将像革命者一样承受命运的折磨,引领着团队向前冲。但刘强东并不是一个情商很低、反应迟钝的人。他很懂得诱导和说服的艺术,他喜欢给员工演讲,讲话几小时不需稿子,记述下来即可成文。在农村长大的刘强东深知梦想和财富给人带来的革命性变化,他像《华尔街之狼》里的销售大师拼命给员工注入激情和使命。

这就不难理解刘强东为何在管培生身上倾注大量的精力和耐心。"我们要求新人此前从未在其他公司工作过,这样他们才不会受到其他企业文化的污染。"在美国学习期间，刘强东甚至像朋友一样，给一位管培生写信，叙述自己在哥伦比亚大学的各种琐事。

刘强东世界观的另一面，就是他对人或者事物分类时，非黑即白的思维方式。在工作中，他认为很多事情是通过信念就可以解决的，但他没有意识到别人并没有像他这样在乎这份工作。所以，当京东在 2010～2013 年引进了众多职业经理人时，矛盾开始爆发——职业经理人带来了其他公司的价值观和规则，这显然很难适应刘强东的世界。刘强东不断将经理人请进来，又把他们请出去。

一位从京东离职的高层人士表示，那一阶段是刘与官僚层的对立期，批评、调岗都试过了，越杀越多，没有用。于是，刘强东开始思考为什么有那么多内部阻力。"你可以归结为一个人或者事情，但最终还是刘强东自己的问题。他最后得出的结论是——自己成了天花板。"于是，刘强东去了美国。

刘强东曾在不同场合，多次强调自己其实是一个很简单、很透明的人，只是过分坚持自己，所以外界对他多有误解。似乎没有人特别在意或是相信这句话。"但他自己一定是深信不疑的。"上述前高层人士称。

刘强东的同事们有时候会觉得刘强东和自己不是一个世界的。他不玩游戏、不打牌、很少社交，徐雷和刘强东认识六七年，几乎想不起他有什么兴趣爱好。好几次刘强东群发邮件推荐他最近看到的一部电影或是一本书，他在邮件里用了一长串的感叹号表示电影太好看了！所有高管必须都看！不看会后悔的！但一看名字，居然是一部八年前上映的家喻户晓的电影，很多人都看过了。

从人治到法治

对于刘强东而言，2014 年有三件事让他成为公众关注的焦点，一个是京东上市，一个是腾讯入股，另一个，则是和网络红人"奶茶妹妹"的绯闻。

一名企业家和一位年轻女孩传出绯闻，而且是以照片泄露和在街上被偷拍的形式被公众所知，这并不令人意外。但刘强东事后的反应和处理方法，让公众看到了一个和他成熟的商业形象所不相符的幼稚举动——他先是指责马云借此事来炒作，言语愤怒，接着他在荒废了 20 个月的微博中公开承认恋情，他甚至在回母校的演讲中说，"这种感觉就好像男女床事被邻居偷窥"。

一位和刘强东认识多年的朋友表示，刘强东毫无疑问是乱了方寸。如果你还能想起他在两年前面对另一个绯闻事件时的冷静处理，还借机推广了京东的生鲜品类，你就能感觉出他的变化。这位朋友说，刘强东脑海中一直紧绷着的那根弦，一直对外界充满了不信任和不屑于解释的那根弦，终于开始松了。

徐雷说，从美国回来的刘强东有一个明显的变化，就是不再那么咄咄逼人，开始能接受妥协和别人的拒绝。他甚至开始容忍一定情况下效率的下降，而依靠组织和团队进行沟通——在过去，他的一个指令下去必须立刻看到效果，而现在，他可以等，允许底下部门有调研、协调和主次排序的空间。

2014 年 4 月京东分拆。徐雷说，拆分之后高层的管理体系如果按 ABCD 级排序，他由 C 变成了 D，上面依次是集团 CMO 蓝烨、CEO 沈皓瑜，然后才是刘强东。徐雷现在已经很少有机会直接向刘强东汇报事情了，连见他一面都不是那么容易，偶尔会感觉和那位创业早期总是下班一起喝酒的刘强东有了距离感。

刘强东坚持了十年的早会，如今已很少参加，他开始每天和 CXO 们开一个小会。他开始减少不必要的会见，躲开那些细致的请求和无谓的争论，如果一个总监来找他谈业务，他会直接告诉他，你应该先去找你的 VP。徐雷说，现在刘强东开始讲笑话了，知道用语言来缓和气氛。在批评员工的时候，他会努力让对方意识到，被批评的不是"他们"的生意，而是公司的生意。

2014 年初，京东日百部门在进口牛奶的运输上向物流部门提出了超常规的要求，下面员工写邮件求助，但几天过去这个特殊要求并没有得到积极的反馈。这封邮件最终落到了刘强东的手里，他大发雷霆："我通过这件事看到了仓储部门最为典型的官僚作风。"他在邮件中用了三个问号表示不可思议，"这种邮件竟然出自京东人之手？？？把这个部门负责人等相关人一律记大过一次！过往绩效一般的话立即辞退！"屏幕另一头的人看得心惊胆战。

"开始戴眼镜、会在开会时讲笑话缓和气氛的刘强东，你觉得他变了吗？"徐雷摇摇头，刘强东依然对违反京东价值观的事杀无赦，依然讨厌推诿、粉饰和官僚主义。他只是意识到，当公司发展成一个 5 万人的公司，一个背负 350 亿美元市值的公司，必须放弃一部分"创业心"——不再过分苛求高效和目标性，但要有秩序、有规则，由乱到治。

这样的放弃对刘强东而言很难。从始至终，他都是一个习惯改变而非顺应既有规则的人。一位刘强东的同学曾表示，年少时的刘强东就觉得自己很特别，他认为世界上的规则都不适用于他，为了不改变自己，他往往会选择改变规则。比如，为了强迫自己放权他去了美国，但有时候他会在电话里悄悄旁听早会。

当京东成为一家公众公司之后，刘强东身上的责任也越来越重。一个人没有办法永远那么霸道和直接，也没办法让5万名员工和合作者们都变得与自己拥有一样的目标和追求。水至清则无鱼，有时需要容忍一定的灰度存在。

真实的自己

从业务目标来说，京东的重心还是自营业务，但未来会大力在C2C、海外和金融业务上拓展，包括在硬件和智能家居平台上加大投入。

京东的业务拓展越来越广泛，这也意味着刘强东在进入更多的领域，处理更复杂的关系，接受腾讯的入股和腾讯总裁刘炽平进入京东董事会对他而言就是一个挑战。在一家高速发展的公司，很多问题会被速度和增长所掩盖，而当公司开始进入一个平稳发展期，很多矛盾会慢慢显现、爆发。

从这点来说，刘强东需要对京东有更透明、民主的管理（包括对员工的股权问题），需要跳出过往中欧圈子（过去京东的空降高管很多是他中欧的同学），向更多人和企业学习，包括在和腾讯的合作中，都有太多需要磨合、妥协的地方。

刘强东和柳传志、马云这样的企业家的区别在于，后者从不把自己只定位为商人，他们站在更高的角度看这个社会和时代，在商业之外，他们不仅对各种社会议题发表看法，而且致力于提出并推动对社会影响更深远的改变。

从商业上来看，刘强东已经是一名成功的商业明星和企业家，他是京东5万多名员工的领导，是宿迁人民、人大校友和创业者的领袖和偶像，但距离一个社会所期待的大众偶像和商业英雄形象，他还有距离。他需要对更多未知的领域进行探索，向公众传达更多关于他的战略、梦想，他对这个社会的思考和对商业、人生的理解。这样公众才能慢慢从对他的误解和简单的定论中走出来，看到一个真正的刘强东——一个他心目中透明、简单、有趣的人。

徐雷说，他这么多年很少见刘强东开怀大笑过，最多是咧着嘴嘿嘿笑几下。唯一的一次是 2009 年公司去北戴河团建，大家一起玩"炸金花"，刘强东每一轮都押上所有的钱，把所有人都吓跑了，除了徐雷。两人斗到最后，一翻牌发现刘强东居然闷了个豹子——刘自己也很惊讶。徐雷说，那一次刘强东真是放声大笑，他放松了。

刘强东曾说自己是一个永远活在战斗中的人，而现在他放松的时候越来越多。当刘强东开始不再那么紧张时，他才成为更接近真实的自己。

UC 入口争夺：四个男人之间的故事

百度 19 亿美元收购 91 后，中国互联网并购整合纪录又被刷新了。2014 年 6 月 11 日，UC 优视宣布并入阿里巴巴集团公司，组建为阿里巴巴 UC 移动事业群，俞永福则被邀请加入阿里巴巴最高的业务决策团队，任阿里巴巴 UC 移动事业群总裁。虽然官方暂没有透露并购整合金额，但俞永福已在和内部员工信中兴奋地表达："整个交易总对价远远超过之前中国互联网最大并购交易'百度 19 亿美元并购 91'。"这个估值，据传在 40 亿~50 亿美元。

这不得不让人想起一个月前的全球移动互联网大会。俞永福出人意料地炮轰百度，并在演讲的最后表示："今天做了一个很重要的决定。"这句话是长城会前两天的晚上，俞永福更新的一条微博内容。随后在媒体采访中，他多次被追问这个重要的决定是什么，俞永福始终避而不答。想来当时那个重要的决定，是俞永福对 UC 与 BAT 的并购暧昧绯闻做出了决定，这是继 2009 年、2013 年阿里巴巴集团对 UC 优视投资后双方实现的全面融合。这也意味着，国内互联网格局中最后一个重要变量已经尘埃落定。

复杂和激烈竞争的中国互联网一直被标注为三个男人的故事——富于梦想的马云（天秤）、高富帅的李彦宏和低调内敛的马化腾。而随着移动互联网成为众人抢滩的领域，深耕该领域数年的 UC 在这场适者生存的竞争中，一直被

BAT 当作重要变量来追逐。三点构成一个稳定面，但如果在三点中加入第四个"变量"点，形势就变得很微妙了。

"入口" UC

2011 年以来，互联网巨头 BAT 的圈地和混战愈发白热化，从生活消费到电子商务，从无线服务到互联网金融，巨头们乐此不疲地进行"三国杀"。BAT 对 UC 急躁的轮番并购只因格局正在发生剧烈变化：在过去的几年间，中国的互联网巨头们已经集体患上焦虑症——在 PC 弱化的将来，如何将 PC 时代累积的优势复制到移动端，是马化腾、李彦宏以及马云等共同考虑的问题。

在从互联网往移动互联网延伸的过程中，BAT 或多或少遇上了阻碍——原本在 PC 端畅通无阻的业务和推广招数行不通了。寻找一个在该市场已经有成熟产品和经验的团队来迅速弥补移动互联网入口，这也是 BAT 不断收购移动互联网产品的逻辑。移动互联网有五个公认入口：一是硬件，掌握在手机厂商手里；二是网络，掌握在运营商手里；三是浏览器和超级 App；四是搜索引擎；五是应用商店，其也被视为一个入口，但从内容角度来看，应用商店只能带来分发流量而不可能带来内容流量。在以上五大入口中，能被 BAT 纳入麾下并短期见效的入口只有浏览器和搜索引擎。客观来看，UC 的确处在移动产业链条上的一个重要位置。在应用商店模式弊端越来越显现的背景下，轻应用及 WEB App 将在未来逐渐成为主流，而这恰恰是 UC 耕耘多年的领地。而在另一移动互联网入口——搜索引擎，UC 旗下潜行四年的移动搜索业务神马月度活跃用户数达到 1 亿，在国内移动搜索引擎市场的渗透率超过 20%。

除了 UC 本身所处的产业位置外，更让 BAT 心动的是 UC 的各项数据。它拥有国内少数除了 BAT 之外拥有上亿活跃用户的应用之一，UC 浏览器目前全球用户超过 5 亿人，艾瑞咨询的数据显示，其旗下手机浏览器在国内移动浏览器市场的月度覆盖人数占比达到 65.9%，也是中国网民花费时间最多的三大应用之一；它是国内最重要的第三方移动应用分发渠道之一；在手机游戏市场拥有覆盖大量开发者的成熟分发能力。除了强大的内容平台外，UC 甚至还做到了 BAT 都未必做到的事情——进行国际化探索，海外用户早早地过了亿。借助这些成绩和雷厉风行的团队，UC 无疑是那个极有可能改变中国互联网商业格局的"变量"，BAT 都认为成功收购 UC 就意味着拿到了"船票"，并极有效地缓解了他们在移动互联网布局上的饥渴。

原本，UC 想要傲然地成为 BAT 之外的另一极，坐上中国互联网第四把交椅。按照俞永福的意思，其实在 2010 年，UC 就已经具备了上市的条件，"对比 360 上市之前的两个关键指标，第一个是浏览器用户 1.72 亿人，另外一个是收入 3.7 亿元人民币，我们早就达到了这两个指标"。于是，即使俞永福不断在强调 UC 不卖，但丝毫不影响 BAT 对其的青睐。UC 一直躺在各个巨头的收购名单中，并"定期"成为移动互联网收购绯闻主角。

中国互联网江湖的是非，充满了男人们的野心、梦想、意气和算计。有时候商业的翻脸远比情感起伏来得快得多。在这场 BAT 对 UC 的追逐并购中，马化腾一度示爱，俞永福不卖，后来 UC 开始了长达 5 年的"腾讯抗战史"。和 UC 保持长期暧昧关系的百度曾伸出橄榄枝，俞永福拒绝，后来 2014 年 5 月那场被称为移动搜索第一战的"百神大战"爆发了。马云酷爱武侠，热衷佛禅研究，此时他表现出似乎更懂男人的梦想和奋斗，对俞永福说，来我这里，做你想做的事。俞永福心动了。

阿里巴巴：志在必得

2009 年，阿里巴巴对 UC 进行第一轮战略投资时，UC 的用户还是 1 亿人，国际化的想法刚刚形成。而如今，UC 的全球用户已经达到 5 亿人。不管马云当年对 UC 的投资是洞悉全局还是误打误撞，在这些年里，马云一直向俞永福表达了增持的意愿，直至阿里巴巴提交的招股书透露信息，阿里巴巴已占据 UC 66% 的股份，但控制权仍在俞永福手里。2014 年 5 月，发生了很多事情：京东成功上市，微信小店正式上线，搜狗整合微信资源推出微信搜索……对于这些被外界视为对阿里巴巴发起进攻的举动，马云始终闷不作声，而是以迅雷不及掩耳之势完成了一个个的并购。当然，这次说服的是俞永福。

马云和俞永福的私交不错，在多个场合，俞永福毫不掩饰对马云的称赞，甚至将之捧为贵人。从俞永福的初衷来看，私交归私交，商业归商业。但在说服俞永福这件事儿上，马云比其他人有耐心得多，诚意也是显而易见的：来我这里，做你想做的。这是俞永福最看重但百度、腾讯不愿意给的。当然，一个足以让俞永福可以给全部员工交代的估值也是关键。虽然目前没有公开交易金额，但根据俞永福内部信，这笔交易"将创造目前中国互联网史上最大的整合"。为什么马云对 UC 如此势在必得？上述提到的 UC 产业链价值显然是一大原因。回溯阿里巴巴近年来以及最近几次的收购，有些人看不懂马云的棋局——并购对象太分散了。在移动领域，收购了美团网、陌陌、丁丁网、友盟等，而在更多垂直领域，金融领域收购了天弘基金，文化领域收购了文化中国，体育领域收购了恒大足球……如果加入 UC，马云的战略意图就清晰了。近年来，马云一直强调做生态而并非公司。

今天的阿里巴巴集团，在电子商务、互联网金融、云计算、大数据、文化娱乐、物流、国际化甚至体育等多个垂直业务上的纵深布局，已经远远超越了国内任何其他互联网公司的格局。然而在这个布局中，阿里巴巴始终缺少能持续提供巨大流量的源泉，UC 的加入弥补了这一点。如果说阿里巴巴在编织一张很大的网的话，UC 便是线。作为一个基础平台，串联起所有的纵深布局。更重要的因素则在于俞永福领导的 UC 团队。在移动互联网领域，这支队伍称得上兼具经验、敏感度和有实力的团队。对阿里巴巴来说，这是个接近完美的布局；而从 UC 角度来看，阿里巴巴其实远比腾讯和百度更适合 UC。纵观BAT 的收购整合策略，腾讯和百度更偏向将业务嫁接在其原有业务上，这种策略更适合产品单一型公司。而 UC 浏览器作为一款平台型产品，已经有一套完整的业务体系，显然阿里巴巴的整合能让 UC 发挥更大优势。

百度：失之交臂

2013 年百度创造的中国互联网并购纪录"19 亿美元收购 91"的收购案，主角本应该是 UC。由于对移动互联网反应迟钝，在 BAT 竞争中，百度已经落后一步。从主营业务出发，百度将其移动战略寄希望于移动搜索上。从业务契合度上看，UC 对百度的支撑力度是目前任何一款产品都无法替代的。浏览器和搜索是天生一对，这一逻辑已经被 360 在 PC 端成功证明，神马搜索则在手机端进一步被证实，推出一星期后，神马搜索已经获得 20% 的国内移动搜索用户渗透率。在移动浏览器方面，UC 长期稳获 65% 以上的用户渗透率，很长时间里，UC 为百度无线提供了三成以上的流量。UC 的海外市场成功拓展也对百度未来的国际化战略意义重大。

在稍纵即逝的历史窗口期，只有围绕渠道把握住稳定的用户量，后续的变现和商业化才会成为可能，这也是为何巨头哪怕付出令人瞠目的价钱也要拼命抢占移动渠道的逻辑所在。对于想要在移动互联网时代后来居上的百度来说，买下UC等于为自己买下未来冲击千亿美元市值的可能。拿下UC，无论是在资本市场，还是移动互联网的业务拓展，百度都会表现得游刃有余。这场联姻本来可以成为美谈。作为之前多年的合作伙伴，李彦宏几乎是看着UC过去几年在快速成长。俞永福甚至还说过，BAT中从业务上最了解UC的就是百度。从2008年开始，UC的流量和营业收入都取得了百倍的增长，这些百度看在眼里，震撼自然很大，所以百度很早就伸出了橄榄枝，李彦宏也亲自全程参与了谈判。百度给UC的估值则是20亿美元——在当时，这也创造了中国互联网并购整合的纪录。坐到谈判桌上时，分歧便出现了。最根本的原因在李彦宏身上，矛盾点则是控制权。李彦宏和俞永福应当是惺惺相惜的两个男人，同样的理性、低调，同样的理科男，同样都是天蝎座。问题就出在这里，两个天蝎座的男人相遇，大家都想控制局面，最后这场谈判"竹篮打水"。后来俞永福在接受媒体采访时说："百度只有李彦宏一个人能做决定，其他无论哪个人说白了都是执行层。即使百度和UC的战略发展高度协同，俞永福和李彦宏也是汇报关系，而不是合伙人关系。"随后的事情所有人就都知道了，百度没能说服俞永福出售UC，转而以19亿美元收购了91助手，与UC彻底分道扬镳。爱不成，仇相见。如今，双方已为移动搜索大打出手。一个有意思的事情是，在百度对UC旗下的神马搜索"特别关照"时，俞永福愤而更新微博："五一期间认真做了反思，为什么百度发布手机浏览器，UC很淡定，UC发布神马移动搜索，百度很疯狂？今天做了一个很很很重要的决定。"高富帅的李彦宏终于亲手把俞永福推入马云怀里。

腾讯：纷争不断

在舆论印象里，腾讯是最不可能与UC牵手的公司，因为两者之间的纷争可以追溯到2008年，QQ浏览器推出以后，两者就没有过任何走到一起的迹象。但即使是这样，其实马化腾对于UC的价值，还是一直很认可的。

在手机上，浏览器保持着举足轻重的入口地位，即使是已经拥有微信和手机 QQ 两大手机应用的腾讯，浏览器还是腾讯想守住的入口。这也是这一轮的收购狂潮始终围绕着移动互联网"入口"展开的原因。马化腾之前说过，腾讯要"连接一切"。从 QQ 浏览器推出了微信版可以看出，浏览器显然是可以实现不同终端连接的极佳工具。作为国内最大的手机浏览器，马化腾第一次向 UC 投来橄榄枝时，那时 QQ 浏览器还没开始做，当时的腾讯和百度一样更倾向全资收购，而不是战略投资。俞永福拒绝了这个提议。

随后腾讯干脆推出了 QQ 浏览器。然而根据艾瑞咨询的报告，UC 浏览器用户渗透率达到 65%，而 QQ 用户渗透率徘徊在 30% 左右。这样腾讯更多寄希望于浏览器开展的业务进度一步步推迟或改变。在和腾讯的竞争中，俞永福和马化腾私人关系还是不错的。而因为雷军的存在，两人的关系更为微妙。俞永福曾说过其创业过程中最感谢两位贵人，一位是马云，另一位便是雷军。在俞永福加入 UC 创业时，得到的第一笔融资便来自雷军。雷军还曾任 UC 董事长。小米推出的米聊和腾讯存在竞争关系，但其代表的金山则是腾讯的战略合作伙伴。其间，双方竞争出现了些口水战，比如腾讯利用自身垄断业务对 UC 浏览器进行打击，发布虚假市场数据等。双方在手机浏览器上的战争正式摆上了台面。在冲突中，俞永福向马化腾发出了第一条短信。"有市场就有竞争，UC 还是一个年轻的创业企业，我们希望 UC 成为受人尊敬且有所成就的人，希望就一些事情跟马总沟通。"马化腾也"礼貌"性地回复了俞永福："永福，虽然我们有多款竞争，但是我们也相信大家都有底线，是良性竞争。"在马化腾不痛不痒的回复中，双方的竞争愈演愈烈。在此过程中，腾讯依然希望通过钱来将 UC 纳入旗下，取代原有的 QQ 浏览器，传闻出来时，CEO 俞永福还不失时机地通过其新浪微博调侃道："如果并入腾讯后，至少是把手机 QQ 浏览器统一命名为 UC 浏览器。"这当然是一句玩笑，但能确定是，此轮结果条件依然谈不拢。值得一提的是，和李彦宏一样，马化腾也是天蝎座的。

现在，四个男人间的故事终于有了结局，以马云彻底拉拢俞永福而告终。这个变量作为马云下一步的筹码，究竟能发挥多大效能还有待检验，尤其是当要面对微信这样的产品的强硬挑战时。但可以确认的是，阿里巴巴并购 UC 后，无线互联网的天平已经又向阿里巴巴倾斜了一点。

罗振宇："罗辑思维"的试验

罗振宇毫不掩饰对那些为转型犹豫、焦虑、恐惧的人的鄙视，并对一些主流的看法嗤之以鼻。"这是工业时代的思维"，"这是 loser 思维"，"让 loser 去死"。

尽管罗振宇经常做出一些"出格"的事，但他 2013 年狠心把房子卖了，还是让所有朋友瞠目。非但如此，搬家时，他还处理了一大批藏书，准备以后就看电子版了。车也不必买，因为常出差外地，他更习惯于使用叫车和租车服务，统算下来，比养车划算多了。看似是一种生存风格，罗振宇却认为是一种生存策略，是他对这个时代趋势、变化拿捏之后做出的迅疾反应：这一代人一生中可能遭遇几次产业革命，刚追赶上，当成存量，很快就过去了。所以，必须生活在未来。

他清晰地记得人生中第一个奢侈品，是读研究生期间，买了一个呼机。刚开始因为没人呼叫，还特意跑到传达室自己呼自己一次。大冬天，北京城漫天飞雪。他出门摔了一跤。因为胖，简直摔晕过去。结果醒来，第一件事不是查看腿折没折，而是检查呼机坏没坏。可即便如此，一眨眼，呼机就被淘汰了。

当下，他认为此生干过的最愚蠢的事莫过于去保护存量。放弃存量的同时，也要增大体验总量。对待衣服、包这些可能失去的物品，他都不太上心。但在体验上，他又讲究"奢华"：出门要头等舱，入住要五星级酒店。

这种生活上的选择与他所从事的自媒体"罗辑思维"创业中的系列实验遥相呼应。作为 220 万微信用户的超级互联网社群，罗辑思维的当家人，他否认自己的各种想法是"天马行空"，因为他"赚到钱了"；"是成功人士"。

2013 年，"罗辑思维"发起的两次"史上最无理"的会员招募分别在 5 小时与 24 小时内入账 160 万元和 800 万元。2014 年六月，他在 90 分钟内，售出了 8000 套单价 499 元的图书礼包。系列实验的成功印证着他对互联网时代变化的把握。

他这样叙述自己的生存原则：鄙视一切陈旧规则、警惕在社会队伍中成为中间、逼自己生活在未来。

年轻人总是对的

罗振宇在多个场合讲过他的排队故事：有一次他在一个小城市坐飞机。当时机场一共有 6 个安检口，但那天就开了一个，所以队排得很长。后来，突然又加开了一个。这时候你会发现，不是所有人，而是排在队尾的人会毫不犹豫地冲过去，最悲催的是中间那一拨人，在犹豫和权衡中在两头都排成了队尾。

罗振宇活在未来的一个很明显的标记，就是近乎"脑残"似的对年轻人进行追捧和膜拜：年轻人是无条件对的。十几年前，当他从传媒大学研究生毕业，去央视之前，他曾经在北京师范大学和日后成名的于丹做过三年同事。他记得自己头一回走上课堂时，惴惴不安。特意在教室外面狠狠抽了几口烟，烟头扔掉后，他走回课堂，说，如果有一天，你们发现我看不惯你们了，一定是我老糊涂了。

为了追踪年轻人的趣味，他会去特别钻研郭敬明的电影《小时代》。当一帮老人怒斥电影时，他为之愤然：不懂年轻人的东西，你应该恐惧，为什么还能扬扬得意。他的处理方式是让自己一遍遍去看，直到他看出好来：其中没有任何深沉的情感，就是一种简单的人际美好，是年轻人沉浸华美世界的扬扬自得。

他爱韩寒，因为他机灵，也爱郭敬明，因为他聪明。他认为这一代人最好的生活方式应该是不关心真理，不关心什么是对的，但关心自由意志、关心自我禀赋的养成，关心趋势。而归根结底，他对年轻人的膜拜有这样一个原因：这些年轻人从很小的时候就从互联网接受信息，所以他们的很多感觉都是对的，不需要过渡就可以进入和互联网契合的状态，而他需要清空，需要把很多赘肉去除，才能契合。

互联网时代导致很多陈旧的经验没有意义。农耕时代的一个老人，工业时代的一个师傅，都会在这个时代隐没。这个时代是美国社会学家米德言称的"后喻时代"——孙子懂的比爷爷多。既然传统经验毫无意义，不活在未来，不追踪年轻人，就意味着失败。

犬类、蛙类和鱼类

罗振宇关于互联网时代的一些判断，让很多人都产生了辞职创业的冲动。

在一次青年创业家峰会上，在关于"罗辑思维"特别专场——中国为什么有前途中，他表示就业是加入组织，创业是自建组织，而他主张不要任何组织，以个人的方式直接面对整个世界。这是符合互联网整体趋势的。他认为未来的协作方式是人不要成为装进主机的硬盘，而是当U盘，自带信息，不装系统，随时插拔，自由协作。

互联网时代使得过去依靠组织建立起的一系列规范、法则都在被颠覆。在大城市，开一家公司，人力资源、财务人员、办公桌椅都可以外包或者租用，甚至可以没有跑腿的，因为有快递。在一个组织内，个人的价值往往要受到老板心情、偏见的多重局限。而在市场上，市场会给你的价值打分，并牵引、影响、偏转人的行为，让你的价值更容易发挥，并获得最高议价的方向和空间。

中央电视台的一个栏目制片人约罗振宇吃饭。开门见山就问他：外边好混吗？作为2008年离开央视的出走者，老罗只回答了两句。一不出去你不知道外边有多精彩。二不出去你永远不知道你所有的社会地位、良好感觉哪些是背后的巨无霸给予的，哪些是自我禀赋。走出央视的过程是人格撕碎了重新拼一次，甚至整个人际关系的格局都需要重建。这个过程是痛苦的。

罗振宇曾经把这一代人分成犬类、蛙类、鱼类三种命运：犬类一直在忠诚地寻找着主人，在找工作；蛙类长出了脚蹼，而鱼类原本自由自在，根本不理解我们的痛苦。他把自己比作青蛙，长出了脚蹼，感受到了在水里扑腾两下、拥抱不确定性快乐的感觉。

当初之所以选择从央视出走，恰是因为罗自己没被领导看上，排在队尾了。罗振宇认为自己乖，听话，并没有反骨，像驴一样干活，给四罐红牛就可以熬夜。也相应的，成为《对话》的制片人。这个经常做宏大选题策划的栏目给了他超越自己实际社会地位的视角，这使得自己日后一张口，显得格局大一些。不过因为没有更大的机会，干死干活得利的都是主持人，他最终选择了离开。初始，他也曾惶惶不可终日。父亲担心地问：离开央视，你一个月能挣一万块吗？于是在最开始四处讲课时，罗振宇就把讲课费定到了一万五。以后的路也并不励志，他没有混得特别潦倒的阶段，尽管他表明自己并非是安全感良好的一代人，但在下水扑腾中，进化出了脚蹼。

他这样概括70后一代人的特点："没有少年时期，只有高考时期。人生前

17年只为钻出高考这个狗洞。没有妄念，没有机会放纵兴趣。家庭所有能提供的良好支持就是喂饱你、让你上学、不做家务。"最初选择新闻这个专业就是因为当时挣得多，可以挂着照相机走遍世界。离开央视时，他也对自己做了客观评估和谨慎安排。甚至，在央视时，就去拿了博士学位：备不住以后可以去高校执教。之后，他以"u"盘的方式去了《第一财经》，完成了从幕后制片人到主持人的转变。出走后，他认为自己的收入翻了无数倍，人格也健全了——"因为不必和领导装孙子了嘛"。

但从离开《第一财经》，到开创"罗辑思维"，主要还是技术带来的进步使得自媒体成为一种可能。2012年，当他嗅到这种气息时，他大步奔向新媒体。而对于传统媒体的未来，他不忘调侃："在泰坦尼克号上坐头等舱又有什么意义，抱块木头也得走啊……"

暴露自己清晰的人格

2012年，佳能推出一款名为5DMARK3的相机，它可以用较低成本，拍摄出品质高端的视频。优酷和土豆也在这一年完成合并，使得中国出现市场份额第一的免费视频网站。凤凰卫视的一些读书节目和《百家讲坛》的成功让罗振宇相信，一个单一背景的脱口秀是可以被喜爱的。更为重要的是，罗振宇在这一年遇到了日后分家的合作伙伴申音。

关于分家一事，他不愿多谈，因为已经分手、切割，且互相签了保密协议。他觉得此事引发的嗡嗡声背后仍然是渴求确定与完美的工业思维带来的。在他看来，这是一个简单的道理：就像两口子过日子，一个点上大家彼此觉得合适就一起过，后来不爱了，不匹配了或者有了更合适的就分开。

罗振宇当时认为，在信息封闭的时代，权威媒体是自上而下的。而在信息民主、泛滥的时代，没有权威，只有信任。所以内容和渠道显得并不重要，而一个让人产生信任感的魅力人格体成为枢纽。当年，"罗辑思维"视频上线后迅速成为最火的自媒体节目。

2014年6月17日，罗振宇和"罗辑思维"的铁杆会员方希在微信里做了一场互联网的出版实验。起初是方希想在出版业走出一个互联网的逻辑，老罗就帮忙出主意：你要干一件事，不见得挣钱，但要让传统出版业界的人眼镜掉地上。他先是询问了传统出版业通常认为怎样才能赚钱，分别是书要好；价格要便宜；多渠道分发。老罗说，好，那我们做一个实验，把这三条原则都能干掉。那天早上六点半，他在微信公众号叫卖，现有一个图书礼包，内置六本书，但具体内容没有交代。价格是 499 元，一点不便宜，而且就从微信公众号单渠道卖，预订 8000 套。结果，一个半小时内全部卖完。

这个结果在印证他一直以来的一个判断：未来的商业的本质是基于人格层面的信任，跟功能和价格没有关系。整个商业世界以后会变成人与人之间的交流，而不是中心化的品牌、商家、客户之间的交流。

在罗振宇看来，自己在罗辑思维社群里建立魅力人格的一种方式，就是去除工业时代的"设计思维"，全面暴露自己的想法和真实人格。当然，他首先会有意识建立一个清晰的人格。除每周固定的重头视频节目外，他还是那个每天坚持 60 秒的男人：每天早晨六点二十左右，他会通过微信公众号推送一段 60 秒的语音，为了一秒不差，有时候他需要录几十遍。这种死磕看似没有必要，但其实在建立一个做事认真的人格形象。这个无形中为他赢得尊重。

在 6 月互联网的出版实验中，因为失误也出现很多问题。有的书装错了，他赶紧去道歉，并重新更换。发送微信语音时，他也曾手一抖，把前一天的发送出去了，于是赶紧跑到微博上道歉，并惩罚自己一天不吃饭。竟有网友大喜：你终于犯错了。好极了。他认为这种宽容也基于"罗辑思维"形成的社群是高度契合的、是有爱的。有爱就有信任，就能接受你有错就改。在他看来，未来经济的核心是爱，是信任。

传统社会衡量产品的价值，比如消费者喜欢你生产的电视机，就会希望你打折降价，最好白送，你挣多少钱跟他们无关，他们爱的是电视机，不是你。现在不一样，比如苹果粉不能容忍三星手机卖得比苹果贵，小米的粉丝也不在乎小米的质量到底好不好，罗永浩发布锤子手机必定会有很多人捧，因为他们对这个产品有参与感，希望这个产品成功，价值是次要的。

这就像过去戏台子上，有钱的观众会主动捧梅兰芳这样的艺人，在他看来，未来财富和媒体的结合方式可能也是如此。

仙人球上的一根刺

基于爱的筛选，2013 年"罗辑思维"的两次会员招募就显得有些"无理"，不同于常规的会员吸纳方式，他故意设置了很多"障碍"：譬如会员被分成 200 元与 1200 元两个档，经过调查，他们认为 200 元和 1200 元是普通中国人会慎重考虑、花了会肉疼的两个价位；譬如只接受微信支付，当时微信还没有完成和银行卡的绑定，所以完成交易需要一系列烦琐程序，如果没有一定的耐心，很容易放弃；譬如在微信公众号发布消息，如果你恰好没有收听，说明这个语音对你来说不是每天必需的，可有可无，那么你就会错过，并被拣选出去。

之所以设置门槛，在于筛选真正愿意为"罗辑思维"花钱和有爱的人。这是区别于传统媒体的一个特点。传统媒体是工业逻辑，试图讨好所有人，因为有规模才能保证产出，所以需要尽可能倾听所有人。而对自媒体"罗辑思维"来说，逻辑是相反的，它恰恰需要"鄙视"掉一部分人，来吸引另一部分人。譬如如果对方信中医就会遭到鄙视，会被认为是按照直觉生活，不配和我对话，"甚至连说服，我都不会去做，直接转头，给你屁股看"。

他不接受任何意见，如果不满意可以走人。闺密田朴珺在讲罗振宇的趣闻轶事时，表示他傲骄到"两斤洗甲水也稀释不了"。让罗振宇谦卑起来的人并不多。除了罗家三宝。他认为罗家，影响力最大的还是罗玉凤，罗永浩第二，而他屈居第三。在他看来，罗玉凤形成的"魅力人格体"同样是来自全面、真实地暴露人格。

罗振宇极力否认社群经济是粉丝经济。在他看来，粉丝经济遵循的是工业时代逻辑，是中心化的结构，一个人高高在上。大家看他的面子去买一件衍生品，是中心挣边缘的钱。而在社群中，是一群人去挣外面人的钱。截至当下，分发的各种土豪赞助的礼物已经让会员费超值。他们发过各种"罗利"（罗辑思维福利），譬如中秋节的月饼、读书卡、各种团购……2014 年 7 月底，他开始罗辑思维公开课的全国巡讲。60 天奔赴 9 个城市，旨在帮助一些传统企业完成互联网时代的转型。

而一个气味相投、价值观契合的社群的自组织能力也是惊人的。很多原本需要外包的活都可以在社群内组织完成。譬如视频发布前发给会员挑错别字，可以省了雇校对的开支。要出书，就在群里招人帮忙画个海报。即使做得不好也没关系，工业社会追求质量，后工业时代则回到原始生态，"万类霜天竞自由"。谈到这里，他想起一个让人叹为观止的例子。4月20日是EXO成员鹿晗的生日，他的粉丝就约定让他的微博评论数定格在420万条整整一天。结果真的做到了。这种网络时代社群的自组织呈现出的罕见理性让老罗惊讶。

在"罗辑思维"团队自身的组织内部，也在进行着网络时代的各种试水：上任两个月的CEO李天田，做了很多变革和构想。在这个20余人的团队中，他们试图打破各种壁垒，实行项目负责制。所有员工直接面对创始人。而将来可能也会打通组织与会员之间的壁垒，在项目操作时临时招募会员加入。同时鼓励员工在自家平台或别处创业。对员工的要求是：不限禀赋，但看重你自我负责的能力。

在"罗辑思维"之前，罗振宇作为《对话》和《经济与法》等栏目的制片人，名字在央视滚动过多年，但他的人格除了身边几个人无人知晓，仅仅是个符号，而没有人格特质。

是互联网突然掀开了这个幕布。老罗说，互联网时代，整个社会在从金字塔变成仙人球。金字塔时代底座很大，因为资源稀缺，需要往上爬。但当下是一个仙人球时代，表面积很大，每一个点都可以扎出一个刺，而一旦扎出一根刺，其他人很难再出来。他所做的事就是新窗口洞开的时候，他率先跳了过去，并适时扎出了自己的一根刺。接下来，就是野蛮生长，遇水搭桥，逢山开路。他认为工业时代遗留下来的关于对未来的设计，是一种毒害，当下时代已不再需要设计。在互联网时代，个体最好的生长方式就是只判断当下的每个点，判断阳光、水、空气是否充足，至于长成什么物种，放任内在禀赋、兴趣来决定，充分拥抱不确定性。

王兴：美团网苦尽甘来重启外延式扩张

在 2013 年圣诞节后的那个星期六的上午，在一辆从山东枣庄开往聊城的大巴上，31 岁的山东小伙子郑德磊不时翻看一下手机屏幕，心思完全没有在窗外的美景上，尽管枣庄是一个以悠久历史、湿地以及全球最大的石榴园林著称的旅游城市。他正赶往聊城去参加月底的美团网豫鲁区经营会议。他对这个城市已经太熟悉了，作为美团网枣庄市的城市经理，他在 2013 年初通过竞聘单枪匹马来到这个三四线的城市，从那时起就开始了这种大部分时间都在路上的状态，从一个商户到另一个商户，从一个城区到另一个城区。现在，郑手下已经有一支 14 人的火力团队，其中绝大部分是面向商户拓展的销售人员。"没有一个人是需要长期待在办公室的，我们都处于在路上的状态，每个人都拼尽全力以跟上业务增长的速度。"在电话的那端，大巴的发动机声音穿插其间。

在刚刚过去的 12 月份，美团网在枣庄的交易额已经突破了 1000 万元，而在两个月前，这个数字还只有 500 万元。更重要的是，在短短一年内，枣庄业务已经接近盈亏平衡。郑将这一成绩归功于美团网的规模优势，以及消费者对团购消费模式的越来越认可。

实际上，这样的情况不仅仅在枣庄出现，在美团网开展业务的近 200 个城市，或多或少都发生了这种形势的积极转变。而在一年半前，控制和调整还是公司的主旋律。当时，美团网一个月的交易额为 3.7 亿元，份额为 21%，排名第二的窝窝团为 2.5 亿元，份额为 14%，这表明当时行业仍然很分散，美团网的领先优势也不太明显。

在整个 2012 年，美团网一个新的城市都没有进入。受到资本市场对中国概念股信心下降的影响，以及团购领域的恶性竞争（在顶峰期的 2011 年，中国一共拥有超过 5000 家团购网站），中国团购网站在这一年陷入了低谷，一半以上的网站倒闭。但美团网的内生式增长并没有停止，因为王兴在之前的泡沫膨胀期一直坚持有节制地扩张，因此，当竞争对手们纷纷陷入困境时，美团网却有充足的资源和空间可以充分利用这一机会。比如，在危机爆发前，美团网的员工人数只有同等交易额规模的公司的一半左右（因此不用像其他网站那样大规模裁员，给员工士气造成糟糕的打击）；而且它没有像一些公司那样，为追求较高的毛利率和规模扩张，而转向需要线下物流的实物团购领域。"这段时间我听到的最让我感到欣慰的事情之一，是我认识的一家团购网站的新CEO上任后，所做的第一个重大决策，就是将前任留下的几百辆电动自行车处理掉，它们曾经是这家网站在实物商品团购领域雄心勃勃扩张计划的标志。"王兴回忆道。

实际上，一伺行业整体回暖（从2013年开始，这种趋势出现了），美团网又重新启动了外延式的扩张。和大多数成功创业者一样，王兴非常善于抓住一个简单的商业模式，并将其潜力发挥到极致。这一点让他和其他几千名团购创业者区别开来。这位中学时被保送到清华大学电子工程系后又以全额奖学金赴美继续攻读电子工程（但他博士肄业便急着回国创业了）的创业者，自称非常坚信市场自身的力量。

体现在美团网的创业史中，这种信念表现为：如果团购对商户和消费者都是有价值的，那么迟早会被接受和赋予相应的价值，而不用管资本市场、媒体和其他从业者如何看，只需坚持自己的节奏。

王兴说，在过去这些年，通过对他所尊崇的亚马逊公司的研究，他意识到要想创业之路能走得更远，就必须在看待事物的维度上做出改变。"你可能需要用三年、五年甚至十年去行动，并验证一个想法。"他说。他认为美团网过去一年多快速的增长，正是对团购价值的验证。"中国网民有6亿人，很多都有网上消费需求，而线下吃喝玩乐总体呈现供过于求，一旦两边打通，好比干柴烈火，很快就爆发了。"这背后的逻辑还可以表述为：当一些富有尝试精神的商家从团购中获得好处，并转变为竞争中的优势时，其他相对消极的商家也会被迫跟进；而在消费者那里，物美价廉永远是最有杀伤力的。

与此同时，美团网的盈利状况也持续好转。除了少数几个月外，美团网都是盈利的。盈利主要受三股力量的推动：一是来自主动登录用户的增加——在美团网主网站上，主动登录的用户超过了50%，这降低了支付给外部流量导入者的广告费用比例；同时，移动端流量的快速增长则使后续的流量成本微乎其微，因为除了初期的吸引安装的费用外，移动端用户全部来自主动登录。

二是规模扩大使单位交易额的营销、技术和其他基础设施上的成本下降。很显然，对于维持一家像美团网这么大的网站而言，所支付的这些成本在一定时期内是一项固定开支，因为无论交易额是多少，这些维持基本运转的开支都是必需的。比如，由于美团网拥有了完备的基础设施，当它进入新城市或新的业务领域时，就有可能降低这些成本。

三是人均生产力的提高。一年半前，美团网月交易额是3.7亿元时，它的员工总数将近3000，而现在收入比当时增加了近500%，员工仅增加了不到1倍。这很大程度上又归功于消费者和商户对团购的认可，以及对美团网品牌认可度的提升。但在通常认为的可能改善盈利状况的最直接因素——佣金率（即每100元的交易额中美团网能够留下的金额）上，美团网仍然没有呈现任何上升的趋势，平均只有5%左右。和一年半前的观点一样，王兴认为团购本身就是一项低佣金率的生意。

在这一点上，他和他创业之初的学习标杆Groupon所做的有本质的分歧。在2010年初创办美团网时，王兴几乎完全复制了Groupon的模式，比如一日一团，但很快两家公司的模式便越走越远。在Groupon那里，它更像是一家广告营销平台，瞄准的是商家推广的需求，而不是交易的需求，因此，Groupon的佣金率非常高，通常超过40%。但王兴将美团网定位于和亚马逊一样的中间交易渠道，因此它必须既讨好消费者，又努力让合作商家从每笔合作中赚到钱。"我们瞄准的是一个规模非常大的市场，规模可能上万亿元，因此佣金率不能太高，会很长时间一直停留在10%以下，低的时候3%～5%，高的时候也就是6%～8%。"现在还不能说哪种模式更好，但美团网模式的强劲后劲已经显露出来。相比美团网200%的增长（王兴认为即便到了现在的规模，美团网未来几年仍然能够保持这一增长水平），Groupon则显得后劲不足，其过去四个季度的交易额是56.8亿美元，同比增长仅为11.8%。还有，美团网过去一年是盈利的，而Groupon仍然处于亏损中。

但换个角度，即便美团网具备了提高盈利率的能力，王兴也仍然不会轻易行动，因为那样做可能使美团网冒着失去市场领导力的危险——行业仍然处于高速扩张期，潜在的对手仍然虎视眈眈，如果这个行业显得过于有吸引力，那么新的资本可能又会涌入，从而使好转的行业格局夭折。

现在王兴更关心的，是如何抓住大好时机继续增加美团网的广度和深度，前者是指将美团网带入更多的城市，并给消费者提供更多的产品，后者是指一项名为"T战略"的计划。对于前者而言，首要的挑战，还是如何在扩张的同时控制成本，保持执行力。在这方面美团网已经有了自己的一套完整而行之有效的系统——对于电子工程出身、喜欢琢磨各种数学问题的王兴而言，这自然不在话下。具体来说，美团网首先会找到那些能带队伍打仗的排长连长，然后充分授权、强大支持、关键指标实时控制。比如仅拥有高中毕业文凭的郑德磊就是被这套系统发现的黑马之一，他于2011年底在他的家乡、一个邻近枣庄的城市济宁加入美团网，在2013年初从众多的竞聘者中脱颖而出。

郑德磊认为枣庄的快速成长，全是拜美团网强大的平台支持所赐，用他的话说，"骑自行车再好，也不如火箭飞机"。由于拥有强大的IT系统，销售员在商户那里就能通过网络完成合同签订，整个过程耗时不到半个小时，而且总部能随时掌控全国每个城市每个销售员的业务进展，而一切都处于近乎透明状态中。

美团网的平台优势还不仅这些，美团网是一家真正全国化的团购网站，这让它享有其他区域性网站没有的优势。以枣庄为例，由于美团网在山东所辖17个地区中的13个已经有业务，其中就包括枣庄周边的几个城市，这让美团网在进入枣庄之前，就已经拥有约两万名通过枣庄电话注册的用户，他们大多数是学生或经常出差的白领。"由于他们在其他城市已经是美团网的用户，因此他们回到枣庄时，也把我们带到这里。而其他城市的美团网用户来到枣庄时，他们也成为我们一些产品的首批用户，比如酒店。"郑德磊说，据他透露，目前美团网在枣庄的用户已经增长到15万人。不过，不容忽视的是，两年前泡沫膨胀时期建立的数量众多的地区团购网站，也在用户的培育过程中做出了重要贡献，只不过它们没有成为最终捡果子的人。

当郑德磊第一次来到枣庄时，这里还有7家当地的团购网站，正是通过它们的网站郑德磊和同事了解到枣庄商户的一手资料。但现在，只有两家网站还在勉强度日，其他几家要么关掉，要么转行了。除此之外，为了保持这些位于远离中心的三四线城市的团队的战斗力，美团网还要求郑德磊他们必须每个月组织一次员工团队建设活动，以"增加团队凝聚力，激情工作，快乐生活"。

美团网的要求只有一个：每个城市都要"狂开店，狂上单"。因为只有这样，才能保持对消费者的吸引力，并抢先圈占最优质的商家资源，少给后来者机会。至于"T战略"，表面上是为了在更多的领域进行精细化经营，而掩藏在背后的则是巨大的野心。

实际上据负责美团网猫眼电影业务的徐悟透露，早在2011年他入职时，王兴就告诉他，团购只是美团网的冰山一角，是美团网进入更加庞大的O2O市场的切入点。

猫眼电影是美团网深入垂直领域的第一个尝试。2012年，当美团网决定执行"T战略"时，电影贡献了美团网接近30%的交易额。更重要的是，由于中国政府规定，每个新的电影院开业时，都必须从六种指定售票系统中选择一种进行安装，这导致电影业的IT化程度较高，而且较为标准。

此外，过于畸高的电影票价，以及整体的供过于求，也为团购业务留下了足够的空间。不过很快，美团网就提高了对猫眼电影的预期，将其作为公司的第一个O2O实验业务。比如，之前美团网电影仅定位于电影票团购环节，而现在借助完全基于移动端的猫眼电影，美团网将业务覆盖到电影营销、团购、订座、评价和交流所有环节。与美团网有合作的电影院已经超过1500家，其中就包括万达和金逸两家知名院线的几百家影院。在1500家电影院中，有约1/3支持美团网猫眼电影。

2014年"国庆节"7天假期，中国电影市场票房超过10.8亿元，相比2013年国庆档6.17亿元的总票房增长了75%。其中由黄渤、徐峥主演，宁浩导演的《心花路放》票房突破7.5亿元，而影片在独家网络预售平台美团网猫眼电影的销售额就高达3.3亿元，刷新互联网预售和销售纪录。作为这部影片的联合出品方，国内最大的电影O2O平台美团网猫眼电影为这部影片销售超4亿元，贡献了近50%的票房，用美团网创始人王兴的话说："我们不是票房的搬用工，我们是在创造票房。"

互联网与电影行业的结合方兴未艾。从BAT纷纷涉足影视行业到各种互联网公司深度介入影片发行、宣发等环节后，互联网也在重塑电影行业的面貌。在《心花路放》出品方北京映月东方文化传播有限公司执行董事王易冰看来，与美团网猫眼电影的合作，更像是一次大胆实验。"我们并不想去改变电影行业原有的体系和格局，只是希望借助互联网将票房的蛋糕做大。"

无论王兴和王易冰如何谦虚，由于互联网的催化，电影产业链正在快速发生变化。作为目前在线订票市场份额最大的平台，从团购电影票到在线选座、售票，在与《心花路放》合作之前，猫眼电影占据整个电影票房市场20%的份额，而此次近50%的票房证明在线销售平台对用户端的影响力越来越明显。"作为片方，当有新事物产生时，谁先去主动拥抱它，谁就将占有先机。"王易冰表示。

如何将一部电影线上线下的曝光转化成实实在在的票房？O2O平台影响力不容忽视。互联网让信息更加透明，信息流动更快，而且随着移动互联网的普及，O2O模式让用户可以用更加便捷的方式购买到电影票。实际上，购票、选座是最典型的O2O应用场景，天然适合移动互联网。"互联网和电影结合，不是光有想法和模式，还需要好的内容和渠道，并能够充分触达观众，才能真正影响票房。"王兴认为。

互联网如何创造票房？首先是超前预售。一般来说，影院会提前7天排片，但此次美团网猫眼和《心花路放》却在电影上映前两周开始电影票预售，并用一周左右时间就售出超过100万张电影票，大约4000万票房。预售的数据又反过来影响了影院的排片计划。"因为用户是在用钱投票。"王兴说。这些销售数据能够给影院提供很直接的参考，用户到底对哪些影片有兴趣，哪个区域应该增加影院排片。

而作为片方，由于电影票预售，片方可以提前获取某一区域的电影发行销售情况，而以往这些信息只能在电影放映前几个小时或者更短时间内才能知道，比如上座率。"并不是跳过中间环节，只是互联网能够更快完成以往需要一个个跑电影院才能完成的环节。"在王易冰看来，这是在线平台对电影行业最大的影响。

互联网带给电影制作方的一个有效工具就是更精准的营销。猫眼电影目前与美团网平台完全打通，覆盖超过1亿用户。对于王易冰来说，这里有美团网从电影票团购时代起积累的大量用户数据，可以通过数据分析了解用户的观影需求。这些数据可以帮助王易冰将电影讯息更精确地推送到潜在用户面前。

而在王兴看来，做商业电影就像做互联网产品，必须明白电影是拍给什么人看的，就像产品经理做产品，需要定义产品是给什么人用的一样，而互联网积累的数据可以让这个环节更精准。一部影片如果想在票房上取得突破，随机的观众至关重要，所以怎样能将"路人转粉"非常关键。王易冰更希望能够通过与美团网猫眼电影的合作，把那些不看电影或者一年只看两三次电影的人，请到《心花路放》的场次里面来。"我们做的是增量。"而要做到这点，互联网天然具有优势。过去电影的发行环节与用户相隔甚远，但现在类似美团网猫眼这样的在线O2O平台，却可以将电影讯息直接传递到用户手机，并通过更具性价比的票价，将这些用户吸引到影院。不过王易冰与王兴都承认，如何在网络上定价目前是个难点。

互联网的消费理念是低价，因此价格是一个比较重要的指标，如何让互联网票价有吸引力但又不是低价倾销，用合理的价格尽量提高上座率，但又不冲击影院正常的价格体系，在低价和标准价之间找到一个平衡点十分重要。此次与猫眼的合作，《心花路放》为猫眼新用户限时提供最低9.3元的预售票价，但整体价格维持在45元左右，这证明，用户可以接受比团购更高的票价。不过美团网覆盖全国的庞大地网体系也是一直不可小觑的力量。终端拉动对票房也很重要。"电影院相当于超市，谁家的货卖得好和谁家有促销人员、有堆头，有海报，有招贴，关系非常大。"王易冰解释，而此次美团网猫眼电影就是动员了美团网分布在全国上千人的地推人员，确保《心花路放》在各个影院都能得到最好的推广。"随着互联网的出现和结合，整个电影产业链会更加顺畅，信息更加透明，反应更加迅速，但是依然需要分工。"王易冰强调。

现在，王兴打算将猫眼电影的模式复制到更多领域。比如美团网上线了专注于餐饮外卖的业务，并且由他长期的搭档、公司副总裁王慧文亲自挂帅。在这项业务中，美团网将自己定位于信息和交易平台，而将配送这样的环节交给商家或第三方的专业配送公司负责。

他的这一灵感来自于一位朋友，该朋友之前是物流巨头DHL的一位管理人员，后来创办了一家社区服务类的电商网站，但由于既做交易又做配送，因此进展缓慢，最后这位朋友剥离了交易环节，专注于做社区配送，现在业务欣欣向荣。

对美团网而言，发展类似垂直业务，还有一个难以被察觉的好处，那就是使美团网能够形成一个庞大的根系，这能提高美团网在仍然充满不确定性的市场的抗风险能力，形成一种"东方不亮西方亮"的格局，这种策略之前在奇虎360那里得到了绝佳应用——为数众多的客户端使后者避免被腾讯、百度这样的强大对手迅速剿杀。

王兴对此已经有所预见。目前，关于这家中国最大的团购网站未来前途的主要担忧包括：以微信为首的移动互联网力量可能会改变用户的习惯，在地图环节的缺乏可能会使美团网在未来的O2O布局中出现漏洞，以及盈利的可持续性。他的判断是：既有的模式会不断整合，新的会不断起来，而在移动上没有谁可以预测未来，他倾向于认为未来会是多入口的，而手机也不会是移动设备的终极形式。而美团网能做的，就是牢牢抓住已经选择的核心定位：连接商户与个人。何况，美团网在移动端的影响也稳步上升，目前其移动端用户超过了5000万人，超过65%的交易额是移动端产生的。

"也许商户在团购上的经验都会成熟，而正是这一点限制了他们对团购的接受，但他们太小太分散，没有能力支付一个线上交易团队的成本，这让他们会继续依赖于我们的线下服务团队，而那些没有这方面资源的竞争者很难逃脱积累这样一个团队的时间限制。"至于地图，他抱有同样的观点，那就是只要这个市场上存在两家地图供应商，美团网就暂时没有必要建立自己的地图，因为公司还有其他更紧迫的事情要做。

也许唯一的问题是，现在主要的地图服务商之一高德已经纳入阿里巴巴的旗下，而阿里巴巴只是美团网的一个小股东，而未来另一家主要的地图服务商也有可能被某个巨头完全掌控。

按照他的计划，到2015年，美团网的年交易额将超过1000亿元。如果这个目标能够达成，美团网将成为近年中国乃至全球成长最快的重量级互联网公司之一，完全可以媲美京东，并彻底超过它的老师Groupon。这对于一家这个级别的公司而言，如果想仍然保持独立，就必须避免任何让战略上受制于人的漏洞，而地图可能就属于这样的漏洞。

总的来说，还有很多需要花钱的地方，而公司离上一次融资5000万美元（也是公司第二轮融资）已经过去两年半，在新一轮融资落实之前，所有的钱都必须有选择地用在刀刃上。之前曾有一种观点认为，美团网应该抓住行业洗牌的机会大量收购，但相比而言，招募这些网站的员工可能是一个更好的选择，因为既不用背负大量的包袱，又能节省资金，而这会降低美团网对资本的需求和紧迫感。但即便如此，为了满足未来两年的增长计划——按计划美团网开展业务的城市数和员工可能要增加 2～4 倍，这意味着相应的资金需求也会成倍增加——美团网仍然需要抓住资本市场对中国概念股重新燃起的热情，迅速弄到足够的新弹药。

不过这不算什么，王兴已经习惯了在这种错综复杂的处境中，排除干扰保持节奏。"你只需要在一个问题上始终保持清醒，那就是一切都处于变化中，凡是你认为你已经搞明白、变化不大的时候，危险可能已经来到附近。"

第十七章　转型者谈

尚雯婕逆袭：用产品思路做艺人

谁也不会想到，尚雯婕会成为一个励志故事。

冠军光环转瞬即逝，接下来是长达几年的焦虑期：市场定位不准，出唱片不赚钱、高额投资收益惨淡，尚雯婕几乎要被华谊放弃。最惨时，尚雯婕给华谊负责商务后来成为8年合伙人的聂心远打电话，两个人边聊边哭。

早期围绕尚雯婕的全是过于夸张的造型带来的质疑。但是几年过去，尚雯婕不一样了，不仅通过《我是歌手》逆袭，而且贴上鲜明的电子乐及个性时尚标签，她以女王姿态重回主流公众视野。帮尚雯婕重新赢回市场的，除了证明自己的强烈意愿外，更重要的是背后的团队运营：用做产品的思路去包装一个艺人。

所以你看到的尚雯婕频繁上时尚杂志、出席各大时装周，甚至将身份从艺人歌手转成"尚老板"，这并不是巧合，而是一套完整的思路。目的只有一个，摆脱艺人，尤其是歌手的生存窘境，让尚雯婕更具有商业价值。

尚雯婕跨界做电商，一方面用意是将其身份发展至"投资人"，另一方面则希望摆脱唱片发行、代言等收入限制，将模式拓展至更大的商业市场。

2014年尚雯婕以联合投资人的身份与潮流电商"YOHO! 有货"合作推出透明旅行箱 Ma Puce 6（9月16日在天猫与 YOHO! 有货独家首发），与京东 Dostyle 品牌联合推出纯铜耳机。尚雯婕谈起这些并不觉得难："我的个人品牌都是以做产品的思路运营，只不过现在换成实物。"

负责品牌后端整合运营的聂心远则更加实际，他希望跨界电商收入占比能达到50%，那时团队就不用这么辛苦，而尚雯婕也能够心无旁骛地做挚爱的电子乐。

两个局外人

在尚雯婕贴吧上，常有网友在娱乐新闻图片下留言，问出现在尚雯婕身边那个男人是谁。他就是黑金时尚总裁聂心远。2007年尚雯婕转投华谊门下，聂心远当时在华谊做艺人商务工作，尚雯婕是其负责的艺人之一。这两人有不少共同点，一是都特立独行，二是相同转行背景。尚雯婕转变命运之前是个上海普通白领，在一家代工奢侈品品牌的法资企业负责市场和品牌推广。聂心远最早在广告公司，后在盛大鼎盛时期做市场，在互联网思维训练两年后，聂心远跳槽到华谊负责艺人商务市场。两个高级白领从规则明确、经营有序的行业，突然进入作坊式运作的娱乐圈，挫折感扑面而来：无法适应娱乐行业的野蛮发展，对于命运无力掌控。

进入华谊后，尚雯婕被包装成文艺青年，两年内发了两张唱片，整体投入每张都不低于100万~150万元，还办了很多场演唱会，但都不算赚钱，在高投资低收益的情况下，尚雯婕基本处于被公司放弃的状态。那段时间尚雯婕没有收入没有演出，过得非常辛苦，内心深处也在挣扎：情歌从来不是自己的风格，其实很讨厌唱所谓的 Basanova（新爵士乐派），更喜欢 Hip-Pop 和电子乐。聂心远当时也处于迷茫期，之前对娱乐行业的幻想破灭，纠结到底是用能力改变游戏规则，还是继续妥协。

两个低落的人常常一起聊天，发现在商业模式上两人有非常大的共鸣，他们都认为一个艺人的营销操作模式，其实跟打造产品一样，需要详细的市场调研、营销策略及产品规划。他们同时认为，常听外文歌、喜欢有营养有深度的音乐的人群，才是尚雯婕的目标市场。

传统艺人尤其是歌手的主要赚钱方式就是商演和代言，能不能红跟是不是命好，有没有一首歌流行有很大关系。而国外在包装艺人方式上已有运作系统，甚至规划好艺人未来三年分别要做的事情，以及预测能红成什么样。"但在中国只能等。"聂心远说，当他和尚雯婕按照商业思维看到艺人市场的问题时，于是决定捆绑在一起做一些尝试。

2009 年的华谊已经不想再为尚雯婕做大投入，聂心远和尚雯婕厘清思路后，一起去见华谊高层，希望再争取一次机会。华谊高层听了他们的计划后，很快点头同意，但是给出的资金比之前唱片投入要少很多，但尚雯婕和聂心远依然感到兴奋，他们看到了希望。

去标签与贴标签

首先要对"尚雯婕"这三个字进行重新品牌定位。他们分析，尚雯婕是上海人，还是复旦法语专业高才生，会说德语、英语与西班牙语，第一个工作就跟时尚有关，有非常多基础条件走时尚之路。

同时要考虑的是商业价值。

一直到现在，除非是在一线，纯粹的歌手很难接到大品牌的代言，品牌更认可影视多栖发展的明星。让尚雯婕转向时尚的重要原因，就是要让品牌知道这个人有商业价值。起步非常艰难，毕竟选秀出身草根气息太浓，时尚杂志非常排斥。但贴时尚标签就必须与时尚杂志合作，尚雯婕团队削尖脑袋想尽各种办法拜访、讲述，希望用规划和梦想争取机会。

2009 年尚雯婕做了张唱片《时代女性》，拍出时尚杂志大片范儿的唱片封面，希望传递出"歌手也可以拍时尚杂志封面"的信息。但走高冷路线的时尚圈却没那么容易接纳。接下来几次亮相，尚雯婕过于夸张的造型招来的更多是误解。聂心远坦言这是规划的第一步，虽然本意是做先锋一点的时尚，但刚开始没有经验，确实会有一些不够成功的尝试。

虽然时尚圈并不认可尚雯婕转型，但还是注意到这种特立独行的个性，以及这个团队积极尝试的勇气和坚持。一些时尚圈人士态度开始转变，觉得尚雯婕很不容易很有胆量。于是媒体上逐渐开始有尚雯婕励志和梦想的报道。经过媒体曝光后，有不少品牌注意到尚雯婕，从中国平安、屈臣氏、姬龙雪、东田到后来的雅漾，市场对尚雯婕的接受度越来越高，也有更多品牌愿意与其合作，商业收入上有了非常大的变化。2011 年尚雯婕受邀出席巴黎时装周，终于完成进入时尚圈最为重要的一步。不过这只是第一步，在最初规划中，希望5 年内让公众对尚雯婕的认知，从造型转移到歌手本身也就是音乐上来。这也不是一步到位的过程，他们计划先从时尚转到个性音乐，然后再转到原创电子乐，这同样是和时尚很近的概念。

配合这个规划，尚雯婕 2010 年宣布退出华语情歌市场，2011 年宣布自己写歌做电子乐。这一路转型虽然都达到预期，但过程非常艰辛，尤其是要抗住巨大的压力和质疑。尚雯婕在一次访谈中回忆："我站在那儿，一些人会很轻蔑地说模仿谁谁谁，但其实是非常新锐的设计师，花了一个月给我设计服装，都是高级手工订制，彩妆则是大师研究两个礼拜创造的成果，三四分钟演出的背后，是整整一个月的包装策划，非常辛苦。"

老天终于眷顾尚雯婕团队的努力，2013 年通过《我是歌手》，尚雯婕完成影响力最大的逆袭，无论是音乐思想还是时尚感上都受到广泛好评。也是在这一年，尚雯婕和聂心远离开华谊，成立 10 多人规模的"尚雯婕工作室"，2014年初则升级成立 BG Fasion 黑金时尚。

"我们当初顶着压力去操作尚雯婕这个品牌，后来慢慢就成功了。"尚雯婕说的时候表情很淡然，好像"尚雯婕"这三个字仅仅是符号意义，"我们一直觉得早晚会做自己的品牌，现在时机和资源都比较成熟，而且我相信做产品和做艺人品牌从某方面来讲是相通的"。

反粉丝经济逻辑

艺人单干并非新鲜事，范冰冰、姚晨、周迅等明星工作室人气都颇高，她们整合多年积累的资源和渠道，目的是有更多自主权和选择权。而涉足影视剧投资、签约培养艺人也往往是这些工作室的方向。

从工作室到成立黑金时尚，尚雯婕和聂心远一直是合伙人，他们的方向很明确，围绕时尚做娱乐营销生意。第一部分包括挖掘培养新生代男团组合"尚老板的练习生"，另外一部分就是做娱乐电商自有品牌，并专门为此成立了电商部。

目前大部分艺人做品牌都在走粉丝效应。比如护肤品类有小 P 老师、李静、Kelvin 等，服装领域有陈冠希的潮牌 CLOT、谢娜的"欢型"、苍井空的内衣品牌 SPAKEYS，这些品牌通常和艺人紧密捆绑，艺人也就是该品牌的代言人。但尚雯婕给自己的定位是投资人，也就是"尚老板"。虽然"Ma Puce"系列电商品牌核心理念和设计是由她和团队完成的，但并不希望被贴上"尚雯婕"标签，"我希望这些产品摆脱名人效应，成为大众喜欢的时尚生活品牌"。

Ma Puce 是尚雯婕 2011 年发行的电音 Remix 特辑，Ma Puce 6 是其与潮流电商 YOHO！有货合作发售的一款透明旅行箱，在规划里不同数字将代表不同的单品。与尚雯婕的高冷调性不同，这些产品价格走亲民路线，比如 Ma Puce 6 旅行箱只要数百元。"Ma Puce 系列品牌和我所覆盖的市场契合度不是特别高，所以我不会去代言这个品牌，如果需要代言我会找其他人。"尚雯婕说。聂心远则认为，艺人的粉丝经济会有局限性，远不如大众消费市场覆盖的人群大。

淘品牌茵曼 CEO 方建华以买手身份参加节目《女神的新衣》，这档节目邀请女神级演艺明星，围绕一个主题进行创意和设计作品，进而赢得代表市场的四位买家的订单，配合天猫一起将产品推向市场。"我是来选服装的，不是来看秀的。"最初方建华参与这个节目有些不适应，录完第一期甚至有退出的念头。他认为明星设计最大的问题是凭借灵感，为了舞台效果往往把服装设计得很炫，要知道普通消费者根本不会为舞台秀的服装埋单。"我们盯着服装的风格款式、商业与消费者需求结合，而设计师在强调坚持自我风格。"

虽然尚雯婕也参加了《女神的新衣》的录制，但服装并不是她主要发展的品类，因为已有太多艺人在这个领域了。她更想做的是对一些数年不变的产品进行创新和变革。但毫无疑问，参与《女神的新衣》能够树立起尚雯婕时尚设计师的形象，并为即将要推出的 Ma Puce 系列产品进行预热。

万能单品策略

"任何产品成功都要依据两点，产品本身创新以及营销模式革新。"尚雯婕说，"尤其现在进入互联网多媒体及社交媒体时代，消费者群体也在发生变化，我们需要用互联网思维去做市场营销和产品创新"。尚雯婕在说出这番话的时候，已经非常像一个互联网创业者。之前尚雯婕团队的工作背景，让他们对互联网保持热情和关注，而尚雯婕本人也是一个高科技数码控，家里有很多有趣的科技产品，比如通过 App 与 WiFi 控制开关的插座等。

2013 年 10 月，尚雯婕还和偶像雷军进行了一场跨界对话，聊天的话题中包括小米创业思路、智能化、未来趋势等。尚雯婕坦言雷军给自己的产品提了很多建议。所以这款在 YOHO！有货发售的 Ma Puce 6 透明旅行箱，深受小米单品极致策略影响。尚雯婕认为现在追求个性的年轻人，越来越习惯把生活细节分享在社交网络上，尤其 90 后特别喜欢社交媒体，所以这是一个彰显自己的时代，而全透明的旅行箱，不仅是一个潮物，而且是一个概念。"这个透明的箱子就是要让别人看到里面，我们的口号是 Show My World（宣我），也就是通过彰显自己让别人喜欢我。"尚雯婕表示，这个产品设计本身融入了互联网思维，在后期营销上会运用一些社交网络平台。

为什么选箱子作为产品突破口？"我是箱子控。"尚雯婕回答。

据尚雯婕朋友透露，尚雯婕从 2007 年就开始收集各种箱子，市面上能想象到的箱子都有，甚至有那种专门放滑板的箱子，而在国外只要没有工作，尚雯婕就会去各种品牌店看箱子，"她对旅行箱特别有感觉"。在这个过程中，尚雯婕看到国内旅行箱市场的空白。"国内旅行箱设计上非常缺乏个性，并且很多年都没有进行过创新。"尚雯婕和聂心远反复讨论，决定把箱子作为 Ma Puce 品牌的切入点，并且希望通过单品爆款的策略，来形成市场推广效应。

对于明星来说，明星效应和资源是最大优势，但后端供应链并不是轻松的事情。所以尚雯婕选择与 YOHO！有货进行合作，他们负责产品设计和后期营销，YOHO！有货负责产品潮流时尚调性把控、产品制造供应链体系，双方通过销售进行分成。

作为潮流电商平台，YOHO！有货已经吸引陈冠希、罗志祥、林俊杰、徐濠萦、苏醒等大批明星潮人品牌入驻，聚集了一大批潮人粉丝，尚雯婕觉得这些与 Ma Puce 6 透明旅行箱非常契合。"尽量做自己擅长的，用最小的成本和投入去做好一个品牌，这是非常重要的事情。"

YOHO！有货透露，尚雯婕在质量把控方面要求非常高，旅行箱从设计、质量到工艺，经过了无数次的细节修改，每次送来样品时，尚雯婕都会让团队里的两个人一起站在箱子上测试抗压性。尚雯婕对这款透明旅行箱的前景很有信心，她认为一定会赚钱，因为"我们做到了产品的变革"。在她的规划里，旅行箱之后还会推出其他单品，依然是想对现有产品进行变革，只不过目前没有时间表。

除了这款旅行箱，尚雯婕团队还与京东自有品牌 Dostyle 联合推出一款耳机 Ma Puce 4 ＊ Dostyle HS305，这是首款针对电子乐人群的纯铜耳机，两个团队经过 6 个月时间共同研发后推向市场，8 月底正式销售，上线仅两周首批订单就已经售罄。

忙碌于各种资源合作的聂心远表示，这些都是一些试水，目前团队精力会主要在 Ma Puce 6 旅行箱上，他希望未来这些电商品牌带来的收入能够占到 50％。

这 8 年一路走来尚雯婕和聂心远非常累，他们都期望对方不需要这么辛苦。聂心远希望电商品牌能够做成，这样在公司里尚雯婕就不用有这么大压力，能够变成一个纯粹为艺术而存在的人，而不是为了收入和公司运营。

"其实艺人嘛，如果只做单纯的艺人，那么还是为了娱乐大众，这个工作更像是通过取悦别人来获得收入，这在艺人自我认知上是很纠结的，所以如果能够通过一些转化让她由被动变为主动，对于艺人来说是很开心的事情。"聂心远说。

李国庆："杀死"过去

2014 年 10 月 20 日，当当网宣布更名为"当当"，删除了非关键字"网"，同时推出了一对红色的"圆形铃铛"作为品牌全新的标识。此外，伴随当当十五年来的口号"网上购物享当当"也变更为更具新时代特征的呐喊——"敢做敢当当"。"是时候让更多的人知道我们在做什么了。"说这话时，李国庆的当当网似乎正在被社会对电商的固有逻辑边缘化。在场的记者依然在问着当当的用户比例是不是更偏男性，做服装会不会困难重重，对此，李国庆只有一遍遍地解释。李国庆急匆匆地走进采访室，换场的间隙，他一路上都在跟中国服装设计师协会秘书长张庆辉聊着，话题涉及时尚、法国、设计……听上去都跟他当当网 CEO 的身份相差万里。他甚至会非常配合时尚摄影师对姿势的要求，一套片子拍下来，换六七套衣服，他也没有不耐烦。

私下里，他会说这就是他的工作，毕竟当当已不再是那个卖书的网站。目前，当当服装品类的交易规模已超过整个平台的 50%，而以销售服装为主的无线业务，在最顶峰的时候，订单超过总量的 35%。"但没有多少人真正知道这些，他们还觉得当当是卖书的。"所以，李国庆才每时每刻都有意识去做公司的"icon（图标）"，不只是公开露面，即便平常在办公室，看似邋遢的短裤下边，他也会配一双时尚的小短靴。

当当社会化媒体营销及品牌总监于萌说，在内部，那些相对保守的元老们也开始接受当当在做时尚这件事。

他是以该届时装周主席身份出现的，这是电商行业的头一遭，因此没有过多的精力去顾及另一个战场——双 11。这恰逢当当全新品牌的发布，在最新的广告片中，李国庆压轴出境，非常有情怀地说道，"勇敢，就是做让自己害怕的事"。

赌 注

真正触动他的是 2013 年服装业务的激增。当当的股价一度跌至 4 美元左右，而在 2011 年刚上市的接近 6 个月的时间里，它的股价很坚挺地保持在 24 美元。最极端的状况再次发生，李国庆为了安抚高管，用 5 美元的价格做了一次股权激励，"结果很多人到了 5.5 美元就卖了，这很可怕，没有人相信这家公司还能回到 24 美元"。所以，当他"赌博"式地把当当的未来放在百货业时，很容易知道董事会以及周围好友的态度，当然也同样能了解 2013 年百货业务首次超过图书业务时，他内心有多喜悦。更何况在 2014 年，他最看重的服装业务以同样的方式脱颖而出。

但当当随即遇到的挑战几乎无解，或者说这家电商巨头十几年积累的经验毫无用处。诸如服装这种新业务的负责人开始频频向李国庆抱怨，他们还是继续把绝大部分的资金投放在新品类的外推促销广告上，可是越来越难带来理想中的新用户。"如果当当说书要打折，根本不用愁流量，换成是服装，却没有人来。"于萌在 2013 年被李国庆专门拎出来调查这件事，他们请了一些咨询公司，也做了很多的内部沟通，结果有些在意料之中，当当的品牌已经老化了，"我们处在边际效应的拐点上，必须往上冲冲品牌，要不业务很难上得去。我们不得不承认，当当的品牌一直都有问题"。

其实李国庆并没有下多大的决心，就做出了后来的这个决定：给于萌一年的时间去重新梳理品牌，以 2014 年 11 月 9 日当当 15 周年店庆日，以及"双11"为节点，他要在这段最敏感的时间里，把当当的新品牌推出去。

他也开始在内部推进更激进的改革方式，因为他也意识到服装业务的"流量红利"结束了，他必须找到一种更合理的商业模式去匹配即将到来的新品牌效用。那时他已经能看到这条路"赌"对了，在 2012 年服装业务的起步阶段，当当的年销售额不到 6 亿元，而到了 2013 年，一个季度就可以做到一年的量。他把公司的管理架构重新扁平化，这是他最初创业时的状态。原来只有 6 个人直接向他汇报，而现在变成了 12 个，很多业务部门都只有三级架构。李国庆几乎没有什么外事活动，他乐此不疲地穿梭于各个会议室，力争参加每个部门的例会。

尤其是在新业务或者李国庆认为的战略性项目上，于萌的级别只是总监，但他直接向李国庆汇报。而在另外一个新业务部——无线购物事业部，李国庆直接任总经理，该部门的副总经理周宏刚说，"老板会时不时地转换角色，一个会议上，他老是开玩笑地说，'刚才我是以总裁的身份说的，现在我是无线的总经理'"。

对于传统业务的"挑战"，李国庆也总是坚定地站在新业务这边。于萌要不定期地去跟各个业务部门开会，沟通新品牌的事情。"他们（指传统业务部门）甚至只希望把当当网的'网'字去掉，如果动了色调和设计，他们都认为这会引起老用户的反感。"起的新口号也跟原来的"网上购物享当当"差不多，"这实际上就是废话，完全就是叫卖式的，没有太多的品牌附加值"。于萌说，"可是很多人会认为他们欢迎变革，但正确的路径应该是先维护好老用户，再去发展新用户"。这时候李国庆就会站出来坚决地挺于萌，好多次在他列席的会上，都会对于萌的方案大加赞赏。私下里，据说他也会去做那些"元老派"的思想工作。周宏刚的感触应该会更深，更何况在2014年5月筹备无线购物事业部之前，他已经把百货业务搞得蒸蒸日上，在公司里有很高的威望了。

在李国庆的概念里，无线业务应该是一个新当当，所以，他把服装、母婴这些新业务全部塞进去，而很有针对性地淡化了图书业务。打开当当的App，会看到满屏的时尚元素。"这当然会受到传统业务部门的挑战，因为以前App就被定位成一个渠道，所有的业务部门都在这里卖货。"周宏刚说，"老板的处理方式就是一拍桌子，直接开骂，'以后都没有PC了，有什么可争的！'"在2013年的整个转型期，李国庆在内部塑造的形象就是"专断"，凡是他看重的业务，都要立即和严格执行。

周宏刚被要求迅速地建立一个编辑团队，在李看来，只有具备媒体属性，这个平台才会有足够的差异化。于是，他半夜给现在的时尚编辑总监王妍打电话约面试，他还亲自交代人事部把编辑团队的招募放在最高优先级，"这么多年，我就从来没见过HR如此之高效"。

"杀死"过去

对于年轻人的市场，李国庆有些"疯狂"得孤注一掷。在业绩不好的那一年多时间里，他改变了好多自己的行为方式。没有接受任何科技媒体或财经媒体的采访，但他乐于出席各种时尚场合，跟随他打拼多年的"老当当"们，和他的调性差别越来越大。而新业务部门引入了很多的年轻人，他们有着类似的特质，懂时尚、网络化、手机不离身……

主管服装业务的副总裁邓一飞有着不错的衣着品位，她的部门这两年人数激增，多来自于线下的百货公司。这群年轻人都有着丰富的买手经验，李国庆也愿意为他们的成长埋单。"这两年，我们在服装品类上砸了2亿美元，这些费用一半是我们自己挣的，而另外一半是图书业务对我们的扶植"，邓一飞说。要知道，当年为了冲上市，李国庆才咬着牙砸了3000万美元。

为了要上线羊绒业务，李国庆跟着他们去内蒙古考察了很久。这使得即使在谈起这个生僻的话题时，他也显得非常专业，"最后跟我们合作的几个厂商以前都是给奢侈品牌做代工的，但国内市场却良莠不齐"。最后，他决定在这里投资2亿元建立羊绒线上开放平台，还有1亿元建立养羊基地。"有些时候，看上去就跟炒作一样，但那些真是老板想干的"，一位不愿具名的当当员工表示。

同样的例子还发生在独立设计师行业里。就在国际时装周上，当当与13位设计师签了合约，他们2015年春夏系列新品将在当当上独家预售。李国庆给出的销售预期是1年内，100个设计师的作品做到6亿元的销售规模，"中国并没有像美国那样的买手制，这对于独立设计师来说毫无生存空间，而我们就是要把这一块做起来，虽然要担不小的风险"。这些独立设计师的作品基本上都归无线业务部门管理，李国庆甚至让周宏刚为此建立了一套独立的采销体系和招商体系。王妍的团队要在"美丽说"的近千家品牌里，筛选出最有调性的若干家，这还包括淘宝里的优质品牌。"老板说得很清楚，无线端的格局还远没有定，我们就是要有足够的差异化。"周宏刚说，李国庆愿意在这个完全没有模板借鉴的商业模式上投入更多的钱。王妍是不用为业务负责的，几十个内容编辑最重要的工作就是做好App上诸如当当腔调、ChicNow这些类杂志化产品的推荐。

也正是因为这些新业务占据了App的大部分位置，周宏刚也时刻面临传统业务部门的挑战。但李国庆不在乎这些，他对服装业务在无线端上的发展前景十分看好，"每天都在问我什么时候能做到总订单的50%"。李国庆私下的时候，甚至跟他半开玩笑地说："老周啊，要不我们都辞职专门去做个移动购物平台吧?"这同时让周宏刚的压力倍增,每天,他都要处理几十家的商户合同,这个速度还是太慢,至少离李国庆的期望还有很大的距离。从某种角度上讲,他是老当当品牌的"受害者",于萌跟他沟通得很多,王妍更是极力地去配合于萌的工作,这包括她的团队在新用户运营商的很多经验。

但李国庆并不愿意新品牌塑造的整个过程受到过大的阻力,直到定稿的后期,他才同意于萌去跟各个事业部的老大沟通。果不其然,在最终的投票会上,还是有不少高管投了反对票。李国庆是于萌的坚强后盾,因此,他才敢于去打破一些常规的逻辑。比如在新品牌传播的第二阶段,他想找 15 个对年轻人有影响力的公众人物去做一些类似于"当当体"的传播。韩寒、郭敬明、华少这些都在列,而在诸如余秋雨这样的"老关系"上,于萌果断地"pass"了,"我实在抓不到他跟我们的'我怕但我敢'有什么关系"。后来,整个品牌的推广方案深受李国庆的赞赏,他们找了很多都市白领感同身受的场景,比如"我怕疼,但我敢尝试文身"。"我们就想引起年轻人的共鸣,这是塑造品牌最好的方式。"于萌在微博上发起了"我怕但我敢"的讨论,第一天就冲到了话题榜的前 20 名。他们还选了几个吉祥物,于萌把这些拿给李国庆看时,李一下子就选出了以孙悟空为原型的猴子。"他内心里还是渴望着跟这个英雄人物一样,做点违背常规的事。"于萌说。借着换标这个事,李国庆又一次在内部重申了他对新当当的看法,"他的意思就是说我们就该是一个年轻的网站,他不在乎别人如何去判断这究竟是'咸鱼翻身',还是'英雄回归',这就是他认为对的事"。"李国庆具备一个枭雄的一切特质,他或者孤独求败,或者一败涂地,但他绝对不是一个平凡人",一位跟他私交甚好的朋友如此评价他。

李国庆对此也颇为得意,"你看看,我们的百货、母婴、服装加起来早超过图书了,这都是朝阳期的领域,多安全!"当然,他的野心更大,"给我点时间,我会把这些业务做到最好的"。至少在这个阶段,当当大部分的员工选择继续信任这个"疯狂"的人。当然,这都还充满着不确定因素,毕竟当当和李国庆已经错过了太多。

第 四 篇

大竞争

世界已经进入大竞争时代，这种竞争的一个重要方面是文化的竞争和文化生产力的竞争，这已成为 21 世纪的重要现实。21 世纪又是世界城市大竞争的时代。就城市而言，大竞争时代是指当今世界范围和亚洲范围内国际化大都市之间的竞争和较量，这种竞争是基于文化的一种博弈，在一定的硬件基础上，"软件活力"或"软实力"成为竞争的主要"筹码"。21 世纪，成功的城市将是文化的城市。

第十八章 旅游电商：
下一站是社会化旅游

到 2014 年，在线旅游市场的竞争已经可以用白热化来形容，各种 1 元门票满天飞，巨头们都在冲击市场。市场竞争的白热化，也加速了旅游行业大规模的洗牌，传统旅行社焦虑地寻求转型之路，都在尝试新的业务模式。在大形势下，旅游景区也渐渐坐立不住，纷纷寻求变化。

九成旅行者离不开社交媒体

旅游行业是轻资产、重服务的行业，不需要物流体系支持，重点在于渠道建设和客服支持。喻拓（知名旅游电商自媒体人）一直在讲旅游行业是非常适合发展电子商务的，旅游行业也必然会在电子商务时代形成新的发展局势。未来旅游市场必然呈十倍甚至百倍的增长速度。在成长之后，企业想将来在行业中占据一席之地，还要看清在线旅游的行业发展趋势。首先，要搞清楚在线旅游两大发展趋势：移动化、大数据支撑。

由于旅游行为具有天生的移动性，加上移动互联网用户的快速增长，因此微博旅游用户移动终端登录时长远远超过 PC 端。同样 Facebook 的一项调研也表明，有 97% 的人会在旅程中使用 Facebook 查找信息，比如新闻、旅游小贴士和天气。分析中还强调，绝大部分（91%）人离不开社交媒体，他们在度假时至少会登录 Facebook 两次。99% 的人一回到家就会迫不及待地在 Facebook 上发布有关旅行的文字和照片。而其中32% 的人因为按捺不住想与朋友和家人分享的心情，在回家路上就已经早早地上传了信息。另外，在线旅游市场的核心是信息匹配效率的提升。在需求端，代理和时间成本的下降有助于拓展产品的受众覆盖面，打开下游市场空间；在供给端，大数据的利用将帮助企业实现广告的精准投放和针对个性化需求的私人订制。世界已经进入大竞争时代，这种竞争的一个重要方面是文化的竞争和文化生产力的竞争，这已成为 21 世纪的重要现实。21 世纪又是世界城市大竞争的时代。就城市而言，大竞争时代是指当今世界范围和亚洲范围内国际化大都市之间的竞争和较量，这种竞争是基于文化的一种博弈，在一定的硬件基础上，"软件活力"或"软实力"成为竞争的主要"筹码"。21 世纪，成功的城市将是文化的城市。

在移动和大数据背后，其实体现的是旅游的社交性。在微博上，我们看到很多旅游企业借#带着微博去旅行#话题开展营销活动，有的是直接基于产品的活动，有的则是为了推广旅游目的地，扩大潜在的用户规模。在活动中，用户玩爽了，也是很乐意帮着传播的。并且在用户好友圈口碑的基础上，产品转化率还是相当可观的。当然，企业在社交媒体上要形成自己的传播阵地，还是要自身功夫硬，要做足运营工作，要取信于人。

从用户体验来讲，和阿里巴巴合作后，微博也在不断加强平台的电商基因，在微博上可以直接开店售卖企业的产品，在发掘兴趣的同时实现购买。对现在的年轻用户来说，在发掘兴趣的同时，购买流程越简单越好，最好简单到不要让他们动脑子。从行业角度来看，旅游机构和旅游企业应该优先选择微博作为传播主阵地，用户在发现需求的同时就能完成购买。未来也会有更多的企业投入话题运营，会将更多的精力放在微博上。

选择适合的平台玩转旅游电商

看清行业发展趋势后，企业应该按照自身情况执行相应的运营策略。喜欢旅游的朋友肯定会经常上同程和携程这些旅游预订网站，可能大家也都注意到了基本每件商品上都会标注点评返多少现金，甚至是游完分享旅游攻略能获得免费旅游基金。这些返现背后的诉求都是想把预订用户引流到平台的旅游社区中去，形成有活力和黏性的旅游用户社区。做社区是很累的，尤其是旅游这种低频率的用户行为，"携程同程们"在旅游社区上做得也很挣扎。

目前，企业市场主流认可的公众平台只有2家：微博和微信。前面也说过，旅游新媒体营销首先要考虑选择合适的营销阵地。旅游行为的重分享属性决定旅游企业要选择开放的社交媒体平台，要运营自身品牌，形成传播阵地，理所当然，微博成为首选渠道。

传统的旅游定义是从居住地出行到另外一个地方，且出行是非长期定居，并且要花费一定的旅游资金。旅游是生活中随时随地地游玩消遣行为，比如下班后在江边散散步，然后买点江滩边上的小吃。这是一种消遣的旅游行为，随性、随时、随地。#带着微博去旅行#正是满足这种需求，随时随地随手分享，1000公里的长途跋涉是旅行，1公里的随意游玩也是旅行，不管是1公里还是1000公里，都可以产生旅行过程中的分享。据统计，微博上有6140万用户发布过与旅游相关的内容，有近3200万用户添加了旅游的标签。这些数据也充分说明了旅游的受众广泛，用户也有分享的需求。当然，这些数据是基于微博巨量的用户数和开放性平台。微博上一年一度的#带着微博去旅行#则彻底激发了用户的分享欲望，也就激活了旅游目的地的传播链。

前面说过做旅游社区难，首先是难在内容，一是没有那么多的用户有精力去组织万字攻略；二是会做精美攻略的人少；三是访客，通常来讲，人们会在有明确的旅游计划时才会去一些垂直旅游社区查找相关的旅游攻略。数据显示，旅游用户数量占微博各行业用户数第一位，微博已经成为旅游爱好者最大的聚集地之一。微博上81%的旅游者会受到口碑的影响，在旅游前会查找攻略，20%的用户会关注旅游机构的动态，28%的用户会在微博上搜索旅游目的地信息，另有24%的用户热爱分享旅游内容。在微博上，搜索"带着微博去旅行"，搜索结果超过1亿条，大家可以想想这是什么概念，旅游企业玩新媒体营销要学会借力。比如，旅游企业也可以发起粉丝发布#带着微博去旅行#话题活动，共享话题用户。

另外，从业务模式上来讲，特定主题的产品在一些垂直社区做传播也会取得不错的效果。比如那种很文艺的旅游产品在豆瓣上会很不错，玩的就是那么个感觉。

利用社会化媒体积累品牌资产

在过去，旅游景区和有产品资源的地接社会在旅游行业杂志上投放广告，那是业内产品集散中心，属于很好的营销渠道。实际上，这种营销模式中的企业方没有形成自己的传播阵地。例如，景区和地接社每年都会在期刊上投放广告，停止投放则没有存在感，对自身营销没有积累的作用。很多旅行社每年都会有很高的交易额，同样的每年的市场压力也很大，需要不断的硬广驱动业绩。这时候的营业收入其实只是和用户产生交易关系，一种单向的关系，没有产生互知的双方关系。社交媒体上的传播阵地则可以为企业产生长远的市场效应，从用户关系到品牌力都有一个长期的积累，形成长期固定的社交资产。

注册微信公众号后该怎样去获取粉丝用户呢？没有用户，再好的功能都是摆设。微信在传播上是有问题的，更适合维护现有用户的内容需求和挖掘现有用户的潜在消费需求。一个新的旅游景区和刚发展的旅游目的地首要的是传播自己的旅游文化，先要展示，然后才有关系建立，不能本末倒置。截至2014年7月，在微博上认证的旅游机构账号有2200多个，旅行社有5800多个。这是个进步，至少旅游机构和旅游企业已经初步认识到在社交媒体上传播的重要性了。

首先，从内容上看，在微博上类似于#带着微博去旅行#这样的旅游活动几乎涵盖了旅游中的吃、住、行、游、购、娱，在用户随手分享的同时，也将旅游目的地展现给用户的好友圈，能够形成圈子到圈子的传播，形成良好的内容分享机制。从旅游社交来看，#带着微博去旅行#里同一个旅游目的地有很多不同组合的旅游队伍，三五好友、三口之家，不同的组合会有不同的玩法。从消费行为上看，不同群体的需求也是不同的，吃货会更关注当地的美食，同时还会带走一些当地特产，也有人会更喜欢当地的旅游纪念品。综合来讲，#带着微博去旅行#能帮旅游机构和旅游企业收集用户的行为信息，海量数据能给旅游目的地规划和旅游企业产品规划提供帮助。要知道，很多旅游者在出行前可能都不确定自己要去哪里，也不知道哪里能让自己玩得爽。旅游目的地的每一次展现，都是获取潜在客源的机会。

另外，#带着微博去旅行#目前不仅是线上的活动，而且已落实到旅游目的地，线上线下结合，让用户和企业更多地接触，产生更直接的互动。喻拓认为，#带着微博去旅行#最核心的意义是帮旅游行业收集数据，扩大旅游目的地旅游文化展现的机会，更是帮助旅游目的地和用户建立双向沟通关系，最终是提升旅游目的地的知名度和旅游营业收入。

社会化旅游才是真的智慧旅游

近两年，旅游业一直在提智慧旅游这个概念，不少旅游目的地也在操作智慧旅游项目。大多也都是产品技术上的智慧，而不是旅游的智慧。旅游需要移动化、社交化、大数据等的支撑才能形成智慧旅游，智慧要体现在用户的体验上。现阶段，智慧旅游概念其实还是不太成熟的，社会化旅游倒是有些智慧的影子。在社交媒体上，我们看到很多旅游企业和旅游机构在很好地和用户保持互动，举办各种线上线下的旅游活动，从产品到品牌形象都从用户那里得到非常多的反馈信息，最终的结果是用户玩得开心，旅游机构和旅游企业提升品牌和营业收入。

另外，在活动中，旅游机构和企业可以不必局限于旅游景区的营销，也可以丰富旅游应用场景，挖掘旅游目的地的旅游衍生品。#带着微博去旅行#或许能让旅游目的地中的各个单点联合互通起来，真正地实现智慧旅游。

从目前来看，社交媒体可算作智慧旅游催化剂，尤其是微博。在海量用户聚集下，优秀的内容和互动不断产生，从而催熟智慧旅游概念，实现多方共赢。互动之外，旅游机构和旅游企业在微博上收获也是"杠杠"的，通过线上线下活动获取大量的用户和订单。基于旅游行业的特性，目前旅游服务区域性特征还比较明显。在社交媒体上，旅游电商的区域性优势更好地展现出来，在区域内能为用户提供更优质靠谱的产品服务，可以说微博等社交媒体也催熟了区域旅游电商的快速发展。

第十九章　农村电商：万亿市场的蓝海

又是一年"双 11"，电商巨头们继续在一二线城市市场厮杀的同时，眼光也开始投向尚待开发的农村市场。

2014 年 10 月 13 日，阿里巴巴集团宣布启动"千县万村"计划，将在 3 ~ 5 年内投资 100 亿元、建立 1000 个县级运营中心和 10 万个村级服务站。这个以"农村淘宝"为主题的项目将覆盖中国 1/3 的县和 1/6 的农村地区。苏宁更是赶在"双 11"前，把各地原有的 200 家乡镇服务点升级为可提供代客下单、最后一公里配送、售后维修、批发销售等服务的新式乡村服务站，5 年内，计划扩大到 10000 家。"目前，发展农村电子商务的条件已经完全具备，加上万亿级的大市场规模，电子商务将成为农村经济的新引擎。"互联网观察人士说。

电商的下一个发力点

2014 年全国农村网购市场总量达 1800 亿元以上，预示着农村电子商务还存在万亿级的潜在市场。据国务院发展研究中心预计，2016 年全国农村网购市场总量将突破 4600 亿元。而根据商务部数据，2013 年我国农产品的交易总额在 4 万亿元左右，其中 80% 是通过传统市场实现的，通过电子商务流通的总量并不大，这也预示着还存在万亿级潜在市场。在 2014 年 10 月底的一次国务院常务会议上，国务院总理李克强要求重点推进六大领域消费，放在首位的，就是扩大移动互联网、物联网等信息消费，提升宽带速度，支持网购发展和农村电商配送。抢滩三四线城市，向县城、农村"下沉"，是中国电商发展的新路径。2014 年 10 月，阿里巴巴研究院发布的《农村电子商务消费报告》预测，中国农村电商消费市场潜力巨大，农村消费市场呈现的巨大供需不平衡为电子商务提供了机会。在 2014 年 10 月份浙江县域电子商务峰会上，阿里巴巴研究院院长高红冰曾表示，农村市场是一个新的蓝海市场，在整个网购一片繁荣的背后，支付宝过去半年的新增用户中超过一半来自三四线城市，未来农村网购市场或将超过城市，成为电商下一轮增长的新引擎。

2014 年在淘宝上的农产品交易额达到 500 亿元，经营农产品的网店数量突破 100 万家，预计 2015 年交易额将突破千亿元。如果说 2013 年是生鲜电商（独立 B2C 企业）元年的话，2014 年则是农村电子商务的元年，两者的区别在于前者偏重企业独立的市场化运作，靠的是资本推动；后者偏重县域政府的主导和支持，靠的是政府的公信力，但依然依赖第三方电子商务主体的独立运营。

通榆县位于吉林省西部，科尔沁草原东陲，恰在北纬 45 度，处于世界仅存的三大黑土地"东北黑土区"之中，属于世界公认的杂粮杂豆黄金产区。就是在这样一个偏远的县域，很难想象该县县委书记孙洪君和县长杨晓峰联名写了一封信给全国的消费者，信件名称叫"致淘宝网民的一封公开信"，并挂在淘宝聚划算的首页，信件内容比较长，摘取三点主要内容以做说明。

第一，通榆县将借助电子商务全面实施"原产地直销"计划，通过网购将原产于通榆的优质杂粮杂豆，输送到全国消费者的餐桌上。

第二，组建"通榆农产品电子商务发展中心"，并委托"三千禾"天猫旗舰店作为指定网店，实行"统一品牌、统一包装、统一标准、统一质量"的标准化售卖操作。

第三，通榆县政府计划在 2015 年，联合"三千禾"按照预售的模式规划建设 200 万亩电商直销基地，要让通榆成为全国消费者的黑土地。

农村电子商务的三种模式

经过短短 1 年的发展，农村电子商务已形成了三种模式雏形。

第一种是遂昌模式，走平台化道路。

无可厚非，淘宝在推进农村"电子梦"上扮演了重要角色，尤其重点项目"特色中国"有着不可替代的作用。

遂昌位于浙江丽水市，遂昌馆是国内第一个县级农产品馆，2014 年初时上线，其核心是一个独特的麦特龙分销平台，借助政府的强大支持和自身体系的巨大聚合力，"遂昌遂网电子商务有限公司"（以下简称遂网）集合了当地千余家小卖家共谋发展。他们为千余家松散且不标准不专业的小卖家提供专业的培训服务，对上游货源进行统一整合并拟定采购标准，由"遂网"专业团队进行统一运营管理，线下则按照统一包装、统一配送、统一售后等标准化操作执行，遂昌模式更像是一个区域化的 Shopping Mall，他们仅是一个服务商而已，售卖的是"标准化"。

第二种是成县模式，走资源整合道路。

成县地处甘肃陇南市，该县电子商务的发展与县委书记李祥的推动有着密不可分的关系，李书记因在网上频频叫卖家乡的鲜核桃，而被网友尊称为"核桃书记"。

在政府的支持和推动下，成县同样成立了电子商务协会，主打产品有核桃、土蜂蜜等地方特产，依托在淘宝网店进行销售。值得一提的是，他们尝到了在微博、微信上推销产品的甜头，并招募了不少年轻销售人员，对他们进行专业化的微博、微信营销培训，至今他们 80% 的销售额来自这些免费的社会化媒体，而"网店"对他们来说更大的价值在于交易，创业初期这未尝不是一种明智的选择。

成县电子商务相关工作人员跋山涉水四处寻找优质的农产品货源，找到一家便整合一家，即刻展开售卖，虽受规模限制，但小而灵活。虽然也注册了"山泉老树核桃"品牌，但还未进行深度开发。

第三种便是通榆模式，走品牌化道路。

通榆县和以上两县的最大不同是，开门见山进行品牌化运作，为当地的农产品取了一个好名字叫"三千禾"，并直接进驻天猫旗舰店。和其他两县相同的是，均成立了县域电子商务协会，并有专业的第三方主体进行运营。

如果把"遂网"理解为一个平台的话，通榆的网站就是一家 B2C，"三千禾"呈现给人们的是一个商品品牌，但其更重要的魅力是在全程产业链上进行标准化运作，进行了统一采购、统一包装、统一运营、统一配送、统一售后等诸多标准化尝试。

通榆拥有得天独厚的地理位置，会大大地增加品牌附加值，目前主要售卖来自世界三大黑土地之一的杂粮杂豆、葵花子，具有国家地理标识的草原红牛肉等。

有一点需要特别提醒，千万别简单地模仿品牌化这条路，农产品实行品牌化需要一定的基础条件，最基本的条件就是需要耕地有一定的规模化和集约化，没有集约就没有效率，没有规模就没有产量。通榆县地处大东北，无论是规模还是集约程度都比江浙地区具有天然优势，专业的品牌化运作将如虎添翼。

还有一点需要特别思考，农产品品牌化后走的是多渠道战略，电子商务是重要的战场之一，品牌化的战略价值是可以带动产业群，上游产地可以更加集约化、规划化和现代化，下游可以带动半成品、深加工产业及附属产业的发展，产业发展最终受益的还是老百姓，这才是通榆县政府独具慧眼的地方。

以上三种模式，并不代表其一成不变，毕竟行业刚刚开始发展，创新及变化会一直对其发挥影响。

农村电子商务的 "三个必须"

农村电子商务和资本市场上的电子商务有着不同的基因，在农村发展电子商务需要具备以下三个"必须"。

第一，发展农村电商，必须借助县级以上政府的公信力。

以上三个县城，如果没有当地政府强有力的组织和支持，绝不会产生所谓的三种模式，这种支持不仅仅是"叫卖"，更重要的是为农产品质量做初级的信用背书，为第三方企业提供公司注册、税收、资金等实际性的支持。

我们多数耕地小而分散，对于资源性的整合尤其需要借助政府的力量，而"三农"关系到老百姓的切身利益，县委书记勇于站出来推销家乡农产品便也亲民合理。

第二，农产品要卖得更高更远，必须实现专业的品牌化。

我们需要明白一个核心，在农村发展电子商务的根本是帮助农民增收，增收的关键是：其一，减少农产品的滞销，获得更多销量；其二，让农产品卖出更高的价格，获得单量溢价。农产品进行品牌化运作便为农产品实现溢价增收开创了先决条件。

联想集团战略投资高端水果品牌"佳沃"便是恰逢其时的正确选择，柳传志坦言"联想做农业并不着急赚钱"，因为打造品牌是一个长期战略，更大的价值在未来市场，但现在需要先走出第一步。

第三，农产品品质体现，必须借助地域特色，形成差异化。

农产品市场的劣币驱逐良币现象严重，我们耳熟能详的多半是"地域品牌"，而非产品品牌，地域品牌的最大问题是好人坏人都可以用，就像今天你很难辨识正宗的阳澄湖大闸蟹一样，消费者便对市场失去了正确判断，这对行业是毁灭性的打击。

每个地域都有其唯一性，经纬度、温度湿度、光照时长、土壤结构等不同，会生长出不同的具有明显地域特色的农产品。商家需要在此基础上挖掘产品的特色卖点，进行专业化的品牌包装，通榆县便依托独一无二的地理位置，打造出了"三千禾"品牌，这是一条突围之路。

农村电商的困难

电商下乡作为电商行业在 2014 年的一个主要发展方向，从喊出口号到"下乡刷墙"，声势上可谓已经咄咄逼人。正所谓"前途是光明的，道路是曲折的"，电商下乡的确值得整个社会去期待，未来的发展前景也十分广大，但是在下乡的过程中，仍然存在着这样那样的问题，在二三线城市和农村普及电商还需要一段较长的时间和多番的努力。

一是物流下乡成本不低。

"兵马未动粮草先行"，在电商下乡的过程中，最先遇到的也就是最关键的无疑就是物流方面的问题。

近些年来由于顾客消费方式的改变、技术进步、零售商权利的不断增大，我国物流行业发展迅猛，保持着较快的增长速度，物流体系不断完善，行业运营日益成熟和规范。《商贸物流发展专项规划》指出，到2015年初步建立一套与商贸服务业发展相适应的高效通畅、协调配套、绿色环保的现代商贸物流服务体系。随着农村市场的开拓和挖掘，无疑物流所面对的对象将更广更宽。但是据资料显示，我国民办快递公司如今在乡镇的普及率并不如意，大都是在市区设置快递点，县里的快递点都比较少，乡镇就更不用说了，在农村地区依然是中国邮政占据主导地位。因此电商进驻农村市场，物流方面的问题成为首先要解决的难题。"下单买了到不了货或者取货十分困难，必定会大大破坏乡镇网民的网购体验，拉低网购积极性，并不利于电商们农村市场的长久拓展。"电商行业观察者丘懿聪表示。

让业内人士为电商下乡的前景略有担忧的，还有来自乡镇市场分布的不同。"城市的成熟市场具有网购人群集中、配送区域固定等特点，这对于电商来说会节约不少配送物流方面的成本。但是在乡镇市场，由于人口密度小于城市，网购客单价可能也较低，这会导致电商配送物流的每单成本有较大的提升。"丘懿聪担心如火如荼的电商下乡，或许又变成电商烧钱的一个"坑"。"一方面积极推进业务下乡，但是又要承受下乡带来的成本压力，这对于刚刚获得喘息的电商行业而言未必是好事。"

针对电商下乡有可能带来的物流成本压力，电商行业自身也在想方设法用创新方式来应对。京东推出了先锋站计划，在业界创造性地提出了区县拓展模式。通过选拔京东配送系统内有潜力的员工，进行集中的业务、管理方面的培训，让其独立负责一个区县的配送工作。据介绍，自2014年4月开营以来，500强储备站长集训营已经成功开班三季。作为先锋站的开拓者，这些员工不仅肩负着填补空白区县配送和销售的工作，而且提供上门取件、换新、货到付款等一系列增值服务。

二是服务下乡口碑难建。

想尽办法把货送到乡镇消费者手中后，电商们还要解决的是乡镇消费者拿到商品后的问题。目前电商行业中，特别是 B2C 电商，虽然基本实现了销售层面的脱离线下模式，但是在售后服务方面，电商还承载着相当大的工作量。以京东为例，目前大到家电的安装，小到商品质量纠纷的检测，都需要和线下资源相对接，但是对于电商而言，线下网络的不完善显然是一个不小的难题。"以家电里面的空调安装为例，电商通过与线下资源的合作目前也承担了不少的售后安装业务。但是在乡镇市场，地域辽阔而不集中，售后服务有跟不上的可能。"有业内人士表示，二三线城市和农村等偏僻地区对电商企业不得不说是一个头痛的问题。大到技术人员的外派、核心零件的运输抑或当地开厂生产、客服人员的调动安排、下乡员工的补贴和福利，小到服务点的选址、大小规模、人手配备等都是需要谨慎对待的问题。此外，时间金钱精力管理等也需要相当大的投入，投入过大，成本过高，电商的投入产出比甚微，并不利于顾客的售后服务提供。"售后服务往往是电商网购建立口碑的最主要途径，如果网购的售后服务带来消费者的不满会在很大程度上影响企业形象和口碑。"丘懿聪认为电商在大力宣传下乡，让乡镇消费者能够买到便宜的商品时，还应该及早考虑到售后服务的问题，否则最终破坏了乡镇消费者对网购的体验，受损的还是电商行业的声誉和利益。

三是品牌认知从零做起。

电商品牌认知的重新建立，是电商下乡所要面临的挑战，这也是电商们在造势下乡刷墙推广过程中的主要目的。

"淘宝因为其 C2C 的商业模式和多年的培育，在乡镇市场还是具有一定知名度的，但是相对而言，像天猫和京东和其他的 B2C 网站，在乡镇市场可谓是知之甚少，电商们在大城市市场建立的品牌和信誉，在乡镇市场要重新建立。"在不少电商人士看来，对于大多数电商而言还是"处女地"的乡镇市场，既是一种挑战，也是一个机遇。"以往在大城市市场中存在的品牌差异和电商排名，在乡镇市场都不复存在，大家都在一个起跑线上从零做起。"

各大电商们为了能够早日成为城乡消费者心目中网购的首选，也纷纷各出奇招。据京东方面介绍，其希望借助半年时间的"大篷车百城行"活动，走进全国 100 多个城市，举办 150 多场体验式巡展，为三四线城市的广大老百姓带去惊喜与实惠。在"大篷车"活动同时，京东将在全国同步举行百城百场网友见面交流会。活动通过邀请网友体验大篷车、现场二维码下单、当地特色表演、互动问答等形式与网友进行交流。而阿里巴巴系旗下淘宝、聚划算、天猫电器城也将在 2600 多个县市为消费者提供大家电"全国包邮，送货入户"，让三、四线网购的消费者体验与一、二线大城市同等的网购服务和高品质产品。除了借助菜鸟物流体系渠道下沉外，淘宝也从之前的刷墙喊口号，尝试升级为零距离贴身服务三、四线城乡消费者：和品牌商合作开展淘宝"大篷车"，现场派发线上优惠券，导购实物体验、二维码购大家电等。

知名的电商企业可以发挥自己的优势行动力和财力、物力、人力，声势浩大地进行大范围、多方位的宣传推广，让自己的品牌广告迅速席卷整个农村，抢占消费市场，吸引消费者，占据市场绝对份额甚至在某些地区形成品牌认知垄断现象。但对小型电商企业来说，乡镇市场也是一块有利可得的肥田。在大城市市场不敌电商巨头的中小型电商，在乡镇市场上和大电商处于同一个起点，完全可以通过深耕细分市场和消费群体的方式来获得自己生存的空间。不与电商巨头硬碰硬，使用迂回战术，有选择地重点攻克某些有潜力的地区，在某些偏远偏僻的地区，小型电商企业成为热门的网购选择也未为可知。

第二十章　跨境电商：生态圈的破与立

全球化的大电商市场正在形成

中国是世界上最大的制造业国家，作为第二大经济体，带着"中国制造"标签出口的产品遍布地球上每一个角落。由此，也造就了中国电子商务的蓬勃发展，更成就了阿里巴巴、京东、唯品会等财富神话。当然，如果仅仅看到中国商品在世界上的销售也是片面的，还需要看到中国人强大的购买力，即便国人在内需拉动上力不从心，却并不妨碍在国外大肆抢购，震惊路人。

中国有"双11"，美国有"黑五"，都是全民狂欢的购物节。"黑五"（中国的 11 月 28~29 日）是美国零售市场全年最大促销折扣季的代表日，相当于美国的"双11"。其间，商品折扣极具吸引力，一般低至三到五折，平时很少打折的名牌奢侈品也会打到七八折。我们已经看到，在 2014 年的 11 月 11 日的购物狂欢中，全球二百多个国家加入进来，"双11"正在变成全世界性的购物节日。与此相对照，2014 年的美国"黑五"同样是中国人的一个海外购物狂欢节。

有分析认为，以往"黑五"在中国只是小众海淘玩家的血拼节日，随着跨境支付日益完善，近年越来越多的人开始参与其中。特别是支付宝推出了可以扫平海淘购物门槛的"海外直购"服务后，更让大众看到了"黑五"成为继"双11"后又一年度"剁手"节日的可能。

"黑五"与"双11"
是亚马逊与阿里巴巴正面对决的开始

亚马逊曾经是电商领域当仁不让的世界第一，但随着阿里巴巴在美国的上市和连续几年"双11"购物节的成功，亚马逊不得不接受自己成为第二的事实。特别是在中国，收购了卓越的亚马逊始终处在电商的第二集团，与京东、当当等的高调相比，市场营销相对低调，业务也不温不火，更是无法与如日中天的淘宝相比。但是，就全球市场来说，阿里巴巴只能算是偏安一隅的土皇帝，而亚马逊却有着在世界范围内的大布局，特别是掌握了西方发达国家成熟市场的主导权，阿里巴巴进军海外只能算是挑战者。

2014年的"双11"，亚马逊率先向天猫发难，布局全球直购市场，并在价格上采取了相对以前非常激进的策略，应该是对阿里巴巴可能的海外扩张采取的应对招术。不过，亚马逊的"双11"促销并未对天猫淘宝构成多么大的威胁。同样，2014年的"黑五"购物季，阿里巴巴宣布推出海外直购服务，将海淘操作流程从10多步简化成3步，还要送红包，等于是要虎口夺食，但实际上阿里巴巴2014年对于亚马逊的业绩影响也同样微乎其微。不过，这一切可能都只是开始，亚马逊搅局"双11"将会逐年加码，而阿里巴巴在全球市场挑战亚马逊也将是必然的选择。2015年的11月购物季，将是全球电商的真正决战。一场电商世界的诺曼底登陆正在悄悄进行中。

对于中国本土电商来说，即便市值超大，销售额超强，人气超爆棚，但此前却都是窝里横，各家电商们的商战技巧也只是适应了中国这块独特的商业土壤，一旦拿到世界上去竞争，确实可能面临水土不服的问题。因此，有以下几点值得注意。

第一，电商登陆地点的选择值得深思。国内电商们一直在思考，到国际市场上去，让外国人买中国的商品，让中国的消费者直接买到国外的商品，到底应该从那些国家开始，是与中国文化比较接近的日韩，还是经济上依赖中国更多的东南亚，还是金砖国家，或者是消费能力超强的西方发达国家。不同的电商应该有不同的选择，没必要人云亦云去跟风。

第二，是全球卖货重要还是全球买货重要，也是关键战略选择。对于国内一些大电商平台，中国本土市场的消费潜力正在减小，农村市场的开发不是一时之功，而吸引更多的国际买家也是必然的选择。但是，国内市场，特别是一二线城市的购买力仍然很巨大，而这部分购买力主要是面向相对高档的消费品，到全球采购或直接帮助消费者直购也非常必要。走出去与迎进来都很重要，甚至可以互为支撑，但总需要有个重点。

第三，低价和快速是国内电商屡试不爽的制胜法宝，但在美国等西方国家是否还有奇效，是否会如同鲇鱼一样激活这些国家的网购生态？国内的电商们需要在国际市场上总结提高，毕竟，那些市场的游戏规则是人家制定好的，首先是适应，然后才是颠覆。

阿里巴巴开始海外故事

两分钟，十亿元。2014 年 11 月 11 日零点 2 分，阿里巴巴西溪园区 5 号楼大报告厅的数字屏幕突然变了，撒下一阵红花，还有一个显眼的数字"1000000000"。这代表着"双 11"开始的前两分钟，来自全球的淘宝天猫用户已经给阿里巴巴旗下的中国零售平台（含淘宝、天猫、聚划算）贡献了 10 亿元人民币的销售额。数字还在刷新着纪录：38 分钟，100 亿元；7 小时，无线端 100 亿元；13 小时 31 分，362 亿元，超过 2013 年 11 月 11 日全天交易额……

这一次，可不仅仅是淘宝天猫用户的"剁手节"，因为北京时间 11 月 11 日 8 点之后，阿里巴巴旗下 B2B 业务中的速卖通也启动了"双 11"的购物狂欢节，俄罗斯、巴西、印度尼西亚等国家的速卖通用户可以享受和淘宝天猫用户一样的全天特价，还有独特的优惠——全球包邮。如同阿里巴巴集团 2014 年 9 月 19 日在纽交所上市时马云所说的，"我们不是要把在美国融到的钱拿到中国花，而是要在美国花"。那一刻，很多人还没有意识到，阿里巴巴的国际化业务已经悄然铺开。

　　一个名叫"子不语"的女装品牌正在巴西的都市白领中流行。这家来自浙江杭州的服装公司，在中国经营了五六年，但并没有获得太大成功。2013年，公司看了阿里巴巴旗下速卖通的宣传，开始进驻速卖通的巴西分站。"子不语"服饰有限公司对主流顾客的定位是25岁至30岁的年轻时尚都市女性白领。"考虑到这一群体也是互联网的重度使用者，我们做了一套新的营销方案。""子不语"服饰有限公司总经理华丙如说，"子不语"在发源于美国的全球网络社交平台Facebook上注册了一个账号，通过地理位置等信息，关注巴西的年轻女明星、女性时尚人士等"大V"用户，从她们发的信息中去了解巴西年轻女性的需求并把握她们的审美品位。"我们还看她们分享的服饰产品，然后迅速挑出自己能做的几个款式，打样出来后发到Facebook上，再看当地关注者给的反馈信息，如果反响不错就批量生产。"这是在淘宝上常见的模式，一旦哪位名人的服饰受到关注，淘宝上很快就会出现"同款"，就连2014年9月马云小时候的一张照片被曝出，当天淘宝上就出现了"怀旧的70后外套，马云同款"。中国"淘宝"模式因其迅速和低价而广受欢迎，不到半年，"子不语"就成为巴西女装市场销量的前三名，此后一直保持着不错的销量。如今，"子不语"通过速卖通，每天在巴西卖出大约5000件衣服，月销售额高达1000万元人民币。

　　"子不语"的公司战略也在向海外倾斜。华丙如说，目前巴西的业绩占到公司总业绩的70%以上，公司管理层已经决定把速卖通作为主战场，主攻巴西等海外国家。"这是速卖通卖家的常用路径。"阿里巴巴海外业务负责人吴倩说，虽然看上去很像是速卖通复制了淘宝在中国的发展模式，但实际上做起来比淘宝复杂很多。速卖通的用户都是当地人，因为语言文化习惯的差异，与中国卖家沟通起来存在诸多障碍，于是速卖通承担了统一"出口"——速卖通用户直接与速卖通客服沟通，中国卖家们无须雇用会外语的客服人员。

　　吴倩介绍说，速卖通成立于2010年，目前已经在俄罗斯、巴西、西班牙、印度尼西亚四个国家做到跨境电商第一名，其中在俄罗斯已经打败亚马逊和eBay，拿下电商老大的宝座。

　　"贝尔莱德"的淘宝海外店也参加了2014年的"双11"，他们为香港、台湾地区的用户准备了 100 台特价挂烫机。这家总部在广东佛山的公司专门生产挂烫机等小型家电，2006 年成立后进驻苏宁等家电卖场，还参与了电视购物，但效果平平。2008 年，公司进驻淘宝，而后成为第一批天猫卖家。"我们的人力、资源、机型等都开始倾斜到互联网，在天猫卖得特别好，很多人以为我们从一开始就是淘品牌。"贝尔莱德营销总监洪彩霞说，此后几年的业绩证明公司的这一决策是对的，如今贝尔莱德保持着每年 5 亿元人民币的销售额，员工也从几十人扩张到 1000 多人。2012 年底贝尔莱德决心进军海外市场。他们没有贸然前行，而是选择了跟国外的电商网站比如亚马逊、eBay 等合作，同时选择可靠的代理商在当地进行售后服务。当然，淘宝海外也是他们的主要途径。"做了两年多之后，我们发现有一些电商平台不适合做电器，就只保留了与淘宝海外和亚马逊的合作，亚马逊在北美市场，淘宝海外主要在东南亚地区市场。"洪彩霞说，每个地区的产品也不同，比如北美喜欢风格硬朗的造型和冷色调，而亚洲用户喜欢圆润造型和暖色调。中国的小家电很难走出国门，但贝尔莱德做到了，而且目前海外市场的销售额占到总量的 25% 以上。"买家主要来自使用淘宝海外的东南亚地区，因为生活方式和中国有相似性，营销推广也相对轻松。"洪彩霞说，因为欧洲人更愿意使用平板电熨斗，公司已基本放弃欧洲市场。淘宝海外的主流用户是海外华人，业务集中在港澳台、东南亚和北美地区。其实这个业务板块也从 2013 年开始就参加"双 11"，但没有像 2014 年那样集中爆发。

集中爆发的还有吴倩一直以来负责的天猫国际。这个成立于 2013 年的业务板块，因为 2014 年 10 月美国零售商 Costco 的进驻而备受关注，仅两天时间，Costco 官方旗舰店就在天猫国际上卖出坚果 7 吨之多。"这是美国农业贸易部牵线的项目。"吴倩说，2014 年初 Costco 想进军中国市场时曾征询美国农业贸易部的建议，得到的答案是"中国天猫这个平台不可忽视"，因为 2013 年美国农贸部牵头在天猫上售卖美国樱桃大为成功，他们对这个平台颇有好感。Costco 是一家战略保守的零售商，经过几个月的接触了解，他们决定先让中国台湾的 Costco 试水进入中国大陆。"没想到这么成功，现在我们与他们谈下一步规划，争取把更多的商品通过天猫国际带给中国用户。"吴倩说。

讲着一口流利中文的姜哲龙是韩国人，来中国已经有 5 个年头了，是韩国最大的外贸电商网站 TheJamy 的中国区总裁。2009 年，公司成立于中国香港，而后决定到中国内地发展，将韩国的服饰卖给中国的消费者。TheJamy 拥有自己的官网，中国消费者下单后，可以选择用网银或支付宝付款。2013 年，在支付宝的推荐下，天猫国际相关负责人找到姜哲龙，邀请他们进驻天猫国际。"多开个渠道也没什么不好。"姜哲龙表示，开店的过程很顺利，公司先拿了服饰试水，在 2013 年"双 11"突破了 100 万元人民币的销售额。这令他们信心倍增，后来增加了美妆和保健品店铺。虽然自己也做电商，但毕竟对天猫国际的运营流程不熟悉，TheJamy 公司却没有为此烦恼，因为每周天猫国际的小二都会与他们联系两三次，解决他们在运营过程中存在的疑难问题。2014 年"双 11"之前，姜哲龙决定参加天猫的预售模式，他们准备了 3000 盒高丽红参，结果不到一周就售罄，补货 3000 盒，再次售罄。"2014 年我们备了 700 多万人民币的货，估计实际销售额能突破千万元。"姜哲龙说，预售模式的好处是店铺可以提前打包，只需在"双 11"当天将包裹发出即可，无须额外增加销售人员和客服。

"一件商品，无论进口还是出口，从生产商到消费者，中间要经历很多环节，每个环节都要有利润分成，到消费者手里自然价格很高。我们的想法就是简化这些环节，把生产商或品牌商直接跟消费者连接起来。"吴倩说，这也涉及很多问题，特别是政府部门的支持。天猫国际说服中国海关，用了几个月时间。最终，阿里巴巴用数据说服了海关总署，"他们担心有人用这种渠道从事走私从而偷税漏税。我们最后的方案是，启用数据平台保证天猫国际用户购买的只是自用的消费品"。吴倩说，以奶粉为例，阿里巴巴数据平台能够从奶粉的保质期、用户购买的频度和数量等来推测用户是否自用，如果发现异常，天猫国际有权停止该用户的购买权限。

这是跨境电商的普遍难题，不是所有的政府都支持阿里巴巴。2012 年至 2013 年，速卖通在阿根廷的增长达到了 200%，但是到 2013 年底全部归零。因为当时阿根廷政府发布了一项法令，不允许所有的跨境电商包裹进入阿根廷境内。"这也是他们保护本国商业的一种方式。"吴倩说，跨境电商的发展受制于这些因素，存在太多不确定性。

但阿里巴巴的海外野心仍在继续。2014 年的"双 11"，马云给阿里巴巴定的基调是海外业务元年，工作人员的统一服装上，正面印着四个明显的大字"点亮全球"。至于华尔街听不听，则不在他的掌控中。

跨境电商的七大重构

第四届"中国电子商务物流企业家年会"于 2014 年 12 月 19 日在中国北京举办，有 1200 多人受邀参加年会自举办以来，在行业里具有很强的号召力和影响力。本届年会以"在变革中实现共赢"为主题，立足于电子商务与物流新型战略服务合作与创新，特设"电子商务配送分论坛，电子商务仓储分论坛，电子商务物流供应链、金融分论坛，生鲜农产品电子商务与冷链物流分论坛，跨境电子商务物流分论坛"。

笔者李芏巍有幸被选为中国电子商务物流企业联盟副会长，并应组委会安排做了题为"重构：跨境电子商务生态圈的破与立"主题演讲。

跨境电子商务备受社会和业界关注，2014 年底仅 40 天时间笔者应邀出席的境内外几个大型会议论坛都涉及这个话题。

2014 年 11 月 9 日在上海召开的第十三次中国物流学术年会"电子商务与物流"分论坛上笔者做了题为"电子商务革新模式：对菜鸟网络科技的解析"的演讲。

11 月 18 日，作者应邀出席香港第四届"亚洲物流及航运会议"论坛并做了题为"海上丝绸之路战略下的亚洲物流网络——北部湾构筑跨境电商的探讨"的演讲。

11 月 26 日，作者应邀出席第四届上海网络购物交易会，根据组委会的安排在中国（上海）电商物流峰会上做了题为"电子商务及跨境电商产业园模式探讨"的演讲。

12 月上旬中国物流策划研究院（以下简称中物策）一行 12 人分别对南宁机场、北部湾东盟办、凭祥综保区管委、广西商务厅、凭祥市政府、崇左市政府、口岸等进行调研；之后中物策一行赴新疆乌昌进行调研。

不管是电商推动物流，还是物流推动电商，对推动整个行业的超常规发展都是有利的！它们革命性地创造了一种持续赢利并稳定增长的全商务模式，开辟了电子商务物流新时代与探讨跨境电商物流的新时代。

为什么我们在 2014 年讨论跨境电商？

因为移动互联网重构了消费市场格局，奠定了电子商务未来的主流市场地位，加速了生产制造、流通贸易行业的洗牌与变革。从 2009 年经济危机后，电子商务被更广泛的接受和理解，成为提升生产与消费市场增长的新引擎。随着国际消费环境与人们心态的转变，以及国内刺激性振兴计划的出台，中国电子商务的发展速度超出全世界的预期。同时，有关方面也出台与实施了跨境电商相关政策引导跨境电商发展方向。2013 年 8 月，出台《促进信息消费扩大内需的若干意见》与《实施支持跨境电子商务零售出口的通知》。同年 11 月出台《关于促进电子商务应用的实施意见》。2014 年 1 月出台《关于跨境电子商务零售出口税收政策的通知》。2014 年，国内电商上市与 APEC 峰会议题让跨境电商成为全球焦点。在 APEC 峰会上，由我国倡导的"跨境电商"议题成为了亚太经济体会内会外多方探讨的热点。而阿里巴巴在美上市，成为有史以来最大的 IPO 则震撼全球。国内电商纷纷吹响全球化的号角，"双 11"购物狂欢节开始成为全球消费者的盛典，跨境电商成为全球交易市场的焦点。

跨境电商开始进入加速、升级、扩张的时代，形成以下七大重构。

第一个重构：电子商务正在实现对传统商务的反包围，跨境电商不是线下跨境贸易的翻版，而是对所有跨境商务活动的全覆盖。

2013 年中国电商交易额超 10 万亿元，同比增长 21.3%，2017 年电子商务市场规模将达 21.6 万亿元。电子商务未来的主流市场地位得到确立，商业思维的转换加速了生产制造、流通贸易行业的洗牌与变革。

移动互联网实现了消费的即时性，电子商务降低交易综合成本的核心优势得以再次放大而二次爆发，引导了我国消费市场格局的转型，"传统商业＋互联网推广＝电商"的概念正在被彻底颠覆，两者谁是谁的组成部分甚至引发了董明珠与雷军的"亿元赌局"。跨境电商，同样是技术和思维积累下的二次爆发，最终商业活动皆离不开电商，电子商务成为空气一样的商业基础。

第二个重构：跨境电商是中国以自身特色参与国际竞争，重构国际产业链的重大机遇。

跨境电商可以"一石三鸟"地拉动"投资、消费、净出口"三驾马车（见图5-1）。三驾马车示范推广的投资拉动，提高重点城市的经济外向度；中国的消费能力成为国际竞争力的重要构成；中国以人为核心的制造业更能适应新经济变化，中国产品竞争力提升机遇到来。

图5-1　三驾马车

资料来源：中物策。

　　首先，跨境电商是中国重构国际产业链的机会。

　　研发成为"定制"生产的采购项目，营销通过互联网迅速去中介化，中国制造业机会来临，而且趋势不可逆（见图5-2）。

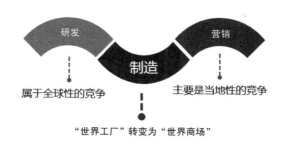

图5-2　微笑曲线两端的"研发"和"营销"

资料来源：中物策。

其次，电商思维开启的国际产业链 3.0 时代，制造业大国拥有了重新制定游戏规则的机会。

国际产业链的 1.0 时代是信息差和时间差转为利润；国际产业链的 2.0 时代是工业分工和层层成本转嫁；国际产业链的 3.0 时代是直接面对客户的价值创新。以电商思维开启的国际产业链 3.0 时代，使得原本跟消费者最远的"制造"变得跟消费者最近，由此中国的电子商务正在步入一个全新的 3.0 时代，这个时代，赋予电商平台更多的机会与挑战，同时也给以新的理念和方向。

第三个重构：新型外贸——传统对外贸易体系正在互联网理念下重构。

跨境电商的本质是一种革新性的商务活动形式。跨境电子商务是分属不同关境的交易主体，通过电子商务平台达成交易、进行支付结算，并通过跨境物流送达商品、完成交易的一种国际贸易商业活动，目前主要兵分两路，如图 5-3 所示。

图 5-3　目前跨境电商主要兵分两路

资料来源：中物策。

首先，跨境电商思维下，传统外贸体系正在崩塌，如图 5-4 所示。

外贸公司被直接去掉，代理商不再挣差价而是挣售后和服务费。例如，小米手机模式，正是通过供需的扁平化，实现了一个品牌奇迹。伴随此趋势，产品更加碎片化和非标化，原来的外贸公司越来越难以适应，中介化渠道被砍掉，代理商通过增值售后的新贸易体系终将崛起。

图 5 - 4　跨境电商思维下，传统外贸体系正在崩塌

资料来源：中物策。

其次，跨境电子商务与传统贸易模式的区别。

跨境电子商务为对外贸易带来新的增长点，并有望进一步发挥"中国制造"的产品优势，促进"中国制造"向"中国营销"和"中国创造"加速转变，推动对外贸易转型升级。二者区别如表 5 - 1 所示。

表 5 - 1　跨境电子商务与传统贸易模式的区别

项目	传统贸易模式	跨境电子商务
接触消费者方式	面对面，直接接触	通过互联网平台，间接接触
业务模式	基于商务合同的业务模式	借助互联网电子商务平台（B2C、C2C 等）的业务模式
交易环节	复杂（生产商－贸易商、进口商－批发商－零售商－消费者），涉及中间商众多	简单（生产商－零售商－消费者或生产商－消费者），涉及中间商较少
价格和利润率	价格高，利润率相对低	价格实惠，利润率高
订单类型	大批量、少批次、订单集中、周期长	小批量、多批次、订单分散、周期相对较短
产品类目	产品类目少，更新速度慢	产品类目多，更新速度快
规模和速度	仅面向与本国缔结贸易协定的国家或地区，受贸易保护的影响，市场规模大但受地域限制，增长速度相对缓慢	面向全球市场，基本不受贸易保护的限制，市场规模大，增长速度快

续表

项目	传统贸易模式	跨境电子商务
对物流的要求	多通过空运、集装箱海运完成，物流因素对交易主体影响不明显	通常借助第三方物流企业，一般以航空小包的形式完成，物流因素对交易主体影响明显
交易、结汇方式	按传统国际贸易程序，可以享受正常通关、结汇和退税政策	通关缓慢或有一定限制，无法享受退税和结汇政策（个别城市已尝试解决）
企业规模	企业规模大，受资金约束程度高，变化困难	企业规模小，受资金约束程度低，变化灵活

资料来源：中物策。

第四个重构：双向海外购物——跨境电商将重构我国电子商务竞争格局。

首先，国家政策出台正在鼓励的是"平台整合零散"的路子。

在我国政策彻底阳光化之前，私人捎带始终是化整为零的小众市场。国家政策出台正在鼓励的是"平台整合零散"的路子，典型的表现为生产商跨境直供，具有市场大众化、产品多样化、收入合法化、市场监管标准化等特点。"平台整合零散"的典型例子包括阿里巴巴的"天猫国际"、亚马逊中国的"海外购"等。

其次，双向海外购物、国外海淘的群体在剧增，中国产品也逐渐被国外认可。

在第一轮中，国内市场的竞争中阿里巴巴可谓完胜。阿里巴巴潜力大，一是客户基数大，二是联动协同，三是更适应中国人。阿里巴巴和速卖通解决了外贸问题，淘宝全球购、天猫国际等解决了海淘问题，支付宝解决了外汇问题，入股中国邮政了解决跨境物流问题，这是阿里巴巴的一套竞争组合拳。

在第二轮中，跨境电商，亚马逊、eBay 等获机遇。亚马逊、eBay 因其品牌认可度高、国际网点多，国际物流通畅，国际牌照齐全，金融系统完善，优质客户资源等优点机遇很大。按照商务部预测，2016 年跨境电商交易额将突破 6 万亿元，亚马逊、eBay 的机会就蕴含于此。

第五个重构：物流是瓶颈，物流是机会。跨境电商物流出现供需整合型物流平台的机会大增。

首先，物流在跨境电商中二律悖反更为明显。成本决定着利润空间的大小，时间决定着消费者的购物体验，需要在二者之间找到一个平衡。目前能够提供一揽子到门服务的企业很少，因此，供需整合型物流平台的发展机会大增（见图 5 - 5），全程供应链整合者也存在较大市场机会。

图 5 - 5 供需整合型物流平台的机会

资料来源：中物策。

其次，供需整合型物流企业已经在尝试。国内快递业的跨国业务主要由建设国际快递网络的顺丰和 EMS 掌握，但其业务覆盖网络还比较有限，运价也不具备很强优势。邮政小包最为传统也成熟，价格相对便宜，覆盖全球，但私人包裹不能享受正常的出口退税。同时存在速度较慢、过关慢、配送不人性化等问题。

国际商业快递巨头 UPS、FEDEX 等在全球自建网络，能够保证速度。过关快，但价格昂贵，运费通常会转嫁给消费者。跨境专线物流比较成规模的有美国专线、欧洲专线、澳洲专线、俄罗斯专线等，价格比商业快递低，速度快于邮政小包，过关速度居中，覆盖度不足。

国内企业开始建立海外仓、保税仓，实施跨国管理、仓储信息系统开发以及本地化运作等，近两年内这个行业或许会有风云人物与企业出现。

第六个重构：跨境电商物流将快速供应链化，全系列的增值体系将构建。

跨境物流的市场存在压缩空间和增加空间两个方向。目前的跨境电商大多局限于"运"和"储"两方面，并且是分离的，应促使高效运转、协同增值的跨境物流体系（见图 5 - 6）的构建。

以国际货代为核心的跨境物流行业的发展提供了广阔的市场空间，随着中国国内生产总值和外贸进出口总额的增长，中国跨境物流市场规模也将随之扩大。国内的巨大市场以及特有的比较成本优势决定了中国仍是世界的加工厂，

图 5 - 6　跨境物流体系

资料来源：中物策。

这样中国就会逐渐变成世界的物流集散中心，中国跨境物流市场的巨大潜力不言而喻，跨境物流企业将获得更大的生存和发展空间。

第七个重构：跨境电商物流的供应链化将变革国际物流体系。

笔者对跨境电商发展形势、面临机遇与挑战做了分析与梳理，相信会对相关行业和企业的转型升级带来些许借鉴和启发。

首先，建设以物流企业为核心的跨境贸易电子商务生态圈，如图 5 - 7 所示。

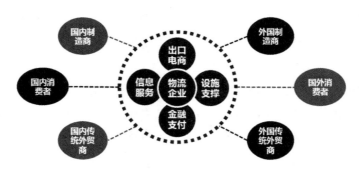

图 5 - 7　跨境贸易电子商务生态圈

资料来源：中物策。

构建以物流企业为核心的跨境贸易电子商务生态圈平台的建议如图 5 - 8 所示。

平台为进口电商企业缩短通关时间、降低物流成本、提升利润空间，解决灰色通关问题

平台应用防伪溯源标签并可查询，确保商品品质，让"海淘族"花钱更少、收货更快、品质更有保证、服务更加贴心

平台为出口电商企业提供通关、物流全程服务，将订单信息、支付信息、物流信息三维合一，形成通关数据，进行集中申报，解决收结汇和退税的难题

平台将出口电商渠道与传统外贸及制造企业对接，提供营销、物流、通关、金融相结合的一体化服务，协助国内商品品牌化出口，显著提高售价，有效提升中国制造的利润

图 5 - 8　构建生态圈平台建议

资料来源：中物策。

其次，明确跨境电商物流生态圈的服务领域，如图 5 - 9 所示。

电商物流服务领域有 11 大类：电商自建物流、快运企业、COD、快递、最后一公里、电商仓储、电商物流信息化、电商物流与供应链咨询、电商物流设备服务商、电商系统集成商、综合类（支付、包装等）。

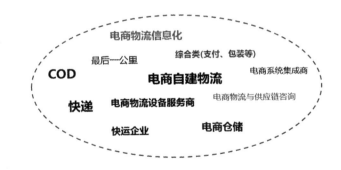

图 5 - 9　跨境电商物流生态圈的服务领域

资料来源：中物策。

最后，明确跨境电商物流生态圈包括的层面

第一是理论层，如图 5 - 10 所示。

第二层是政策层，有关部门制定的政策已经从指导性政策向制度性政策转变，具体政策如下。2013 年 8 月，《促进信息消费扩大内需的若干意见》；2013 年 8 月，《实施支持跨境电子商务零售出口的通知》；2013 年 11 月，《关

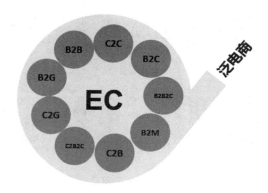

图 5 - 10   跨境电商物流生态圈的理论层

资料来源：中物策。

于促进电子商务应用的实施意见》；2014 年 1 月，《关于跨境电子商务零售出口税收政策的通知》。

第三层是业务层，跨境电商物流生态圈的业务层主要包括以下几个方面：报关报检、第三方配送、第三方货运、仓储、流通加工、跨境物流金融、跨境物流信息服务、跨境物流设施设备提供等。

第四层是服务层，跨境电商物流生态圈的服务层主要包括以下几个方面：支付平台服务、咨询培训服务、电商营销服务、电商外包服务、系统服务、策划服务等。

第五层是空间层，具体包括试点＋推广区：6＋1 城市试点——宁波、上海、重庆、杭州、郑州、广州试点城市＋深圳推广区。

第六层是管理层，具体如图 5 - 11 所示。

图 5 - 11   跨境电商物流生态圈的管理层

资料来源：中物策。

"海淘"模式渐入佳境

余温犹在的"双11"再次刷新网络消费纪录,而2014年电商消费突出的特色在于:加入了国际元素,消费者可以"海淘"国外商品;与此同时,中国商品借助电商渠道走出去的步伐也在加快——"双11"逐渐成为全球消费者的狂欢节。作为国内电商巨头的阿里巴巴,全球化是其2014年的第一个试点,"买遍全球、全球可买"是阿里巴巴2014年"双11"的新口号,意欲为三五年后的全面国际化做准备。来自美国的电商巨头亚马逊也看中了"海淘"这个大蛋糕,在"双11"前开通了海外六大站点直邮中国的服务,商品共计8000多万种。与此同时,一号店也在"双11"期间正式上线"1号海购"项目,通过保税进口模式将海外优质商品引入国内。

在国内市场天猫稳坐头把交椅的背景下,电商加速国际化进程,诉求之一无疑是寻找新的赢利点,重新开发新市场。"双11"的成交量更是印证了国内市场已被巨头垄断的格局。21世纪宏观研究院认为,全球"双11"元年更深层次的意义在于,随着诸多电子商务企业进军国际市场,中国正在逐步走向全球价值链的高端,跨境电子商务将成为中国参与世界贸易的新亮点,也将转变中国贸易结构和消费方式,整体经济由此从消费经济过渡到信息经济时代。

商务部数据显示,2013年中国进出口总值首次突破4万亿美元,其中出口2.21万亿美元,进口1.95万亿美元。其中,跨境电商进出口交易额达到3.1万亿元,同比增长31.3%;商务部预测,2016年中国跨境电商进出口额将增长至6.5万亿元,年增速超过30%。而在传统外贸年均增长不足10%的情况下,年增速超过30%的跨境电子商务无疑成为我国外贸进出口新的增长点,有分析预测,到2018年预计中国电商在跨境电商领域交易额将达到全球的50%。在进口端,中国已经成为世界上最大的"海淘"市场之一。2013年中国内地"海淘族"已达到1800万人,到2018年有望翻倍,年消费额达到1万亿元人民币;同时,2013年中国贸易顺差扩大12.8%,达到1.61万亿元,平衡中国的贸易顺差也需要进口。在出口端，"中国制造"借助电商渠道有望进入上升通道。一方面，中东、非洲、南美和东欧及俄罗斯等地区电商起步晚，渗透率还很低，比如东南亚地区电商仅占零售总额 0.2%，而中国则为 8%。另一方面，全球主要市场对中国商品的需求也呈现增加趋势，《PayPal 全球跨境电子商务报告》曾预测，2015 年全球五大市场（美国、英国、德国、澳大利亚和巴西）对中国商品的跨境网购需求将超过 110 亿美元，并且在未来五年内将翻倍增长。

在国内市场竞争过度激烈的情况下，电商行业到了跨出国门、影响世界的全球化元年。2014 年是中外电商纷纷聚力开拓跨境电子商务部分业务的元年，从行业竞争格局来看，尚未出现一家独大占领海外市场的垄断格局，跨境电商领域尚在初期。电子商务研究中心数据显示，2014 年上半年，中国跨境电子商务交易总额在 3 万亿元左右，我国跨境电子商务平台已超过 5000 家，企业超过 20 万家。基于国内消费者对海外商品的旺盛需求，电商正在加速布局海外进口市场。2014 年 2 月，天猫国际正式上线，京东也差不多同时低调推出海外购频道；8 月，亚马逊以上海自贸区为入口，引进了全球产品线。而另一端，中国商品走出去的步伐也在加快，跨境电商日益成为资本追逐的热点，行业迎来新一轮整合期。目前丹麦到中国最大的双向购物跨境电子商务平台——丹麦中国商品网近日正式上线试运行；前海网贸电子商务公司旗下的"印尼中国商品网"最近也正式上线；国内另一家知名跨境电商网站敦煌网也已经完成数亿元的融资。内地跨境电商的发展，将会打破亚马逊、eBay 等国外网站占主导地位的局面。

有分析预计，三年是海外市场构建的一个期间。在三年内，中国跨境电商产业有希望成就全球化的电子商务平台，一批具备全球化运营能力的电子商务服务企业开始主导跨境贸易的新游戏规则，中国有机会成为全球电子商务时代的贸易中心。但即使是占据国内垄断地位的阿里巴巴，也才初步试水国外市场，尚处于起步阶段。位于洛杉矶的营销咨询机构 Connexity 公司数据显示，在接受调查的 3500 名美国网络消费者中，约 63% 的消费者表示不了解阿里巴巴。

在电商企业自发逐利国外市场的同时，跨境电子商务将是政府重点推进的外贸新增长点。2013 年 8 月，商务部等部门联合发布《关于实施支持跨境电子商务零售出口有关政策的意见》；2014 年 1 月，财政部等发布《关于跨境电子商务零售出口税收政策的通知》，对跨境电子商务零售出口有关税收优惠政策予以明确。而在宏观政策的扶持下，电商深耕跨境业务需要弥补物流短板、厘清赢利模式以及精准发力国际市场。

目前，国内消费者网购进口商品主要通过 3 种方式：第一是通过天猫国际、苏宁"全球购"等电商推行的"保税进口"或直邮进口模式，第二种是通过亚马逊、eBay 等海外网站直接购买商品，第三是通过个人代购或者像京东海外购等海外代购平台网购。从目前来看，保税模式是天猫国际、菜鸟网络与跨境电商试点城市合作的一种进口物流模式。目前菜鸟网络在杭州、广州、宁波三地设了保税仓。有的电商自建物流，比如洋码头，但是也会面对资金和物流障碍；也有的电商选择第三方物流服务，比如与中国邮政合作。上述方式各有各的考量，但国际物流作为跨境电商"最后一公里"的关键，更多地需要等待政策红利的降临。

中央网信办信息化发展局局长徐愈在 2014 年"双 11"期间表示，中央网信办将协调相关部门，加强电子商务信息基础设施和物流体系的建设，为跨境电子商务提供便利的支付、通关和物流条件，加强市场监管，进一步规范网络市场秩序。

从进口电商的格局来看，主要分为 B2C 平台模式、淘淘模式、C2C 模式，自营 B2C 模式 4 种。B2C 平台模式电商洋码头的 A 轮融资额逼近千万美元，自营 B2C 模式电商中粮我买网 2014 年 8 月 B 轮融资 1 亿美元。21 世纪宏观研究院认为，跨境电商"蓝海"吸引国内电商从近两年开始涉足该领域，加之海外零售商所带来的竞争压力，当前跨境电商竞争格局仍不明确，但成熟可持续的商业模式、有力的融资与致力深耕的布局战略将是有关企业做大做强的不二法则。

发力第三世界市场。中国电商经过数年的积累，已经有相对成熟的运营基础，在向国际进军的同时，中国商品对于电子商务渗透率较低的第三世界国家，会有极大的市场空间。数据显示，中东、非洲、南美和东欧及俄罗斯等第三世界国家或地区的电商起步晚，渗透率还很低。例如，中东地区尽管人们收入丰厚，但网上购物人群只有 6%，占总体零售额的 1%，参与网络销售的企业占比为 15%；但其网购增速迅猛，在 2011 年为 11 亿美元，到 2015 年预计达到 150 亿美元。另据全球银行 UBS 的统计，东南亚地区电商占零售总额 0.2%，而中国为 8%，如果东南亚电商销售额占比上升到 5%，则意味着有 218 亿美元的市场。

关税流失隐忧

跨境电商在 2014 年飞速发展，海淘的规模也越来越大，随之而来的一些问题也引起了关注。民间贸易往来的一个问题就是缺乏一种公正、透明的健全交易机制，因为很多商品不是通过正常贸易渠道进口的，如果规模大了国家会损失很多关税。

在海淘爆发的 2014 年，有关部门对其所带来的问题也前所未有地重视起来。近几年，海关总署在跨境电商方面连续出台了多项具体政策。

首先是建立"保税区"。经由海关总署批准的跨境电商进口试点城市已有 7 个：上海、广州、重庆、郑州、杭州、宁波、深圳，海关总署针对这些试点城市陆续发布了多个进口零售电商政策文件。2014 年 3 月，海关总署对"保税进口"模式做出说明，在该模式下，进口电商可以提前批量采购以海运/空运方式将商品运至保税区内的保税仓免税备货，收到消费者订单后，商品会直接从保税仓库经报关报检后发货。而出仓商品只需缴纳相对低廉的行邮税。通过"保税区"，购物体验更加流畅。2014 年 8 月 1 日，海关总署发布的 56、57 号公告，即《关于跨境贸易电子商务进出境货物、物品有关监管事宜的公告》和《关于增列海关监管方式代码的公告》正式实施，通过电子商务交易平台实现跨境交易的企业和个人都将成为"正规军"。国内电商平台就是国家正式批准的 7 个跨境电子商务进口业务试点城市创办的电商平台，这些平台上所销售的商品，已经运至保税区，消费者下单后，将直接从保税区运送到消费者手上。不过，这些平台上的商品种类并不多，所以尽管销量提升得很快，却很难追赶海淘。作为跨境电子商务进口业务试点城市之一的宁波发布了正式运行一年以来的销售数据，根据宁波海关提供的数据，截至 2014 年 11 月 27 日，宁波跨境贸易电子商务进口业务正式试运行一年，共签约电商企业 117 家（其中 70 家线上销售）、物流企业 4 家、仓储企业 2 家，共审核通过进口申报单 111 万票，货值 2.8 亿元人民币。宁波海关称，截至该日，宁波跨境贸易电子商务进口业务主要指标名列全国首批试点城市首位。而其他的试点城市或者未满一年，或者没有公布成绩单，但从"名列首位"的宁波销量来估算，7 个城市年销售额不会超过 20 亿元。"20 亿"，这个数字看起来很大，但如果和庞大的海淘市场比起来，那绝对是小巫见大巫了。数据显示，2013 年国内的海淘交易规模已超过 1000 亿元，而从 2014 年海淘的火爆程度来看，其交易规模和 1000 亿元相比只多不少。据中国电子商务研究中心近期发布的 2014 年跨境电商调查分析报告，预计到 2018 年，中国的"海淘族"人数将达到 3560 万，"海淘"规模将达到 1 万亿元。海淘的规模越来越大，流失的关税肯定也越来越多。商务部和海关对这个问题也颇为发愁，2014 年以来推出的一系列措施都是为了将这种贸易模式正常化，但到目前为止，"保税进口"的模式还未对海淘形成冲击。

典型海淘公司模式

洋码头：押注供应链优化

"最早没人说跨境电商，也不说海淘，叫倒爷。当时很多人质疑跨境进口电商，甚至形容我们为卖国贼和疯子。"洋码头创始人曾碧波如此描述其创业之初面临的窘境。对于道德上的质疑，曾碧波从经济学角度做出了自己的解释："宏观经济是讲究平衡的，出口贸易让中国存有大量外币，要通过进口把外汇储备消耗掉，这样人民币才能回到中央金库，再重新流通。"

其实早在 5 年前，曾碧波就做出了这个判断。在美国读书时，他进入雅虎实习，兼职做代购，花了 2 年时间来研究美国的零售产业，他笑称当时整个加州的 iPhone 都被他回收，然后卖到中国赚取了自己的全部学费。2008 年底，曾碧波开始做一些财务模型的测算研究，并最终在一年后带着一纸商业计划书离开硅谷筹备其人生第一次创业。

2010 年 9 月，洋码头网站正式上线，成为国内第一家引进海外零售商的跨境进口电商平台。中国消费者可以在网站上直接购买海外零售商的产品，由海外零售商直邮国内。和其他跨境进口电商物流外包的模式不同，洋码头是唯一一个选择自建物流的。曾碧波从一开始就判定这个产业的瓶颈在供应链，而供应链的基础是物流。根据亚马逊创始人贝佐斯的理论，"好的供应链 = 最多商品 + 最低价格 + 最快到货速度"，对此曾碧波十分认同，他认为供应链的优化是跨境进口电商的核心。

创业之初，曾碧波口袋里只剩 20 万元，但物流又必须做起来，曾碧波只好先拿硅谷朋友家的车库当货仓。为了减少朋友的工作量，保证在 30 分钟内扫完条码，他设计了一个收货系统，极大节省了传统物流浪费的人力成本。"那是我第一次开 26 尺长的大卡车，调头拐弯简直太吓人了，一路心惊胆战。"曾碧波翻出两年前在洛杉矶自己搭货架、开卡车送货时的一张老照片，回忆起当年打拼时的种种不容易。拿清关这事来说，曾碧波也下了不少功夫。"干这一行，必须得跟政府打交道。"曾碧波说，派人跟海关工作人员现场协调沟通，算得上洋码头在服务上优于其他电商的一个细节，有货品通过海关时，他们会请求海关人员等到 6 点再下班，以此保证清关速度。2013 年，洋码头年交易额 2 亿元人民币，赢利 1000 多万元，年底又拿到一笔近 1000 万美元的风投，2014 年初开始，曾碧波用这笔钱做规模和团队扩张、做市场投放，他预计 2014 全年交易额会有 3～4 倍增长，体量仅次于天猫国际。背靠阿里巴巴大平台，2014 年 2 月 19 日上线的天猫国际在短短 9 个月的时间里就超越了已有 4 年历史的洋码头，成为体量最大的跨境进口电商 B2C 平台。2014 年的"双 11"让天猫国际一天内收获 3 亿元人民币交易额，2014 全年交易额预计近 15 亿元。

洋码头最新一轮融资即将结束，金额超过 5000 万美元，刷新跨境进口电商行业纪录。曾碧波说，这笔钱将主要用于商家拓展、海外建仓以及广告宣传，显然，充足资金给了洋码头更大优势来拓展供应链上游，增加平台品类。

hai360：低调的代购平台

曾碧波曾多次在媒体上断言传统的海淘模式必死，跨境进口电商的创业机会非 B2C 电商和自营平台莫属，但他似乎并没有注意到，4 个月前，一个名为 hai360 海外购的网站低调公测，并在短短 3 个月的时间里突破了 1000 万元人民币的月销售额。其 50%～100% 的日交易额增长率，也超过了洋码头目前的增长速度——而这家网站做的就是传统的海淘业务。

2014 年 7 月，hai360 海外购正式上线。目前，该网站显示的合作方包括美国 Amazon、6PM、Vitacost、Beauty、GNC 在内的美国五大电商平台。消费者可以在上面等价买到这五家电商的所有物品，中文页面支持支付宝和国内所有商业银行卡支付。

这个网站的缔造者 Darren 曾是腾讯无线部门员工。作为一名资深海淘客，他在腾讯工作的几年里淘了十几万的商品。2011 年，他有了把海淘流程互联网化、强化用户体验的想法，一年后工程师出身的他只身一人离职创业，自己写程序，并找腾讯、91 助手的朋友们兼职帮忙，直到深圳淘海科技有限公司正式注册成立，但那时全公司也只有 3 个人。与当前跨境进口电商市场上常见的几种重供应链的商业模式不同，hai360 海外购定位于海外电商服务平台，对接海外商家和国内消费者，为商家提供内容编辑、物流、客服和售后等服务，进而扫清了消费者海外购物的障碍。

作为一个轻供应链的电商平台，hai360 海外购的商业模式也受到一定程度的质疑。Darren 解释，"我们的确是一种新的商业模式，不好划入现有的任何一种"。Darren 打造的第一个产品为"海淘通"，是为方便跟踪国际物流设计的一个简单程序，从开始支持不到 5 家快递公司发展到现在的 100 多家，用户数超过一百万人。2013 年 3 月，产品刚对外发布就收到了几家公司的收购申请。但他很清楚，"海淘通"只是切入点，他要做的是一款能让用户方便购买海外东西的产品，从正品、质量、售后等各方面提供保障。"海淘通"为他们带来了大量低成本的精准用户，积累了相关的行业资源和数据积累，hai360 海外购也应运而生。做了 2 个月的纯导购之后，它转型成为现在与海外电商合作的代购模式。所谓代购，就是帮用户代下单。此前很多代购网站难以维系，很大程度上是因为大批量寄送到同一海外收获地址的订单会被海外商家因倒卖嫌疑而取消。据 Darren 介绍，hai360 不存在这个问题。"我们跟这些电商平台有合作协议，用户在我们网站上下单后，我们把信息编辑好转给合作方，它们先把货寄到我们的美国仓库，我们再整合中文地址，把货发回国内。"

hai360 海外购的另一大特色就是它最新推出的"一键购"功能。Darren 表示，未来全球任意一个商品，只要把 UI 链接粘贴过来，就可以在 hai360 海外购上完成购买，即建立一个 hai360 全球商品搜索引擎。相关数据显示，中国 90% 以上的消费者是在中国网站而非外国网站发现商品，比如"什么值得买"这样的导购网站。如此，"一键购"的优势就明朗起来。hai360 海外购目前仍把精力集中于产品研发和用户体验的加强上，宣传方面暂时保持低调。关于 hai360 海外购的未来规划，Darren 希望朝着海外电商进入中国市场的最大流量入口方向努力。

谈到和洋码头的竞争时，Darren 直言 hai360 海外购未来不排除成为独立电商老大的可能。"我们的 SKU（商品数）是最多的，比对手高出 1000 倍。2015 年我们会接入德国、日本、韩国等市场，未来会涵盖全世界主要国家，完全有可能成为天猫以外的最大国际平台。"但 hai360 海外购网站上仍有一些商品的描述是英文的，和海外电商的订单对接还没有完全实现，走国际直邮会比走保税区运货时间更长。想成为行业老大，必须在产品体验和商家合作方面付出更多努力。

蜜淘：专注自营特卖

洋码头和 hai360 海外购将沿着重、轻供应链这两条平行线占领市场份额，相比于前两家争当行业一哥的野心，蜜淘似乎更想安安分分地做它的自营特卖。"我们只想耕好自己的一亩三分地。"蜜淘创始人谢文斌说。

曾负责天猫无线产品的谢文斌在 2013 年萌生创业想法，同年 10 月成立北京背篓科技有限公司，团队最初 6 人来自阿里巴巴、百度、360 等互联网公司。在经历了海外代购 60% 退单率的重创后，蜜淘转型成为今天主打品牌限时特卖的海外购物网站。未来蜜淘的目标是成为中国最大的跨境进口电商自营平台。对于谢文斌来说，现在最重要的就是培养用户。他计划再花 1 年时间让用户记住蜜淘，并形成依赖，3 年内实现最大海外购物自营平台的目标。

谢文斌回忆说，创业初期很艰难，不懂海关政策，甚至货到了仓库都不知道怎么发给用户。有时候 20 天该送到的货，一个月了还没到。他想起那些一起床就被用户追货的早晨，至今仍觉痛苦。现在的蜜淘已经建立了与广州保税区的直连合作，保税区备货直发，大幅缩短运送时间，价格优势也增强了用户体验。

蜜淘目前的业务分为两部分，重点针对大部分热卖品类推出的限时特卖服务，以及小部分针对长尾全品类用户需求而设的海外代购业务。上线 8 个月后，蜜淘月销售额流水突破 1000 万元。团队从最初的 6 人扩大到现在的 60 人，平均年龄 25 岁。谢文斌透露，公司刚刚拿到 B 轮融资 3000 万美元，将进一步加强团队建设、扩大营销，并探索物流和仓储建设，为大量供应商进口备货销售做准备。

作为跨境进口电商自营平台，蜜淘希望成为这个垂直领域的老大。这要求公司加大商品品类的拓展，以满足更多用户的消费需求，但品类的拓展也将会带来库存风险。很多人担心直邮会影响跨境进口电商的饭碗，谢文斌则不认同，他说，"海外电商不了解中国文化，不懂消费者需求，本土化运作成本太高，没法跟我们玩儿"。曾碧波预测，中国跨境进口电商市场格局将在 3 年内初见轮廓。

目前市场上的海外购物网站在商品到手价方面整体相差不多，售价、税、运费等加在一起会有 10 元以内的差异。现阶段，hai360 海外购为消费者提供关税补贴，2000 元以下商品免税，但 Darren 表示这种营销手段只是暂时的。而在运费方面，他们最早提出 30 元/500 克，续重 6 元/100 克，以此建立行业标准。Darren 希望借由 hai360 海外购这个互联网平台，打破全球品牌供应商的价格歧视，使中国消费者接触到更多品类的国外低价商品。

不过，尽管每天都有新的创业公司加入海淘大军，很多人看到了市场，但真正潜心研究、深入理解市场和消费者需求的并不占多数。目前而言，整个跨境电商行业仍处于早期阶段，产业链还不成熟，很多商品类目没有挖掘，消费市场也没完全兴起。长久以来，海淘都被视为深水区。大部分海淘灰色地带主要集中于个人代购业务。现在中国个人代购几乎超过一半的东西是假货，发票可以作假，一个发票打印机成本只需 100 多元，打一张发票的成本不到 1 分钱，有些代购则真假货掺卖，有些玩家在国内找假的供货商，伪造代购信息。

对于外行消费者来说，他们需要专业的电商平台对产品进行筛选、把关，保证商品质量。曾碧波则认为不存在政策上的风险，最大也是唯一的威胁来自走私品，俗称"水货"。长期以来，海淘行业走私现象猖獗，很多水货从中国香港、中国台湾流入大陆。如果低价水货泛滥，大量抄底规矩的跨境进口电商，那这些正规军将无法生存。

顺丰：发力跨境电商及 O2O

低调运营 2 年的顺丰电商品牌顺丰优选，已经完成为集团积累服务经验的"任务"，帮助集团孵化出独立品牌"顺丰冷运"，接下来其将发力 O2O 及跨境电商，为后续发展寻求突破点。

优选营收高速增长

顺丰优选于 2012 年 5 月高调亮相，已经经历三任高管：刘淼、李东起及崔晓琦。据优选内部人士透露，这三位优选负责人的更换，与优选业务各个时期发展有紧密关系。刘淼负责的是优选第一阶段"电商搭建"，这个业务完成后，优选需要跟集团对接，并且最大化利用顺丰资源，此时就需要掌握集团资源的人来推进。这就是 2007 年加入顺丰担任副总裁、帮顺丰组建航空公司的李东起。李东起接替刘淼负责优选业务时，并不完全懂电商，但他的优势在于，能够根据业务需求调用顺丰飞机和运输。在李东起负责优选业务时期，优选迅速走出北京，在上海、广州、深圳等地推出常温食品配送服务。第二阶段优选除了整合集团资源进行扩张，另一个任务就是为集团发展电商物流做"流程体验"，积累经验为其他电商客户提供服务，集团希望以此切入电商这个快递行业大蛋糕。当凡客前高管崔晓琦接手优选业务时，优选第二阶段基本完成。2014 年 9 月顺丰独立出"顺丰冷运"品牌，瞄准生鲜食品行业，提供"一站式供应链解决方案"，2014 年双 11，顺丰冷运迎来首次考验。据天猫一位生鲜品牌运营商透露，参加双11的生鲜商家主要采用两种物流模式，一是顺丰冷运，二是菜鸟物流。顺丰冷运服务客户既包括优选，也包括天猫等平台商家及其他生鲜电商及企业。

孵化出冷运业务后，优选需要更快地在电商业务上发展。在优选CEO崔晓琦（李东起调回总部，但仍担任优选董事长）看来，优选虽然发展较晚，但是增长速度非常快。他透露过去一年优选营收同比增长达到200%，预计未来增长率将继续保持在100%以上。

发力跨境电商

眼下生鲜电商行业竞争非常激烈，除了顺丰优选、本来生活网、沱沱工社等，天猫、京东、一号店等纷纷投入巨资杀入。崔晓琦表示，顺丰优选目前60%是进口食品，保持相对高端定位，未来不仅将加大进口食品份额，而且将增加具有差异化的国内商品。

为寻求发展突破点，顺丰优选也加入跨境电商队伍。据崔晓琦介绍，优选已专门注册海外公司，将以"奶粉"品类进行跨境电商尝试。"包括自贸区、港口方式我们都在探索，目前已经和很多口岸建立合作，并与海关信息系统对接，会聚集一些货品到港口保税区，顾客下单以后，通过个人行邮方式发货。"崔晓琦表示，优选的货源来自品牌海外经销商的直接合作，优选通过买断方式操作。崔晓琦表示，由于与海外经销商直接合作，所以产品本身会有利润，但运营环节费用非常高，比如海关进入会有10%左右的行邮税等。但优选希望尽力把价格做得更低，以此来推广品牌及抢占市场，所以暂不考虑盈利问题。

2014年11月，顺丰速运向市场发布"顺丰欧洲小包"服务。这也标志着，顺丰成为首家正式杀入跨境电商出口物流行业的民营快递企业。欧洲小包是顺丰与荷兰邮政合作，针对电商卖家的小件物品而设计的空邮产品。该服务立足于荷兰，依托荷兰邮政的网络和清关系统，辐射整个欧洲，其中，顺丰负责中国境内和跨境物流的运输，荷兰邮政负责欧洲的清关和目的地派送。与传统小包相比，顺丰欧洲小包的优势在于以下几个方面：清关便捷，由荷兰邮政做本地清关，稳定性好；离港快速，包裹交给顺丰处理好，就安排第二天离港；挂号全程可跟踪，包裹到港安排航班后，卖家即可在荷兰邮政官网查询；时效便捷，航班直飞，到欧洲主要国家只需 5～10 个工作日。目前在跨境电商出口行业中，邮政小包仍占据着 80% 的业务量，其中中国邮政的空邮小包产品因为价格上的优势占有着龙头地位，尤为中小卖家所青睐。业内人士分析，顺丰推出小包业务，将面临与中国邮政的直接竞争。2014 年以来，顺丰在跨境电商物流领域有着明显的重心倾斜，4 月推出了针对个人海淘消费者的转运产品海购丰运（Sfbuy）；又于 8 月推出了针对海外直购、代购商家的"全球顺"物流产品。但此前推出的这两个产品都针对的是进口电商行业，而此次推出的欧洲小包，则瞄准的是市场更大的出口电商行业。

经历过凡客大起大落的崔晓琦认为，做电商不能太激进也不能太保守，如何平衡这两者非常关键。他表示，优选将在食品领域深耕，并通过集团资源拓展更多供应商。

嘿客便利店：探索盈利模式

时至今日，顺丰旗下新一代社区服务店嘿客便利店已运营大半年，随着其在各大城市不断铺设店面，业界对于这种新型模式的质疑声也此起彼伏。"客流稀少，盈利堪忧"成为最多的评价语。

2014 年 5 月 18 日，全国 518 家专卖店开张，统一命名为"嘿店"。与顺丰之前试水的"便利店 + 配送网点"模式不同，嘿客颠覆传统理念，集合了快递业务、虚拟购物、金融服务、便民服务、JIT 服务等综合社区服务功能。按照顺丰的计划，这样的嘿客便利店要在全国开到 3 万家。对于这样一个创新业态，业界固然以包容的心态看待之，允许其试错。但经营数月下来，嘿客与其当初构想的打通线上线下、体现未来购物体验的社区服务店相去甚远。多数人士表示对嘿客便利店模式"看不懂"。在自身模式没有探索清楚的前提下，便全国四处开店，这对于顺丰的资金链来说也是一种考验。

北京市海淀区曙光花园的嘿客便利店店员介绍，这家编号为"01884"的嘿客于 7 月底正式开业。曙光花园嘿客便利店面积在 40 平方米左右，与全国其他地区的嘿客便利店一样，这家店四周货架上陈列的并非实体商品，而是将商品的图像、简介以及二维码打印在纸板上，摆放在相应的货架位置。门店中央是一个方形服务台，摆放着两台大屏幕平板电脑用于选购商品和下单。与传统便利店不同，顺丰嘿客门店几乎没有任何实物商品，所有的商品信息均是以打印的图像或者通过电脑浏览来获取。在商品品类上，门店虚拟陈列的商品多数是数码产品、手表、皮鞋以及一些礼品等，不超过 300 个 SKU。而通过嘿客门店电脑浏览的商品信息以顺丰优选为主，并且联合了 35 家商户提供商品。由于没有实体商品，在嘿客购物，首先得通过电脑或者扫描二维码进行下单，支付成功之后，嘿客门店人员便可根据客户需求，快递到消费者指定地址或者存放嘿客门店，让消费者自提。目前嘿客便利店处于推广阶段，门店下单可享受满 200 元返 20 元的优惠。

尽管顺丰嘿客从门店设计、购物体验都采用全新的模式，但多数消费者认为，采用这种模式购物并不方便。"顺丰嘿客其实是把简单的事情复杂化了。到便利店买东西，图的就是方便，拿起来结完账就走，没想到在这里还要网上下单，并且不能即时得到我想要的商品。"有消费者表示。顺丰嘿客便利店既没有附近的社区超市那样品种丰富，也没有旁边的传统便利店那样购物便捷。而另一位消费者表示，"如果是日常快消品，到便利店买了就能带回来，衣服电器之类的，我习惯坐家里网上买。专门到门店去扫码网购，虽是一种全新的消费习惯，但一时半会儿还难以接受"。

"如果按照严格的便利店业态规范来定义，嘿客连一个标准都达不到。"WOWO 便利董事长汤耀华表示。在汤耀华看来，能称得上便利店至少要满足三个方面的指标，首先是 24 小时营业；其次是要有鲜食销售；最后是要开架陈列。但嘿客便利店不符合其中任何一条要求。

顺丰嘿客是以一种颠覆传统的方式横空出世的，但恰恰这种对传统商业逻辑的完全忽视使得它陷入定位尴尬的境地。"如果把嘿客视为一个便利店，它连基本的便利店功能都没有，购物不方便，下单费周折，甚至口渴了买瓶水这样基本的需求都无法满足。但如果把它视为一个网上购物平台，消费者完全可以坐在家里或者在办公室进行，没必要跑到实体店再去上网购物。"一位电商从业者表示。嘿客诞生的目的之一就是为了解决快递最后一公里难题，成为消费者的自提点或者快递收发网点。但是，一位快递业人士表示，顺丰利用嘿客作为自提点意义不大。"这几年'三通一达'已经'宠坏了'消费者，基本上都是等待送货上门。到自提点提取的几率较小，即便有这方面的需求，也可以与便利店合作来解决。在这种情况下再设一个自提点，等于多了一道工序，意义不大。"

嘿客在官方网站的介绍中描述了其六大优势，即商品预购：门店通过海报、PAD 等方式展示海量商品，客户预付货款购买所需商品，并可享用顺丰的高质物流服务；网购线下体验：客户到店体验实物商品，并通过二维码扫描、门店 PAD 等多种形式下单；JIT 服务：客户不用支付货款即可预约商品的到店试穿（或试用）服务，体验后再决定是否购买；金融服务：门店为顾客提供 ATM 等金融服务，把银行服务带到家门口；便民服务：门店提供衣服干洗、飞机票预订、话费充值、缴水电费等多项便民服务，客户足不出户即可乐享轻松生活；快件自寄自取：客户可选择到店收寄快件，节省等待收派员上门的时间，保证个人隐私。但上述六大优势在实际运营中与其定位有巨大偏差。对于上述种种质疑，顺丰相关负责人表示：现在看到的"嘿客"尚处于试运营阶段，模式上并不是最终版，顺丰没有着急引进太多的商家，也是希望能够将最好的运营模式探索出来；同时在商品品类、购物体验、社区服务等方面进一步完善之后才会同步推出更适合社区群体的服务及产品。

通过物流整合未来的生活需求，这是顺丰总裁王卫布下的"珍珑棋局"，而嘿客便是这盘棋的关键。尽管王卫的这盘"珍珑棋局"蔚为壮观，但也不啻为一场华丽的冒险。因为嘿客便利店目前尚不成熟，而一旦将摊子铺开，将给企业带来巨大的经营压力。据中国供应链联盟理事黄刚测算，嘿客门店单店租金为每年 15 万~20 万元，装修 15 万元，人员工资（2~3 人）10 万元/年，技术投入＋日常运营每年 5 万~10 万元，粗略估计单店第一年 50 万元投入，3000 家门店就是 15 亿元左右的投入。

巨额投入并不可怕，可怕的是在没有清晰盈利模式下的盲目扩张。顺丰相关负责人表示，嘿客并不直接靠销售商品赢利。"赢利方面，一方面依靠合作供应商的交易佣金，另一方面以店内的商品墙作为广告位，也能收取一定的费用。"由此可以推断，嘿客的利润来源有以下几个部分：形成一个线下平台，通过向线上导流的方式获取交易佣金或者广告费用；向周边居民提供便民服务收取相关费用；以及作为快递自提点向顺丰快递部门收取费用（虽然同属顺丰，但财务核算方面还是亲兄弟明算账，就如同与顺丰优选合作一样）。但上述收益能够有多大，与其投入的店铺租金、人员公司以及水电费等成本相比能否有盈余，甚至连顺丰自己也没考虑清楚。在这样的情况下，大范围铺设网店将给企业带来巨大风险。

"跨界"布局金融业

有关顺丰快递进军保险业的声音一直不绝于耳。甚至有传闻称，顺丰保险团队目前正在招兵买马，急欲壮大规模。由此，顺丰旗下低调运营大半年之久的金融保险事业部也正式浮出水面。据悉，顺丰金融保险事业部成立于2013年底，目前已推出的服务包括针对银行业的信用卡、白金卡专送业务，以及针对保险行业的保单专送业务。7月中旬，又上线了汇票专送业务，为购货、供货的企业银行之间提供票据流转服务。

顺丰速运副总裁、金融保险服务事业部总裁王立顺表示，"做金融"的概念，准确来讲，应该是顺丰将快递物流服务的触角延伸至专业的金融机构当中。"银行动辄就是几万亿元的单子，总会产生一些凭证类的单据。"金融行业不同领域的细分需求给快递业带来了市场机会。

目前，保险业务占到顺丰金融保险事业部总体业务的大头，发展已有3年时间，业务模式较为成熟。顺丰已与平安、阳光、中美大都会、人保、太平洋等多家保险公司合作，开展车险、寿险的保单专送业务。在派送基础上，还搭配拍照验证、保单管理等增值服务，促进保险公司末端服务的优化。"不仅送保单，还负责签字收钱。如果客户有异议或拒签，我们还要及时将订单的信息反馈给保险公司，保险公司会根据我们提供的信息对客户做出解释，以此来促进保单销售的完成。"此外，顺丰开发了专门的IT系统与保险公司保单系统对接，用以解决保单批量出单、单号管理等问题，以满足保险企业个性化的外包需求。"做金融保险行业的供应商。"顺丰方面如此强调成立金融保险事业部的初衷。

据了解，下一步顺丰还将着手开发贵金属票证等相关业务，加速布局金融物流链上的服务。事实上，金融保险电销单据的快递服务在国内已有多家快递公司涉足。其中，中国邮政占据了较大的市场份额。随着近些年来互联网金融的兴起和交易的激增，人们开始对保险产品和票据市场的服务提出了升级的需求。但目前快递公司所开展的业务仅局限于简单的派送。

根据近期发布的《互联网保险行业发展报告》，截至2013年底，我国从事互联网保险业务的公司逾60家，年均增长率达46%；互联网保险保费规模达291亿元，近3年总体增幅高达810%。网销、电销的激增，让险企的价格和服务几乎不分伯仲。因此，保单配送及相关的增值服务就成为销售环节的关键，在车险的销售过程中更是如此。"金融业互联网化的发展趋势，也是快递领域的机会。我们能做的就是将金融业的服务外包做好，满足互联网金融行业的终端需求，将保单的物流配送服务放到保险产品里去做整合设计。"王立顺表示。就现有的市场格局来说，电销、网销保单配送的费用仅占电销保费总体收入约2%的比例，是保险全产业链条中很小的一部分，但发展趋势迅猛。"我们自身规模和市场都还很小，但自身实力并不弱。"即便是初步涉足互联网金融物流领域，对于未来的市场空间，顺丰方面却显得很有信心。

另外，顺丰"跨界"金融的步子还不止于此。2014年7月，顺丰旗下的金融交易平台——顺银金融也获得了由央行发放的银行卡收单牌照。这一举动同样引发了外界对其金融版图的巨大猜测。

而早在2010年，顺丰就曾推出顺丰宝，作为旗下电子商城的配套支付工具。2011年，顺丰宝获得央行颁发的第三方支付牌照——《支付业务许可证》。至此，顺丰在第三方支付领域已拥有两大牌照资格。

至此，顺丰的金融版图已包含两大块。其中，顺银金融作为内部的平台交易部门，从事类金融的业务；而金融保险服务事业部则是围绕银行、保险等金融机构的物流需求提供服务。

业内有分析认为，顺丰切入第三方支付市场，是为了日后加速"触网"铺平道路。未来会将现有的商业客户资源整合到自身打造的支付体系中，通过速递业务、顺丰优选、顺丰"嘿客"、顺银等实现融合联动，扩大商业版图。

对此，顺丰方面却一再强调，顺银只是对内结算服务的工具，即便是有牌照的支持，两三年之内都不会有对外的业务张力。金融保险事业部则更没有偏离"做快递"这一传统优势。

在快递咨询专家徐勇看来，随着市场发展的成熟，人们会对快递增值服务的要求越来越高。顺丰通过金融相关产品向综合物流商转型的尝试是毋庸置疑的。国际快递巨头 UPS 就是在取得本土金融牌照后，兼有物流供应商和银行的双重角色，为客户提供存货、应收款融资、信用保险、设备租赁等供应链金融服务。顺丰也是在一点点渗透金融业务，发展方向同 UPS 是一样的。未来顺丰也有可能会提供类似货物保理、质押等金融服务，甚至还有可能自己做保险。

尾声　2015：电商走向何方？

　　我国电子商务发展空间大，今后仍将保持快速增长态势，在促进发展方式转变、扩大内需、增加就业等方面将发挥越来越重要的作用。我们都非常有幸生长在一个互联网改变世界的时代，更为有幸的是我们在这个时代里面不仅仅是一个看客，不仅仅是一个历史的见证人，我们是历史的弄潮儿，历史的创造者。而电子商务在互联网又扮演一个非常重要的角色，中国的电子商务在2015年，还会以较高的速度增长。

电子商务的应用领域不断拓展和深化

　　2013年以来，在全国零售业增速放缓的形势下，包括网络零售在内的电子商务保持了快速增长的态势，电子商务的应用领域不断拓展和深化。中国电子商务的高速增长，一方面来源于中国企业用户和消费者对于互联网和网上购物的接受程度逐步提高，传统企业大规模进入电商行业，在线销售类活动不断增加，除了从传统市场销售渠道转移过来的消费需求之外，还开拓了新的市场空间，比如跨境电商的大发展；另一方面来源于电子商务发展环境的优化。"十二五"以来，我国电子商务相关的法律法规、政策、基础设施建设、技术标准以及网络等环境和条件逐步得到改善。随着国家监管体系的日益健全、政策支持力度的不断加大、电商企业及消费者的日趋成熟，我国电子商务将迎来更好的发展环境。预计中国电子商务将继续保持较高的增长速度，2014～2020年的年均复合增长率将保持在20%。

产业融合成为电子商务发展新方向

随着电子商务迅猛发展，越来越多的传统产业涉足电子商务。例如，农业应用电子商务探索农产品信息追溯；制造业开展供应链信息化提升；线上营销、线下成交或线下体验、线上购买的商业模式更是推动了传统商业与电子商务的融合发展。随着一批龙头电子商务平台企业做大、做强、做长，电子商务深度融合商流、物流、资金流和人流，有效地把商业渠道、物流渠道以及信息渠道进行捆绑，电子商务服务业能否健康有序发展成为决定电子商务成败的关键所在。

近年来涌现出的O2O模式已在餐饮、娱乐、百货等传统行业得到广泛应用。O2O模式是一个"闭环"，电商可以全程跟踪用户的每一笔交易和满意程度，即时分析数据，快速调整营销策略。也就是说，互联网渠道不是和线下隔离的销售渠道，而是一个可以和线下无缝链接并能促进线下发展的渠道。今后线上与线下将实现进一步融合，各个产业通过电子商务实现有形市场与无形市场的有效对接，企业逐步实现线上、线下复合业态经营。微信在2013年9月正式启动面向实体零售业态的O2O项目，天虹商场成为全国范围内第一家与微信达成战略合作的百货企业。苏宁云商的推出代表着传统零售商的蜕变，从实体向线上线下转型，全面转变为互联网零售企业，未来线上主要功能是引流、下单和支付，线下门店将主要承载服务和体验功能。中国电子商务研究中心监测数据显示，2012年我国O2O市场规模已达到1005亿元，2013年突破了2000亿元。

此外还有M2C模式，即从工厂直达消费者的电子商务等创新模式的应用；C2B模式（消费者对企业），即从消费者开始进行产品的设计制造，将商品的主导权交给消费者，实现个性化定制和消费者主权。今后，这些营销应用模式将进入快速推广阶段。

移动电子商务等新兴业态的发展将提速

我国电子商务行业积极开展技术创新、商业模式创新、产品和服务内容创新，移动电商、跨境电商、社交电商、微信电商成为电子商务发展的新兴重要领域，将进入加快发展期。

近年来，我国移动互联网用户规模迅速扩大，为移动电子商务的发展奠定了庞大的用户基础，移动购物逐渐成为网民购物的首选方式之一。近年来，我国传统电子商务交易平台企业纷纷向移动电子商务转型。淘宝网、京东商城等企业推出了手机客户端和手机网站，不断优化用户体验。大量中小企业推出了自身的移动 App 客户端，有效提高了营销精准度和促销力度。移动电子商务市场的产业集中度正在快速提高。移动电子商务不仅仅是电子商务从有线互联网向移动互联网的延伸，而且大大丰富了电子商务应用，今后将深刻改变消费方式和支付模式，并有效渗透到各行各业，促进相关产业的转型升级。发展移动电子商务将成为提振我国内需和培育新兴业态的重要途径。

对中国电子商务 2015 年的展望，作者认为有十大趋势：

第一个趋势，移动购物

2013 年底手机用户已经达到了 5 亿名，而 PC 用户是 5.9 亿名，手机的渗透率增速是远大于 PC 的渗透率的。在 2017 年，手机用户将超过 PC 用户，也就是说电子商务将来的主战场不是在 PC，而是在移动设备上。而移动用户有很多的特点，首先购买的频次更高、更零碎，购买的高峰不是在白天，是在晚上和周末、节假日。移动购物将会革 PC 电子商务的命，我们要做好准备，迎接这场新的革命。而做好移动购物，不能简简单单地把 PC 电子商务搬到移动上面，而要充分利用这种移动设备的特征，比如说它的扫描特征、图像和语音识别特征、感应特征、GPS 特征，这些功能可以真正把移动带到千家万户。

第二个趋势，跨境电商

在网购上，中国人这几年主要集中于国内的电商平台，商品也主要来自国内制造，但随着电子商务的深化与老百姓的消费升级，海淘逐渐发展起来，而且开始摆脱小众时代进入大众视野。因为海淘的快速发展，国内的主流电商们也加快了全球采购步伐，阿里巴巴已经与多国政府签署了合作协议，还建设了天猫国际、淘宝全球购等平台，京东早早就在日韩特色商品上布局，中粮也借助自身优势将食品网购做大做强。中国老百姓将有望在自己习惯的全球一体化的电商平台选购来自全球的商品。

2015 年是跨境电商发展年，未来跨境电商的发展是必然趋势；跨境电子商务不仅冲破了国界，使国际贸易走向无国界贸易，而且正在引起世界经济贸易的巨大变革。

第三个趋势，电子商务将向三、四、五线城市渗透

一方面来源于移动设备继续的渗透，很多三、四、五线城市的居民接触互联网是靠手机、Pad 来上网的，而且这些城市的居民经济收入提高，再加上本地的购物不便，因此将使电商有很大用武之地。

第四个趋势，物联网

大家想象，将来的芯片可以植入皮肤里面，可以植入衣服里面，可以在任何的物品里面，任何物品状态的变化可以引起其他相关物品的状态变化。如果你把一袋牛奶放进你的冰箱，进去的时候冰箱自动扫描，知道保质期，知道什么时候放进去，知道你的用量，当你要用完的时候，马上可以自动下订单，下订单可能又会触发电子商务，从供应商那里下订单，也就是说所有的零售、物流和最后的生产环节都能全部结合起来。

第五个趋势，社交购物

人们希望听到亲人、朋友、意见领袖的意见，作为参考。社交购物可以让大家在社交网络上面更加精准地去为顾客营销，更个性化地为顾客服务。

第六个趋势，O2O

上海中远两湾城建了一个社区的服务点，有三个功能，第一是集货的区域，由那个地方集散到顾客手中；第二是顾客取货的点；第三是营销点，展示商品，为社区的居民进行团购，帮助他们上网，帮助他们使用手机购物，起了三个作用。传统零售在往线上走，电子商务往线下走，最后一定是O2O的融合。

第七个趋势，云服务和电子商务解决方案

大量的电子商务企业发展了很多的能力，这些能力包括物流的能力、营销的能力、系统的能力、各种各样为商家为供应商为合作伙伴提供电子商务解决方案的能力，这些能力希望最大效率的发挥作用。

第八个趋势，大数据的应用

原始的数据是零散的，价值非常小，而这些数据经过过滤、分析成为信息，而在信息的基础之上建立模型，来支持决策，成了我们的知识，而这些知识能够做预测，能够举一反三，能够悟出道理，成了我们的智慧。所以从中就充分地体现了这个大数据的价值。

第九个趋势，精准化营销和个性化服务

这个需求大家都是有的，以后的营销不再是大众化营销，而是窄众营销。每个人都希望最大效率地应用这个营销的渠道，每个人精准化地知道他的需求，而商家为他提供个性化的营销和服务。

第十个趋势，互联网金融

这个平台可以说上面有演员、有观众，有很多的戏，这个戏就是这里面的一些内容，也就是说含有保险、基金、小贷，有各种各样的服务，是戏的内容。演员就是那些银行、金融机构、保险公司等等。观众就是所有的大宗顾客，还有我们的商家、供应商、合作伙伴。

2014 年电商大事记

1月7日，新浪与支付宝宣布全面打通微博与支付宝账号，联手推出微博支付，今后无论是微博平台上的在线交易还是线下商家的日常消费均可用微博客户端直接付款。

1月8日，阿里巴巴集团宣布正式推出手游平台，并表示要打破腾讯在该领域的垄断地位。阿里巴巴与游戏开发者的分成比例为 2∶8，其中开发者可以获得 70% 的分成，还有 10% 将会捐助给公益基金。

1月9日，人人友信集团正式宣布已于 2013 年年底完成 A 轮融资，领投方向为挚信资本，投资总额为 1.3 亿美元，其中挚信资本领投 6500 万美元，其他机构投资 6500 万美元。这笔融资将成为互联网金融领域金额最大的一笔融资，超过谷歌对 Lending Club 的 1.25 亿美元投资。

1月13日，豌豆荚联合创始人崔瑾对外透露，豌豆荚已经完成 1.2 亿美元的 B 轮融资，由软银集团领投，DCM 和创新工场开发投资基金跟投。此前曾有传闻称软银斥资 1 亿美元入股豌豆荚，占 20% 股份。

1月16日，马明哲在上海携其互联网"五虎将"在一个小型媒体会上亮相，正式宣告其"1333"整体互联网金融战略，而壹钱包是实现该战略的重要一环。

1月15日，奇虎 360 宣布进军台湾，授权希悦资讯为台湾地区总代理，并希望占领台湾软件市场半数以上的市场份额。

1月15日，支付宝和天弘基金公布最新数据，余额宝规模已超过2500亿元，客户数超过4900万户。天弘基金也因此成为国内最大的基金管理公司。

1月23日，京东收购今夜酒店特价，交易将以现金＋股票方式进行，金额在千万美元左右，今夜酒店特价CEO邓天卓将出任京东副总裁。

1月23日，百度与京东宣布签署战略合作协议，共同发起创建"创新硬件开放平台"，双方将在创新硬件方面展开深入合作。

1月23日，阿里巴巴联手云锋基金，对中信21世纪进行战略投资，取得控股权，10月份中信21世纪正式改名为"阿里巴巴健康"。

1月24日，百度和人人公司宣布签署协议，根据协议百度将收购人人公司所持的全部糯米网股份，交易完成后百度将成为糯米网的单一全资大股东。

1月27日，苏宁云商官方确认，已经100%收购团购网站满座网，并将其整合到苏宁本地生活事业部，收购额为"近千万美元"。

2月9日，继余额宝之后，支付宝推出第二款理财产品"元宵理财"，不过该产品并不支持实时赎回，而是限定一年期限，但预期收益率达到7%，并承诺保本保底。

2月12日，京东集团宣布将上线公测"京东白条"业务，用户在京东购物时可享受先消费、后付款的信用赊购服务，白条用户最高可获得15000元信用额度。这也意味着京东正式涉足消费类互联网金融业务。

2月13日，2013年9月上线、11月被暂停的招行线上P2P业务平台，悄然重新上线。

2月14日，中国时尚特卖网站唯品会与时尚美容购物网站乐蜂网正式宣布"联姻"：唯品会将投资1.125亿美元现金，战略入股东方风行旗下的乐蜂网子公司75%的股份。而李静领导的东方风行集团旗下的另外两家全资子公司——静佳达人品牌公司及媒体公司将继续与乐蜂网并行运营。

2月14日，小米科技联合创始人林斌在新浪微博上宣布小米将迈开海外拓展的第一步——于2月21日在狮城新加坡发售红米手机，定价为169新元，约合人民币801元。此举是小米迈出全球化脚步的第一步，也是在前谷歌Android副总裁雨果·巴拉（Hugo Barra）加盟小米六个月后做出的重要举措。

雨果·巴拉于 2013 年 10 月份加入小米科技，负责小米全球业务拓展。

2 月 16 日，同程网 CEO 吴志祥在一封内部邮件中确认，同程网获得腾讯、博裕、元禾三家机构 5 亿元的新一轮融资，资金已全部到账。获得该笔投资后，同程创业团队仍然保持公司的控股权，公司未来目标仍然是独立 IPO。

2 月 17 日，阿里巴巴集团宣布，公司已经领投在线教育机构 TutorGroup 集团，联合投资的总规模近 1 亿美元。与阿里巴巴集团一起投资的机构还包括淡马锡和启明创投。

2 月 17 日，保监会网站发布《关于设立苏宁保险销售有限公司的批复》，批准苏宁云商集团与苏宁电器集团联合设立苏宁保险销售有限公司，并核准钱俊为总经理。

2 月 18 日，在 2013 年陷入发展危机的汇强快递，获得了位于西安的世合集团 3 亿元的投资，并在此基础上完成重生：一家名为世通快递的民营企业在原来汇强快递的基础上华丽诞生。

2 月 19 日，小米公司与北京银行在北京银行大厦签署了移动互联网金融全面合作协议，双方将在移动支付、便捷信贷、产品定制、渠道拓展等多个方向探讨合作。这一合作也意味着，小米将涉足互联网金融业务。

2 月 19 日，腾讯宣布战略投资大众点评网，占股约 20%。交易完成后，大众点评将继续保持独立运营。入股完成后，大众点评的商户信息、消费点评、团购、餐厅在线预订等本地生活服务，将与 QQ、微信等腾讯产品合作。

2 月 24 日，国内 P2P 网贷平台积木盒子宣布，获投资方银泰资本千万美元 A 轮融资，这是 2014 年以来，互联网金融领域迎来的第一笔风险投资。积木盒子于 2013 年 8 月上线，平台产品为面向中国中小微企业主的经营类贷款以及面向个人用户的消费类贷款。投资人起投资金为 100 元起，平均可实现 9% ~ 14% 的年化收益。

3 月 3 日，在亚马逊中国和京东后，易迅网的免运费门槛也随之提升。易迅网将免运费门槛从 29 元提升至 49 元。至此，除苏宁易购依然坚持全场免运费外，主流电商免运费门槛底线升至 49 元，这对于习惯购买小额商品的消费者来说可能并不是个好消息。

3 月 4 日，嘀嗒团发布公告称，将于 2014 年 3 月 31 日正式关闭团购业务，未来将转向新的业务模式。嘀嗒团由谷歌前中国区销售总经理宋中杰于 2010 年 7 月创立。2013 年初，嘀嗒团与维络城完成合并，合并后的新维络城继续沿用团购品牌嘀嗒团，宋中杰继续担任新公司 CEO。

3 月 7 日，京东召开发布会，宣布于 3 月 11 日推出类似余额宝的互联网理财产品"小金库"，首批对接两只货币基金，分别为嘉实基金的"活钱包"和鹏华基金的"增值宝"。另外，京东正式对外宣布网银钱包上线，网银钱包是为实现各种金融产品功能的基础金融账户，同时也是独立面向市场的第三方支付产品。网银钱包的上线意味着京东在互联网金融领域的又一颗棋子落定。

3 月 10 日，腾讯发布公告，将收购京东上市前 15% 的股份，腾讯除了将支付 2.14 亿美元，还把 B2C 平台 QQ 网购和 C2C 平台拍拍网并入京东，同时京东还获得易迅网少数股权和购买易迅网剩余股权的权利，腾讯总裁刘炽平进入京东董事会。

3 月 11 日，在港上市公司文化中国（代码 01060HK）发布公告称其获得阿里巴巴集团 62.44 亿港元的战略投资，阿里巴巴将获得文化中国 60% 的股份。

3 月 17 日，京东与全国 15 个城市 12 个品牌的万家便利店签订战略合作协议，便利店入驻京东开放平台后，可实现最快 15 分钟送达。京东首席物流规划师侯毅说，便利店与京东的合作只是开始，京东会根据每一个零售业态的特点，定制出专属的模型，除便利店外，未来还可能会推出针对蛋糕店、药店、服装品牌甚至建材连锁的模型。

3 月 17 日，阿里巴巴、美的正式签署战略合作协议，双方将共同构建基于阿里巴巴云的物联网开放平台，实现家电产品的连接对话和远程控制。美的也发布了首款基于阿里巴巴云的智能空调，于 3 月 19 日在天猫电器城独家首发。

3 月 26 日，阿里巴巴推出"娱乐宝"理财与增值服务平台，预期年化收益率 7%，首批对接国华人寿。这是继支付宝"元宵理财"之后，阿里巴巴再度涉足保险理财产品。用户购买娱乐宝后，资金将投入文化产业，获取投资收益。除了电影、游戏外，娱乐宝后期还将增加电视剧、演唱会等多种项目形式。阿里巴巴亦将娱乐宝形容为"一百块就能投资电影"。

3 月 27 日，京东金融集团宣布，互联网理财产品京东"小金库"正式上线开售。首批登陆"小金库"的两款货币基金产品分别为嘉实基金的"活钱包"和鹏华基金的"增值宝"。用户可直接使用京东账户联合登录网银钱包，资金转入小金库后自主选择购买。

3 月 28 日，证监会通过新浪微博表示，中山证券"零佣通"服务涉嫌违规，现已被叫停。有关情况证监会将进一步核查，并视核查结果依法处理。

3 月 31 日，京东集团（JD.com）发布旗下虚拟通讯运营品牌"京东通信"。

4 月 1 日，最后一家主流电商苏宁易购宣布设置免运费门槛，针对消费满 48 元以上的订单、自提订单、针对移动客户端产生的订单，苏宁将给予全场免运费的政策，中国电商免邮时代宣告正式终结。

4 月 1 日，阿里巴巴通过手机淘宝与全国 12 家主流报纸战略合作的"码上淘"上线。"码上淘"是由阿里巴巴集团提供技术支持和商品库的运营支持，并由第三方物流完成配送。在此次合作中，读者只需打开"手机淘宝"，扫描报纸上的相关商品的淘宝码，就可在手机上完成下单购物和支付等环节。

4 月 2 日，京东集团正式进行分拆，其中包括两个子集团、一个子公司和一个事业部，涉及金融、拍拍及海外业务。具体的分拆方式是：京东集团下设京东商城集团、金融集团、子公司拍拍网和海外事业部，京东创始人刘强东会担任京东集团 CEO。

4 月 8 日，阿里巴巴集团与华数集团宣布达成战略合作，双方将通过平台、业务、资源及技术的全方位合作，共同参与到原创内容、视频通讯、游戏、音乐、教育、云计算、大数据等领域的布局和并购中，共同拓展文化传媒产业链上下游。

4 月 9 日，P2P 网络信贷平台拍拍贷宣布完成 B 轮融资，投资机构为光速安振中国创业投资（Lightspeed China Partners）、红杉资本及纽交所上市公司诺亚财富。本轮融资金额达数千万美元。

4 月 10 日，两只基金定制产品在阿里巴巴招财宝平台的线上发行，宣告互联网金融 2.0 时代正式开启。

4 月 16 日，京东官方对外宣布了 IPO 前架构调整最新的人事安排。京东创始人刘强东担任京东集团 CEO，沈皓瑜出任子集团公司京东商城 CEO，负责京东零售业务。

4 月 17 日，新浪旗下微博在纳斯达克上市，以 17 美元的价格发行 1680 万股，最高融资额为 3.28 亿美元。最终微博报收于 20.24 美元，以上涨 19% 的表现结束了首日交易。

4 月 21 日，支付宝与日本电子商务公司乐天展开合作，从而扩大业务范围，并方便中国网民到乐天旗下的网站购买商品。

4 月 22 日，新浪正式发布微财富平台（www.weicaifu.com），首期阶段将携手国内最具互联网精神的基金公司汇添富，主推一款名为"存钱罐"的账户余额增值产品。1 分钱起存，不受任何交易时间限制，能够随时消费和快速转出，资金最快 1 秒到账，且后续很快支持使用存钱罐进行信用卡还款等服务。

4 月 24 日，百度第四届技术开放日在京举行。会上，百度正式宣布对外开放"大数据引擎"，将开放云、数据工厂和百度大脑等核心大数据能力开放，向外界提供大数据存储、分析和挖掘技术。百度"大数据引擎"包括开放云、数据工厂和百度大脑三个核心组件。百度将通过平台化和接口化的方式，对外开放其大数据存储、分析和智能化处理等核心能力，这也是全球首个开放大数据引擎。

4 月 28 日，UC 优视正式宣布与阿里巴巴合作共同发布旗下移动搜索引擎品牌——神马（sm.cn）。据悉，阿里巴巴和 UC 已经成立合资公司，共同发展移动搜索业务，UC 优视 CTO 梁捷将出任神马搜索业务总裁。

4 月 28 日，优酷土豆集团（NYSE：YOKU）宣布与阿里巴巴集团建立战略投资与合作伙伴关系。阿里巴巴和云锋基金以 12.2 亿美元收购优酷土豆 A 股普通股，其中阿里巴巴持股比例为 16.5%，云锋基金持股比例为 2%。阿里巴巴将委派其 CEO 陆兆禧加入优酷土豆董事会。双方将共同打造线上线下融合的互联网文化娱乐生态系统。

5 月 9 日，途牛旅游网在纳斯达克正式挂牌上市，股票代码为"TOUR"，开盘报价为 9 美元，与发行价 9 美元持平，市值达到 5 亿美元。

5 月 14 日，去哪儿宣布成立度假事业部，由高兴出任度假事业部总经理。

据悉，去哪儿网度假事业部现有员工 200 余人，其中工程师和产品经理占比达到 50%。涉及的业务线包括出境游、国内游、周边游、签证、邮轮游、机＋酒业务等。目前，去哪儿网度假事业部接入国内外主流 OTA 和旅行社近 3000家，其中国内覆盖 300 多个城市，国外覆盖 100 多个国家。

5 月 15 日，美团网完成额度约为 3 亿美元的 C 轮融资，领投机构为泛大西洋资本，B 轮投资方红杉资本和阿里巴巴跟投。

5 月 15 日，小米科技公司在北京国家会议中心举行发布会，正式发布旗下首款平板电脑，小米平板采用了 NVIDIA Tegra K1 处理器，7.9 寸视网膜显示屏，1499 元起售。

5 月 15 日，京东通信正式宣布启动移动通信转售业务，将与京东电商平台挂钩，推优惠计划。京东通信 170 号段于 5 月 17 日电信日进行预约售号，5月 28 日正式发售。

5 月 15 日，阿里巴巴集团旗下网络营销平台阿里巴巴妈妈发布《关于返利类淘宝客推广规则调整的通知》（以下称《通知》），《通知》称，2014 年 7月 1 日起将禁止返利类淘宝客（包括阿里巴巴旗下的一淘）向用户提供淘宝平台商品链接、店铺链接、店铺名称及掌柜旺旺名的搜索服务功能。

5 月 16 日，快的打车今日以致用户信的方式对外宣布，将于 5 月 17 日正式停止打车补贴，司机端补贴则维持不变。

5 月 16 日，嘀嘀打车通过其官方微博对外宣布，已经持续了 4 个多月的"打车立减"活动 5 月 17 日凌晨起取消用户端的补贴，而司机端仍然维持北京每单补贴 5 元，广州、上海、深圳、杭州每单补贴 3 元，每天均 10 单。

5 月 16 日，作为国内垂直化妆品 B2C 电商平台聚美优品的正式挂牌上市，确定的发行价 22 美元，高于此前公布的价格区间 19.5 美元至 21.5 美元，最高融资 4.3 亿美元；开盘价 27.25 美元，较发行价上涨 23.86%，最终报收于24.18 美元，较发行价上涨 9.91%。以收盘价计算，聚美优品市值 34.33 亿美元。

5 月 17 日，首批苏宁互联 170 卡于正式开放预售，首批号码归属地分别为北京、上海、广州和南京。据悉，此次苏宁互联主打细分市场，借助集团与巴萨合作的契机，率先瞄准体育市场，希望在所有虚拟运营商中脱颖而出，一举拔得头筹。

5月17日，百度公司宣布，任命人工智能领域最权威的学者之一——吴恩达（Andrew Ng）博士为百度首席科学家，全面负责百度研究院。百度研究院在硅谷和北京设有实验室。

5月18日，全国518家布局功能类似苹果公司专卖店开张，顺丰统一命名为"嘿店"。

5月23日，京东在纳斯达克正式挂牌上市，股票代码为"JD"，收盘价报20.90美元，较发行价19美元上涨10%，市值达到286亿美元。

5月27日，支付宝公布"未来医院"计划，宣布将对医疗机构开放其平台能力，包括账户体系、移动平台、支付及金融解决方案、云计算能力、大数据平台等。

5月29日，微信宣布正式上线"微信小店"。据其规则显示，凡是开通了微信支付功能的认证服务号皆可在公众平台自助申请"微信小店"功能，从而实现批量添加商品快速开店，商家开通"微信小店"完全免费。

5月30日，广州市妇女儿童中心成为首家入驻支付宝"未来医院"的医疗机构。

6月5日，阿里巴巴与恒大足球战略合作签约仪式举行。阿里巴巴将注资12亿元入股恒大足球。增资扩股后，恒大与阿里巴巴各持有50%股权。

6月6日，蘑菇街宣布完成新一轮超过2亿美元的融资，投后估值10亿美元。本轮融资由厚朴投资、挚信资本等数家基金共同领投，启明创投、IDG资本、高榕资本等基金也参与了投资。

6月10日，阿里巴巴集团发布"码上淘"开放战略，推出"码上淘"平台。"码"将成为阿里巴巴集团"云+端"战略重要一环，帮助用户将后端交易体系、云计算、大数据等基础设施，与包括手机、电视、PC、线下门店等终端无缝连接。

6月11日，阿里巴巴集团与UC优视联合宣布，UC优视全资融入阿里巴巴集团，并组建阿里巴巴UC移动事业群。UC优视董事长兼CEO俞永福将担任UC移动事业群总裁，并进入阿里巴巴集团战略决策委员会。

6月12日，阿里巴巴集团与中国邮政集团公司签署战略合作。根据框架协议，双方将在仓储方面形成一系列深度合作，包括现有仓储资源及未来建设计划共享，集成仓储管理能力和人才队伍优势，形成社会化仓储网络体系，共同向双方客户和社会用户开放资源。另外，双方还将利用邮政丰富的社会网点，向消费者提供多种形式的包裹收寄、自提等服务。

6月17日，韶关粤北人民医院成为全国首家上线微信全流程就诊平台的医疗机构。

6月25日，支付宝宣布与中软国际达成合作。双方将在医药行业一起拓展移动支付业务。通过合作，支付宝钱包未来在全国将接入数十万家药房，为消费者购药提供移动支付服务。消费者在药房购买药品结账时，只需用支付宝钱包即可完成支付。

6月25日，支付宝宣布与药房系统供应商中软国际达成合作，拓展移动支付业务。

6月27日，58同城联合腾讯控股公司发布公告，腾讯以7.36亿美元投资总额，获得58同城19.9%的股份，双方互为首选合作伙伴。

7月10日，在杭州西溪湿地公园东南角的西溪天堂商业区的酒店内，支付宝钱包与国际旅游商业综合体"西溪天堂"达成战略合作，双方将一起探索线下商业综合体在移动互联网时代线上线下一体化的全新体验模式，也就是商业综合体的O2O。

7月10日，阿里巴巴启动"药品安全计划"。

7月14日，支付宝与海外购物退税机构瑞士环球蓝联今日共同宣布，将联合推广支付宝海外退税服务。即日起，中国游客在法国、德国等欧洲国家旅游购物，将可直接通过支付宝退税。

7月15日，阿里巴巴集团与娱乐公司狮门影业Lionsgate共同宣布，双方将联合推出一项专为中国用户提供的独家订购类影视娱乐服务——狮门娱乐天地（简称"LGWE"）。用户可通过阿里巴巴天猫魔盒2与电视机连接来获得该服务。根据双方协议，狮门娱乐天地（LGEW）将在阿里巴巴平台上进行置顶推荐，同时提供高质量的影视娱乐方案（全高清版本），并为中国观众提供收视推荐等服务。而阿里巴巴平台则为用户提供观影入口，并引入如好莱坞优质影片资源，同时狮门电视剧系列等也将在阿里巴巴数字娱乐平台放映。

7月16日，民生电商旗下P2P平台——民生易贷上线。该平台不对投资者提供担保承诺，融资需求价格预期年化收益率6%左右。投资去向主要集中于民生电商业务。

7月16日，支付宝钱包宣布将在国内率先试验推出指纹支付。目前，支付宝钱包用户在三星最新的旗舰机型GALAXY S5上已能率先享受到这一服务。

7月16日，来自国家统计局公布的数据显示，2014年上半年全国网上零售额11375亿元，同比增48.3%。其中，限额以上单位网上零售额1819亿元，增长56.3%，增幅惊人。

7月18日，国内独立的团购导航网站团800发布了《2014年6月中国团购市场统计报告》，2014年上半年团购累计成交额达到294.3亿元，虽然再次创下半年度最好成绩，但仍然没有达到年初预计的上半年315.1亿元的目标。

7月18日，阿里巴巴宣布对高德组织架构进行调整，阿里巴巴集团CEO陆兆禧将兼任高德控股CEO，原高德控股CEO成从武会继续留在高德并出任高德控股CEO特别顾问。

7月18日，阿里巴巴于本月22日携手中国银行、招商银行、平安银行、中国建设银行、兴业银行、中国邮政储蓄银行及上海银行7家银行共同推出全新的B2B互联网金融产品。此款产品为阿里巴巴"网商贷"高级版产品。主要服务于中小企业，解决其贷款难的问题。

7月18日，在谋划两个多月后，被收编至京东并且独立称公司发展的拍拍网正式上线，并在流量分发及平台规则上叫板淘宝，拍拍网总裁黄莺春表示，新拍拍网3~5年内都不以赢利为目的。

7月21日，支付宝钱包8.2版正式发布，新版本中除增加自动对话、记账本等功能外，还悄然上线了类"Passbook"的卡券归集管理平台，据知情人士透露，这一平台在支付宝内部被命名为"AliPass"。

7月22日，阿里巴巴与中行、招行、建行、平安、邮储、上海银行、兴业银行这7家银行宣布合作，为中小企业启动基于网商信用的无抵押贷款计划——网商贷高级版，最高授信可达1000万元。这是银行首次基于阿里巴巴平台大数据和信用体系给中小企业提供无抵押信用贷款。

7月23日，上汽集团与阿里巴巴集团在上海签署"互联网汽车"战略合作协议。双方将积极开展在"互联网汽车"和相关应用服务领域的合作，共同打造面向未来的"互联网汽车"及其生态圈。

7月23日，国内团购导航网站团800发布的最新团购市场统计报告，上半年团购累计成交额达到294.3亿元。其中上半年餐饮类团购成交额达166.6亿元，同比净增95.4亿元；酒店类团购上半年成交额为32.9亿元，同比净增18.3亿元。

7月23日，互联网金融搜索平台融360宣布完成约6000万美元的C轮融资，领投方为兰亭投资，光速安振中国基金、红杉资本、凯鹏华盈中国基金跟投。

7月25日，银监会主席尚福林在银监会2014年上半年全国银行业监督管理工作会议上披露，银监会近日已正式批准三家民营银行的筹建申请，其中包括腾讯、百业源、立业为主发起人，在广东省深圳市设立深圳前海微众银行。

7月25日，天猫联合中国汽车行业权威机构中汽研发布《中国安全座椅白皮书》，从安全座椅年龄组别、ECE测试认证标准、如何正确使用等多个维度做出规范和指导。这是国内电商平台主导并参与制定的首个母婴安全座椅行业标准。

7月30日新东方发布公告，其已与腾讯合资成立北京微学明日网络科技有限公司。微学明日注册资本3000万元，出资方为北京新东方迅程网络科技有限公司及腾讯旗下的深圳市利通产业投资基金有限公司。新东方董事长俞敏洪任董事长，新东方在线副总裁潘欣出任该公司CEO。腾讯公司高级副总裁汤道生、腾讯战略发展部总经理林璟骅和新东方在线CEO孙畅为董事。

7月31日，据京东方面确认，其O2O业务负责人已经由侯毅换成邓天卓，邓天卓是今夜酒店特价CEO，被京东收购后进入京东担任副总裁，侯毅则将主要负责亚洲一号工程。

8月1日凌晨，北京－上海、上海－北京、北京－广州这3列高铁一站直达式特快"电商专列"开通。京东成为首批登上"电商专列"的电商。这3列特快专列将肩负起京东网购商品的货运任务。

8月1日，海关总署《关于跨境贸易电子商务进出境货物、物品有关监管事宜的公告》实施，对从事跨境电商企业和个人监管，让"海淘"有法可依。

8月7日，上海市政府公布了《关于促进本市互联网金融产业健康发展的若干意见》。《意见》一共20条，重点落在政策支持、基础设施建设和风险防控方面，同时《意见》中提出建立上海市互联网金融产业发展联席会议制度。

8月11日，京东金融宣布将推出新的理财产品——"小银票"。该产品属票据担保理财产品，预期年化收益率在5.8%~7%，封闭期限为1~6个月，起购金额100元，单笔最高购买50万元。该产品于8月12日在京东金融频道正式上线。

8月15日，天猫与时尚集团达成战略合作，新品首发将以时尚大片及时装秀的形式呈现给天猫消费者，同时发布最新20个秋冬潮流关键词以及2015年春夏时尚潮流预测。这也意味着电商时尚趋势首度发布。

8月25日，小微金融服务集团（筹）在上海召开招财宝产品发布会，并对外发布最新互联网金融理财产品"招财宝"。据悉，预期年化收益在5.4%~7%之间，限期为3个月至3年不等。

8月28日，微信支付公布"微信智慧生活"全行业解决方案，基础是微信公众号+微信支付，"智慧医疗"是其中重要的一部分。

8月29日，万达、腾讯和百度在深圳联合召开发布会，正式宣布在香港注册成立电子商务公司，一期总投资额高达50亿元人民币，其中万达持股70%，腾讯和百度各持股15%。

9月2日，腾讯宣布斥资7000万美元，战略投资医疗健康互联网公司丁香园。

9月3日，广东省妇幼保健院成为全国首家启用微信医保实时结算的医疗机构。

9月19日晚间，阿里巴巴集团（NYSE：BABA）正式在纽约股票交易所挂牌交易。开盘价92.75美元，较发行价上涨36.3%。截至收盘，阿里巴巴股价暴涨25.89美元，报收93.89美元，涨幅达38.07%，市值达2314.39亿美元，超越Facebook成为仅次于谷歌的第二大互联网公司。

9月28日，阿里巴巴集团宣布以28.1亿元人民币投资酒店信息服务商石基信息，在交易完成后将持有 15% 石基信息股份，并获得 1 个董事会席位。目前，国内 90% 的五星级酒店信息管理系统都来自石基信息。未来，石基信息的系统将与淘宝旅行全面打通，拓展阿里巴巴集团在线旅游市场的基础服务能力。

10 月 4 日，国务院印发《物流业发展中长期规划（2014～2020 年）》。《规划》提出：到 2020 年，基本建立布局合理、技术先进、便捷高效、绿色环保、安全有序的现代物流服务体系；物流社会化、专业化水平进一步提升；物流业增加值年均增长 8% 左右，占国内生产总值比重达到 7.5% 左右。

10 月 13 日，挂号网宣布获得由腾讯领投的超过 1 亿美元融资。

10 月 16 日，浙江蚂蚁小微金融服务集团有限公司正式成立，阿里巴巴创始人之一的彭蕾担任 CEO，旗下业务包括支付宝、支付宝钱包、余额宝、招财宝、蚂蚁小贷、网商银行（筹）等。

10 月 20 日，京东宣布其位于上海的首个"亚洲一号"现代化物流中心（一期）在双 11 大促前夕正式投入使用。京东位于上海的"亚洲一号"现代化物流中心一期于 2014 年 6 月完成设备安装调试后开始试运营。该物流中心位于上海嘉定，共分两期，规划的建筑面积为 20 万平方米。

10 月 21 日，恒生电子发布了《提示性公告》，据公告内容显示，浙江融信拟以现金方式受让恒生集团 100% 的股权事宜，恒生电子收到恒生集团通知，各方根据协议约定完成了交割手续，并已完成相应的工商变更程序。而持有浙江融信约 99.13% 股份的马云成为恒生电子的实际控制人。

10 月 23 日，在首届"微店大会"上，口袋购物微店创始人、CEO 王珂首次公布了公司的 C 轮融资消息，总额达到 3.5 亿美元，投资方包含 H Capital、老虎基金、Vy Capital、DST 以及腾讯。在此之前，其曾获得雷军，成为资本、经纬中国、华平基金等的三轮投资。

10 月 28 日，阿里巴巴集团宣布，将旗下航旅事业部升级为航旅事业群，"淘宝旅行"升级为全新独立品牌"去啊"。

10 月 30 日，苏宁云商董事长张近东在"弘毅投资 2014 全球年会"上发表演讲透露，一直低调运转的苏宁"存货融资"、"账期融资"等供应链金融产品已经突破百亿贷款额，而苏宁易付宝用户规模已经超过 7000 万。

11月5日，天猫方面宣布正在试运营一项针对天猫用户的增值服务天猫宝。用户可将资金转入天猫宝，同时获得天猫额外赠送年化收益1%的补贴，即用户可在余额宝收益基础上额外享受1%的年化收益。天猫宝转入金额1元起步，资金最多不超过5万。

11月12日凌晨，阿里巴巴公布了"双11"全天的交易数据：天猫双11全天成交金额为571亿元，其中在移动端交易额达到243亿元，物流订单2.78亿，总共有217个国家和地区被点亮。新的网上零售交易纪录诞生。

11月12日，据中华人民共和国交通运输部网站消息，国家邮政局副局长刘君11月11日晚表示，2014年"双11"的网购促销产生的快递包裹量超过预期，"双11"当天邮政、快递企业揽收快递包裹8860万件。

11月17日，顺丰速运向市场发布"顺丰欧洲小包"服务，这也标志着，顺丰成为首家正式杀入跨境电商出口物流行业的民营快递企业。

11月19日，广州华侨医院入驻支付宝"未来医院"，成为首家可通过支付宝实现医保实时结算的医院。

11月21日，全国首个省级跨境电商行业协会"广东省跨境电子商务行业协会"成立大会暨第一次会员大会召开。协会首批会员单位多为行业龙头企业，平台型企业有唯品会、敦煌网、阿里巴巴、苏宁易购等；物流供应链企业有出口易、广东省邮政、威时沛运、卓志供应链等；综合服务企业有亿赞普、南方电子商务创新服务中心等，充分体现了协会在企业业界的号召力和影响力。

11月22日，东莞市麻涌镇人民政府与京东集团签订合作意向书，京东集团将在东莞麻涌投资20亿元建设现代服务产业园。据悉，此次京东布点麻涌，将使东莞成为京东在华南区域的重要业务支撑点，包揽华南区50%的业务，项目预计2017年建成投产，投产后在东莞交易额可达350亿元，年实现税收7亿元。

11月25日，微信团队联手广州市卫生局宣布正式推出微信公众服务号"广州健康通"，实现广州全市60家医院预约挂号、健康档案查询等全流程服务。

11月26日，京东企业级市场战略发布会在京举行，意味着京东正式推出企业采购平台。京东推出的面向企业级市场的"阳光云采"战略，包括"智采"、"慧采"、"云采"三大平台。智采是京东为集团型企业开发的智能、便捷、定制化的采购平台，能够为企业客户提供商品、订单、库存、物流等标准服务接口；慧采是为企业客户打造的研发零投入的专属采购平台，可以帮助企业自建采购管理平台；云采是京东围绕企业频道打造的综合电商服务平台，能为企业提供精准商品采购方案、信息发布和交流服务。

11 月 27 日，京东集团旗下拍拍网总部正式签约落户南京，将在南京打造全国最大的移动电商平台。市长缪瑞林、京东集团创始人兼 CEO 刘强东等出席签约仪式。

12 月 1 日，阿里巴巴宣布，联手三大运营商推出面向网购用户的福利产品——"流量钱包"。用户在淘宝、天猫购物或参加商家活动，就可以获赠一定的流量。

12 月 1 日，支付宝宣布推出"海外交通卡"服务，用户出境旅行可提前用支付宝钱包购买海外交通卡。新加坡 Nets 卡、泰国 Rabbit 卡、韩国 T-money 卡和澳门通卡已与支付宝达成接入合作。

12 月 2 日，多家美国大型零售商发出警告称，除非美国国会填补网络零售商的税收漏洞，否则阿里巴巴集团可能"屠杀"当地企业。尽管阿里巴巴尚未在美国大力拓展触角，但此举表明该公司的影响力已经开始引发美国企业担忧。

12 月 17 日，京东与英特尔签署框架协议，宣布全面展开战略合作，双方将共同建立"京东英特尔联合创新实验室"，在推动技术创新、提升用户体验和建设企业级产品电商平台三个方面展开深入合作。该框架协议，主要涉及在京东产品中应用英特尔实感技术（Intel RealSense）、共同布局智能硬件产业链、在基础架构领域深度技术合作、联合开发定制服务器等合作内容。

12 月 17 日，京东集团宣布与格莱珉中国在多个领域达成战略合作意向。双方表示，将借助京东强大的互联网渠道和供应链资源，结合格莱珉在农村微金融服务领域的深厚经验，携手开拓中国广大的农村金融市场。

12 月 18 日，阿里巴巴集团与广东省政府签署战略合作框架协议，双方将在智能物流骨干网、云计算和大数据、公共服务电商化、县域电子商务等前沿领域开展密切合作。

12月22日，泛科学知识社区果壳网宣布完成C轮融资，融资额2000万美元，其中教育机构好未来领投1500万美元，果壳网之前的投资方IDG等机构跟投500万美元。

12月23日，CFDA网站信息显示，京东获批互联网药品交易服务资格证书A证，证书编号国A20140006，这意味着京东将有资格为药品生产企业、药品经营企业和医疗机构之间的互联网药品交易提供服务。值得一提的是，根据CFDA网站数据，此前阿里巴巴［微博］旗下95095医药平台和1号店已获得该证书。至此，传统电商三巨头均已完成进入医药电商的准备工作。

12月24日晚间太平洋公告，2014年12月22日，公司与网银在线（北京）科技有限公司（简称"网银在线"）签署了《证券业务合作协议》。双方拟合力打造网银在线证券板块，致力于建立有效长效的合作机制，共同为用户提供优质的证券服务。协议有效期自2015年1月1日至2015年12月31日。网银在线为京东集团全资子公司，专注于为各行业提供安全、便捷的综合电子支付服务，核心业务包含支付处理（在线支付网关、网银钱包、快捷支付）及预付费卡等服务。公司表示，与网银在线开展证券业务合作，是公司对互联网金融业务模式的探索，将有利于扩大公司影响力，丰富公司业务模式。

12月26日，消息人士透露大众点评网近日再获新一轮融资，融资额逾8亿美元。获得融资后大众点评将加速团购、餐厅预订、酒店、电影等全线业务扩张。

12月26日，万达集团正式与快钱公司签署战略合作协议，并获得快钱控股权，双方业务将紧密合作。此次交易未公布具体的成交金额及万达持股比例。不过，据消息人士透露，万达入股快钱的总金额约20亿元，交易完成后，快钱仍将保持独立运营。

12月30日，吉林省政府与阿里巴巴集团在长春签署战略合作框架协议，双方将共同打造"数字互联网吉林"，助推吉林省全面提升产业竞争力，增强产业可持续发展能力，推动吉林振兴取得新突破。阿里巴巴集团董事局主席马云表示：未来五至十年，阿里巴巴将布局全球化，发展跨境电子商务；发展农村电子商务，利用好互联网让农村信息化有跨越式的发展；继续加大云计算和大数据的投入。希望能够通过互联网和电子商务，带动激发吉林年轻人的创业激情，帮助吉林实现跨越式发展。

12 月 31 日，京东集团西南首家大家电"京东帮服务店"在成都市大邑县正式开业，这是继本月中旬京东将全国首个电商试点县落户四川后的又一加快电商渠道下沉的重要举措。据悉，京东帮服务店将为县级城市及农村消费者提供大家电配送、安装、维修、保养、置换等全套家电一站式服务解决方案，打通农村电子商务的"最后一公里"。

12 月 31 日，美的和京东签署全面战略合作协议。根据协议，双方将在智能家电、智能家居及渠道拓展、深度定制、大数据分析等领域展开深度合作。通过该战略合作，美的有望成为首个在京东年销售额达到 100 亿元的家电企业。

2015 年 1 月 1 日，本地生活服务平台美团网公布了 2014 年业绩，2014 年全年交易额突破 460 亿元，较 2013 年增长 180% 以上，市场份额占比超过 60%。

2014 年全国快递业务量完成 140 亿件，首次超过美国，跃居世界第一；快递最高日处理量超过 1 亿件，同比增长 52%；快递业务收入完成 2040 亿元，同比增长 42%。

参考文献

[1] 李芏巍：《物流策划》，中国物资出版社，2010。

[2] 李芏巍：《中华驿站与现代物流》，中国财富出版社，2013。

[3] 李芏巍：《电商的战国》，社会科学文献出版社，2013。

[4] 李芏巍：《快递来了·顺丰速递与中国快递行业 30 年》，中国铁道出版社，2013。

[5] 李芏巍：《电商大时代》，社会科学文献出版社，2014。

[6] 李芏巍：《物流地产》，中国财富出版社，2014。

[7] 李芏巍："新观察：海上丝绸之路战略下的亚洲物流网络——北部湾构筑新枢纽带来的双通道机遇""亚洲物流及航运会议"论坛，香港，2014年11月18日。

[8] 李芏巍："重构：跨境电子商务生态圈的破与立"，"第四届中国电子商务与物流企业家年会"，"跨境电子商务论坛"，北京，2014年12月19日。

[9] 张晓斌：《电商：自我颠覆的成长》，《华夏时报》2014年7月19日。

[10] 孟凡霞、闫瑾：《余额宝这一年颠覆了什么：银行全面反击各种宝》，《北京商报》2014年6月13日。

[11] 倪晨琪：《互联网金融促银行重新思考多银行上线直销银行》，《中国新闻》2014年10月16日。

[12] 韩玮、陈无诤：《马云王牌：阿里蚂蚁金融真相》，《时代周报》2014 年 10 月 16 日。

[13] 王思语：《BAT 入局互联网改造影视业》，《华夏时报》2014 年 10 月 11 日。

[14] 李晶：《BAT 投身电影业有戏吗？》，《华夏时报》2014 年 9 月 27 日。

[15] 张志远：《移动互联网时代，烂片只有三天的抢钱时间》，《虎嗅》2014 年 12 月 23 日。

[16] 刘腾：《医药电商迎来新契机：监管松绑》，《中国经营报》2014 年 6 月 8 日。

[17] 马刚：《废弃的金矿：医药电商万亿商机成鸡肋背后》，《环球企业家》2014 年 5 月 23 日。

[18] 叶琪：《险企触网仍纠结模式　互联网保险规模 3 年增 8 倍》，《华夏时报》2014 年 3 月 1 日。

[19] 俞燕：《互联网保险进阶：颠覆性或远超互联网金融》，《财经》2014 年 3 月 24 日。

[20] 何芳：《汽车电商走过"双 11"：蜂拥而至之后分道扬镳》，《21 世纪经济报道》2014 年 12 月 3 日。

[21] 杨钊：《二手车电商大战将至：3000 亿规模的大蛋糕》，《商业价值》2014 年 4 月 27 日。

[22] 陈强：《互联网企业纷纷进军汽车产业》，《新快报》2014 年 8 月 6 日。

[23] 黄琳涵：《阿里巴巴涉水互联网车贷汽车金融公司恐被抄后路》，《每日经济新闻》2014 年 7 月 31 日。

[24] 陈时俊：《电商派争夺零售派：传统百货扎堆试水 O2O》，《21 世纪经济报道》2014 年 3 月 1 日。

[25] 王晓映：《电商巨头布局实体店　优势互补提升品牌形象》，《通信信息报》2014 年 11 月 26 日。

[26] 张晓玲：《王留阳．肖莉加盟房多多背后：房产电商酝酿 O2O 大变局》，《21 世纪经济报道》2014 年 11 月 20 日。

[27] 赵娜：《从挑战传统到谋求融合：在线教育"转型"》，《21 世纪经济报

道》2015 年 1 月 16 日。

[28] 胡祥宝：《百亿级移动电商博弈：得屌丝者得天下》，《腾讯科技》2014
年 7 月 11 日。

[29] 王若涵：《下一座"金矿"：移动医疗的契机和风险》，《新浪科技》
2014 年 3 月 21 日。

[30] 杨安琪：《多方博弈的汽车电商市场谁会是最终赢家?》，《环球企业家》
2014 年 12 月 17 日。

[31] 滑明飞：《"微信小店"开张　腾讯移动电商生态解读》，《21 世纪经济
报道》2014 年 5 月 31 日。

[32] 刘飞：《互联网大鳄们不见硝烟的战争争霸移动支付》，《华夏时报》
2014 年 11 月 22 日。

[33] 刘泓君、纪云：《BAT 三巨头地图三国杀：百度需补支付体系短板》，
《商业价值》2014 年 3 月 6 日。

[34] 董军：《移动搜索再现 BAT 局：产品形态商业模式未定型》，《中国经营
报》2014 年 5 月 4 日。

[35] 钛媒体：《线上电商企业试水实体化，打造融合 O2O 模式》，《阿里巴巴
商业评论》2014 年 9 月 15 日。

[36] 姜蓉：《布局 O2O：电商巨头挤进便利店》，《中国经营报》2014 年 3 月
23 日。

[37] 李巳：《苏宁：驶出转型弯道》，《经济观察报》2014 年 10 月 18 日。

[38] 姚欢：《苏宁赛跑：触网节奏能否踏准》，《新浪财经》2014 年 8 月 4
日。

[39] 屈丽丽：《沃尔玛电商迷途：与 1 号店协同不足》，《中国经营报》2014
年 9 月 28 日。

[40] 刘杰：《电商妖股其实是"品牌杀手"?》，《商业周刊》2014 年 11 月 17
日第 22 期。

[41] 林明：《顺丰优选寻求突破：发力跨境电商及 O2O》，《新浪科技》2014
年 11 月 10 日。

[42] 王钰：《顺丰跨界互联网金融》，《新金融观察报》2014 年 8 月 10 日。

［43］赵向阳：《顺丰嘿客便利店被指盈利模式不清：定位有偏差》，《中国经营报》2014 年 8 月 17 日。

［44］罗亮：《拉卡拉：将社区电商做成大生意》，《新浪科技》2014 年 11 月 5 日。

［45］易欢欢：《从中美差异看中国 P2P 信贷发展》，《金融时报》2014 年 10 月 23 日。

［46］陈非：《美团网王兴：苦尽甘来重启外延式扩张》，《福布斯》2014 年 3 月 7 日。

［47］胡嫒：《从〈心花路放〉10 亿票房，看 O2O 如何改变电影行业》，《福布斯》2014 年 10 月 17 日。

［48］李欣：《京东刘强东：我是一个有趣简单和透明的人》，《财经》2014 年 6 月 30 日。

［49］于丽丽：《罗振宇：罗玉凤第一罗永浩第二我排第三》，《南都周刊》2014 年 7 月 23 日。

［50］赵昀伟：《阿里巴巴上市：8 位敲钟人的详细故事》，《金融界》2014 年 9 月 19 日。

［51］Keyla：《阿里巴巴并购 UC：四个男人间的故事终局》，《福布斯》2014 年 6 月 12 日。

［52］吴晓波：《奔跑的"骆驼"：互联网时代再造传统鞋服》，《福布斯》2014 年 5 月 5 日。

［53］崔西：《尚雯婕逆袭背后：用产品思路做艺人》，《新浪科技》2014 年 9 月 18 日。

［54］张昊：《李国庆激进改革："杀死"过去》，《经济观察报》2014 年 11 月 1 日。

［55］崔西：《苍井空的内衣电商：性感经济》，《新浪科技》2014 年 10 月 22 日。

［56］辛巴：《农村电子商务未来发展的三种模式》，《阿里巴巴商业评论》2014 年 3 月 24 日。

［57］滑明飞：《在线旅游多头混战 四大 OTA 还有多少钱烧?》，《21 世纪经

电商竞合

济报道》2014 年 12 月 3 日。

[58] 速途：《旅游电商下一站社会化旅游》，《阿里巴巴商业评论》2014 年 9 月 12 日。

[59] 叶丹：《电商下乡观察：物流成本不低口碑难建》，《南方日报》2014 年 7 月 24 日。

[60] 马继华：《黑五世界电商大战，给中国电商提个醒》，《快鲤鱼》2014 年 11 月 29 日。

[61] 刘杰：《阿里巴巴开始海外故事》，《商业周刊》2014 年 11 月 17 日第 22 期。

[62] 耿雁冰、张梦洁、鲍涵：《"海淘"模式渐入佳境：跨境电商年增速超 30%》，《21 世纪经济报道》2014 年 11 月 13 日。

[63] 福蒙蒙：《规模越大流失关税越多海淘还能走多远》，《华夏时报》2014 年 12 月 13 日。

[64] 张曦文：《海淘、跨境电商怎么玩？看看这 3 家公司》，《创业邦》2014 年 11 月 19 日。

[65] 来有为、石光：《我国电子商务三个发展趋势》，《中国经济时报》2014 年 10 月 14 日。

[66] 于刚：《电商未来五年发展的十大趋势》，《福布斯》2014 年 5 月 14 日。

[67] 滑明飞：《拍拍发力微信京东移动端能否弯道超车？》，《21 世纪经济报道》2014 年 6 月 7 日。

[68] 姜蓉：《双 11 收官：移动电商狂欢时代来临》，《21 世纪经济报道》2014 年 11 月 16 日。

[69] 屈运栩：《微信学做生意》，《新世纪》2014 年 11 月 10 日。

[70] 邬昆达：《三大"钱包"瓜分市场 二马争霸移动支付》，《时代周刊》2014 年 7 月 17 日。

[71] 窦滢滢：《百度钱包：百度的移动支付梦》，《中国经济时报》2014 年 4 月 22 日。

[72] 李小晓、田淑娟：《百度不惜血本杀入第三方支付》，《中国经济时报》2014 年 4 月 15 日。

［73］肖明超：《"互联网＋"会涉及到这 12 个风口行业》，《投资界》2015 年 3 月 25 日。

［74］高红冰：《互联网＋"：中国开启第三种发展模式》，《经济参考报》2015 年 3 月 26 日。

［75］梁春晓：《互联网＋，一个打劫的时代》，《安平酷》2015 年 3 月 28 日。

［76］www.56cehua.cn.

［77］公共微信号：zwc56。

后　记

　　这本《电商之竞合》是继 2013 年出版的《电商的战国》和 2014 年出版的《电商大时代》两本书之后形成的"电商三部曲"最后一部。三部内容独立成书，而又互相连贯，成为全面梳理描写电商的专业书籍。我国现代文学中有不少三部曲，但其在社会科学电子商务物流专业类书籍中并不多见。在当今社会经济的发展中，电子商务物流将在其中起非常重要的作用。因此，对电子商务物流系统进行科学有效地梳理，将会有助于推动电子商务更加快速发展，而且有助于促进产业核心竞争力的形成与完善。

　　"电商三部曲"的第一部《电商的战国》——电商在竞争的硝烟战火中群雄角逐，展开一场强者愈强、弱者不灭的生死决斗的神话。第二部《电商大时代》——拨开电商行业纷繁杂扰的是是非非，透过现象探求行业发展的本质，笑看电商大时代的风云变迁。第三部《电商之竞合》——电商迈入"互联网＋"的时代，产业竞争与融合成为电子商务发展新方向，各路电商在竞合中铆足力气，推动中国电商在竞合中创新，在竞合中追索，在竞合中前行。

　　第一部《电商的战国》的出版受到了广大读者的喜爱。有热心读者与作者交流或私信，并提出希望作者能连续创作，随后产生了"第二部"《电商大时代》。2014 年 8 月《电商的战国》和《电商大时代》有幸入选作为国内重要出版文化交流平台和全民阅读活动示范项目的上海国际书展，并且笔者本人在上海国际书展展会期间做现场签名售书和 1 小时专题沙龙，这是社会科学电子商务物流专业类书籍的作者获得的唯一殊荣。

今天，带给我们快乐的中国电子商务物流，活力四射、充满希望。我们可以看出电子商务物流探索创新意义的行动，对业界而言，这是互联网时代融合的产物。在未来，中国电子商务物流将成为各方转型的主战场。

中国电子商务自诞生以来，就成为一个竞争的领域。从资源竞争到强者竞争，而后逐步回归理性，开始在竞合中走向正规化的发展道路。中国电子商务物流发展，行业的变局和前景，荡尽了许多人的青春年华，也磨去了许多人的狂野。在这个新的时代，行业的跨界和变局还在继续。

笔者在这里借此机会，向关注《电商的战国》、《电商大时代》和《电商之竞合》"三部曲"的每位读者表示感谢。作为一名从事物流理论研究与实践作业的工作者，笔者在《电商的战国》、《电商大时代》和《电商之竞合》三部书中对电子商务物流全面详尽的梳理，让人们看到中国电子商务物流迈开前进步伐的铿锵，挥洒着善于创造新事物的人的豪情和希望，这种喜悦让人心潮荡漾。

本书得到国务院参事、中国物流策划研究院和中物策（北京）工程技术研究院院务委员会主席任玉岭研究员，国务院参事、中国物流策划研究院和中物策（北京）工程技术研究院院长李庆云教授，住建部稽查特派员、中国物流策划研究院和中物策（北京）工程技术研究院副院长苏是嵋的帮助与支持，特此鸣谢。

该书在编写过程中，得到了中国电子商务物流企业联盟的行业专家们的支持与鼓励，他们是联盟总顾问、商务部流通发展司副司长王选庆，联盟顾问、商务部电子商务信息化推进司副司长聂林海，工业和信息化部政策司副司长辛仁周，联盟名誉会长、原工业和信息化部信息化推进司司长宋玲，名誉会长、全国服务标准化技术委员会副主任、原国家邮政局政策法规司司长达瓦，中国电子商务协会副理事长陈震，联盟会长、阿里巴巴集团副总裁高红冰，联盟秘书长干为，联盟副会长、国务院发展研究中心研究员魏际刚博士，宅急送董事长陈显宝等，特此鸣谢。

该书在编写过程中，也得到了中国物流与采购联合会和中国物流学会的支持与鼓励，他们是中国物流学界的泰斗王之泰教授，中国物流与采购联合会和中国物流学会会长何黎明、副会长贺登才，全国物流园区专业委员会副主任冯耕中教授等，特此鸣谢。

该书在编写过程中，还得到广州大学副校长禹奇才教授、广州大学服务经济社会工作处蔡兴勇处长、广州大学建筑设计研究院院长沈粤教授和书记宁艳教授、广州大学工商管理学院书记谢如鹤教授等的帮助与支持，特此鸣谢。

本书得到了中国物流策划精英团队优秀成员：李家齐教授（日本海归博士后）、李弘教授、黄远新教授、易海燕副教授（德国博士后）、秦进副教授（赴美国访问学者）、杨京帅副教授（赴美国访问学者）、刘仁军副教授、刘鹏飞副教授、刘广海副教授、许行硕士、付夏莲、贺思云、杨倩、投融资市场部主任李峻磊等的帮助和支持；感谢广州李芏巍工作室赵春洁、李鸿酉、马兰、李慕妍等给予的帮助和支持。

特别鸣谢国务院参事室、中国电子商务物流企业联盟、中国物流与采购联合会、中国物流学会、中国物流策划研究院、中物策（北京）工程技术研究院、广州大学建筑设计研究院、广州大学物流类专业教学指导委员会、广州大学工商管理学院、广州大学物流规划设计研究院、广州大学物流与运输研究中心、广州李芏巍工作室和李芏巍物流之星奖助学基金等对本书给予的帮助与支持。

感谢出版社及编辑对本书给予的支持和辛苦的工作。

在本书写作的过程中，笔者参阅了相关媒体和互联网媒体的报道，这些报道文章也是本书的动力与来源之一，有原作出处的，本书已经注明，并公开致谢。由于传播的特性及特点，有些未有出处的，在此一并致谢。由于本书涉及信息来源广泛，鸣谢来自所有参考资料的作者及其单位的支持与帮助。若本书中标注遗漏，请有关人员与本人单位联系，在此先说声抱歉，将通过其他媒介方式及时补救，谢谢。

感谢所有对本书给予帮助与支持的朋友们！更多关注：网址：www.56cehua.cn；新浪微博——物流策划、新浪微博——李芏巍、微信公共号——物流策划、李芏巍微信——13902366550；交流咨询请联系作者助理的电话：010－58076783（北京）；020－86237961（广州）。

李芏巍

图书在版编目（CIP）数据

电商之竞合/李芏巍著. —北京：社会科学文献出版社，2015.7
ISBN 978 - 7 - 5097 - 7587 - 5

Ⅰ.①电…　Ⅱ.①李…　Ⅲ.①电子商务　Ⅳ.①F713.36

中国版本图书馆 CIP 数据核字（2015）第 124176 号

电商之竞合

著　　者 / 李芏巍

出 版 人 / 谢寿光
项目统筹 / 陈凤玲
责任编辑 / 陈凤玲　于　飞　陈　欣

出　　版 / 社会科学文献出版社·经济与管理出版分社（010）59367226
　　　　　　地址：北京市北三环中路甲 29 号院华龙大厦　邮编：100029
　　　　　　网址：www.ssap.com.cn
发　　行 / 市场营销中心（010）59367081　59367090
　　　　　　读者服务中心（010）59367028
印　　装 / 三河市东方印刷有限公司

规　　格 / 开　本：787mm × 1092mm　1/16
　　　　　　印　张：20.25　字　数：311 千字
版　　次 / 2015 年 7 月第 1 版　2015 年 7 月第 1 次印刷
书　　号 / ISBN 978 - 7 - 5097 - 7587 - 5
定　　价 / 68.00 元